思与行

武汉大学劳动与社会保障专业人才培养与大学生创新实践论文集

第一辑

主编◎向运华　孟颖颖

光明日报出版社

图书在版编目（CIP）数据

思与行：武汉大学劳动与社会保障专业人才培养与大学生创新实践论文集. 第一辑 / 向运华，孟颖颖主编. -- 北京：光明日报出版社，2022. 7

ISBN 978 - 7 - 5194 - 6639 - 8

Ⅰ. ①思… Ⅱ. ①向… ②孟… Ⅲ. ①劳动就业—人才培养—中国—文集 ②社会保障—人才培养—中国—文集 Ⅳ. ①D669. 2-53 ②D632. 1-53

中国版本图书馆 CIP 数据核字（2022）第 095008 号

思与行：武汉大学劳动与社会保障专业人才培养与大学生创新实践论文集. 第一辑

SI YU XING：WUHAN DAXUE LAODONG YU SHEHUI BAOZHANG ZHUANYE RENCAI PEIYANG YU DAXUESHENG CHUANGXIN SHIJIAN LUNWEN JI. DIYIJI

主　　编：向运华　孟颖颖

责任编辑：李月娥　　　　责任校对：张月月

封面设计：中联华文　　　　责任印制：曹　诤

出版发行：光明日报出版社

地　　址：北京市西城区永安路 106 号，100050

电　　话：010 - 63169890（咨询），010 - 63131930（邮购）

传　　真：010 - 63131930

网　　址：http：//book. gmw. cn

E - mail：gmrbcbs@ gmw. cn

法律顾问：北京市兰台律师事务所龚柳方律师

印　　刷：三河市华东印刷有限公司

装　　订：三河市华东印刷有限公司

本书如有破损、缺页、装订错误，请与本社联系调换，电话：010-63131930

开　　本：170mm×240mm

字　　数：270 千字　　　　印　　张：18

版　　次：2022 年 7 月第 1 版　　　　印　　次：2022 年 7 月第 1 次印刷

书　　号：ISBN 978 - 7 - 5194 - 6639 - 8

定　　价：89. 00 元

《思与行：武汉大学劳动与社会保障专业人才培养与大学生创新实践论文集（第一辑）》编写组

顾　问　邓大松

主　编　向运华　孟颖颖

编　委（以姓氏笔画为序）

王增文　刘伟兵　刘志英　刘俊宇　李运华

杨红燕　杨海文　张奇林　张　平　张　郧

赵　青　洪　丽　殷　俊　傅　征　薛惠元

本书为“武汉大学劳动与社会保障国家级一流本科专业建设项目”和“武汉大学2020年实习实训项目”成果

目 录
CONTENTS

上篇　专业建设与教学实践之思 (1)

武汉大学劳动与社会保障专业建设回顾与展望　邓大松　张　怡 (3)

应用创新型人才培养导向下劳动与社会保障专业实践教学体系优化设计　周艺梦　张奇林 (27)

高等院校社会保障人才培养的理念与未来展望　王增文 (37)

新文科建设背景下社会保障学科的发展定位与实践定向　孟颖颖 (46)

社会风险管理中的课程思政教学改革探索　刘伟兵　王　玉 (55)

应用导向下劳动与社会保障本科专业教学改革刍议　薛惠元　杨明祥 (66)

基于评审感受谈公共管理类学生毕业论文写作　傅　征 (81)

中级微观经济学课程的教与学革命　刘俊宇 (103)

西方经济学课程思政教育的探索与实践　洪　丽 (110)

翻转课堂在《社会保障专题》课程教学中的应用研究　张　郧 (117)

提升社会保障专业人才的国际化水平
——以专业英语课程建设为切入点　赵　青 (128)

下篇　人才培育与社会实践之行 (133)

个税优惠型健康保险的投保意愿及影响因素研究
——以武汉市为例　向运华　潘蓓蓓　姜　宁 (135)

江西省灵活就业群体的养老保险参保情况调查分析报告
殷　俊　郭元元　李越美　叶　晗　段亚男（163）
老年人医疗服务满意度影响因素研究
——基于 charls 数据的实证分析　李运华　宋美瑾（185）
荆门市人口老龄化与养老服务体系建设调研报告　杨红燕　马兴基（209）
认知症老人养老服务供给面临的现实困境及对策建议
——以上海市的调研为例
刘志英　李　涵　覃美华　张乐怡　田卫杰（231）
退役军人职业转换培训质量提升的思考　杨海文　陈　晨　吴　健（249）
地锁之困，从公地悲剧到反公地悲剧
——以武汉老旧社区为例　张尊洋　张　平（254）

上篇　专业建设与教学实践之思

武汉大学劳动与社会保障专业建设回顾与展望

邓大松　张　怡

作者简介： 邓大松，经济学博士、教授、博士生导师。教育部社会科学委员会委员，教育部人文社会科学重点研究基地武汉大学社会保障研究中心学术委员会主任，昆仑学者，天山学者，珞珈杰出学者，湖北教学名师，享受国务院特殊津贴专家，“马工程”第一首席专家，湖北省新世纪高层次人才工程第一层次人选，获湖北省“有突出贡献的中青年专家”称号、湖北省“五一劳动奖章”、宝钢优秀教师奖和武汉大学研究生教育杰出贡献奖，2018 年入围《经济学家》影响力前 50 人榜单。2001—2013 年为国务院学位委员会学科评议组成员，教育部首届经济学学科专业教学指导委员会委员，2001—2013 年为教育部公共管理类学科专业教学指导委员会副主任委员，2001—2014 年为全国 MPA 教育指导委员会委员，两届国家企业年金管理机构资格认定专家，分别被美国圣地亚哥州立大学和美国内华达大学及美国国际大学聘为客座教授和兼职教授。邓大松教授曾担任武汉大学经济学院党总支副书记、副院长，教育部重点研究基地社会保障研究中心主任，公共管理学院和政管院院长。长期从事经济学、保险与社会保障和公共经济管理的教学与研究，发表论文200余篇，出版著作30余部，主持科研项目40余项，获得科研奖励40余项，向政府部门提供并被采纳的咨询报告30余份。在学科建设方面与田源和黄敏一道筹建创办了武汉大学保险学专业，主持并负责创办了武汉大学货币银行学（后改为金融学）、劳动与社会保障、社会保障硕士与博士、公共经济管理和MPA专业学位等专业。曾任民政部、人力资源和社会保障部以及湖北省政府咨询专家，并长期担任国家重点学科社会保障学科和学术带头人及武汉大学公共管理一级学科负责人。2007年和2011年分别被中国校友会网和大学研究团队、《大学》杂志和21世纪人才报联合评选为中国杰出社会科学家和中国杰出人文社会科学家。

张怡，女，1994年出生。武汉大学政治与公共管理学院社会保障专业博士研究生。在《财政研究》《保险研究》等期刊上发表学术论文7篇，撰写的2篇咨询报告分别获国务院、教育部社科司批示。

一、武汉大学劳动与社会保障专业建设回顾

劳动与社会保障专业是教育部门全面贯彻执行《中华人民共和国高等教育法》和全国高等学校教育工作会议精神，以及落实教育部专业调整方案的产物。为了做好21世纪劳动与社会保障专业人才培养方案和教学计划工作，培养高素质的劳动与社会保障专门人才，以适应我国劳动与社会保障事业的发展需要，1999年4月，武汉大学公共管理与社会保障系课题组承担了教育部下达的“劳动与社会保障专业课程结构、主干课课程及其主要教学内容研究”课题，由邓大松教授任项目主持。

要想在短时间内高质量地完成课题研究任务，确实困难不小。主要是

因为劳动与社会保障专业是1998年教育部调整本科专业目录后新设置的一个专业。当时比较统一的看法是，劳动与社会保障专业是劳动经济与社会保障两个专业方向的结合。此前，劳动经济学作为一个专业已在一些学校开设，有的已形成一定的优势和特色。有的学校将社会保障作为一个专业方向进行了招生和培养。应该说，两者合并成一个新的专业是有一定基础的。但是，也应该看到，劳动经济与社会保障教育各自发展为两者的结合，为劳动与社会保障专业的设置带来了一些困难，制订统一的科学的人才培养方案和教学计划并非易事。另外，劳动与社会保障专业的发展还应考虑两方面的影响：一方面，随着经济体制改革的深化和社会的发展，对劳动与社会保障教育的要求越来越高；另一方面，劳动与社会保障专业的毕业生就业还将受到政府机构改革和其他一些人为因素的影响，学生的就业问题在一定程度上会左右劳动与社会保障专业的发展前景。因此，我们认为，尽管该课题纳入了教育部组织实施的“高等人文社会科学教育面向21世纪教学内容和课程体系改革计划”，但是，就劳动与社会保障专业而言，它所面临的主要问题不是改革，而是创建。对一个专业而言，尽管创建意味着毫无经验可言，但也未尝不是一件好事，这就要求进行充分论证，通盘考虑和科学设计。因此，接到课题后，课题组全力以赴，做了大量的调查研究工作。首先，按照教育部的要求，做了一系列的调查工作。其中包括实地走访和调查了中国人民大学、厦门大学、中央财经大学、中南财经大学、重庆工业管理学院、江西财经大学、南昌大学等高校及劳动和社会保障部等实际部门；通过信函、电话等形式调查了南开大学、西南财经大学、辽宁大学、东北财经大学、山西财经大学等数所院校；与美国内华达大学、华盛顿大学、马里兰州立陶森大学、澳大利亚社会政策研究中心等国外院校和机构建立了联系，交换了意见；另外，还设计了一个“关于劳动与社会保障专业本科生培养方案”的问卷，先后于1999年6—7月间，寄往或送往各有关部门、高等院校、科研机构和学术团体，以及部分专家学者。累计发出问卷120份，共收回问卷65份。1999年10月25—

28日，在武汉大学召开了“劳动与社会保障专业课程结构、主干课程及其主要教学内容研讨会”（以下简称“武汉会议”）。有来自全国十几所高校和教育部、劳动和社会保障部等部门的40余位代表出席了会议。与会各级领导和专家学者围绕劳动与社会保障专业的培养方案、教学计划、教材编写和师资队伍建设等问题，进行了热烈而广泛的讨论，对该专业的建设和发展提出了许多宝贵意见。在广泛调查、研究和吸纳多方意见的基础上，课题组成员经过反复论证和努力工作，最后形成了5个研究成果，即《关于社会保障教育的几点理论认识》《劳动与社会保障专业本科生培养方案调查的情况汇编》《关于劳动与社会保障专业人才培养目标及课程体系的论证》《劳动与社会保障专业教育质量的论证》《关于劳动与社会保障专业课程结构、主干课程及其主要教学内容的几点意见》。

为了编写高质量的主干课教材，由邓大松教授主持和组织，先后于2000年和2001年在山西财经大学、中南财经政法大学、辽宁大学等院校召开教材编写会议，组织精干教师编写教材，6门主干课教材已于2002年陆续出版。这些工作都为最终完成本课题的研究提供了依据和素材。

该课题的核心问题是劳动与社会保障专业培养方案的制订，围绕这一主题，我们从以下四方面进行论证：①社会经济发展与社会保障教育；②大学本科劳动与社会保障专业培养方案的制订；③关于劳动与社会保障专业课程体系的安排；④劳动与社会保障专业本科人才培养方案的制订。

（一）社会经济发展与社会保障教育

劳动与社会保障专业的设立不是某些人或某些院校的主观意愿所决定的，而是社会经济发展的内在要求和必然结果。

首先，社会主义市场经济体制的建立需要相应的社会保障制度来促进和维系。市场经济讲求社会资源优化配置，鼓励公平竞争、追求效率。显然，市场经济对提高社会生产力非常有利，对发展中国家的经济起飞来说，无疑也是必要的。但是，也应该看到，市场经济中效率的实现通常是以失去一定的公平为代价的，由此必然会引发一些社会问题。例如，实行企业破产制度和新的劳动优化组合制度，在国家、企业“大锅饭”和“铁饭碗”被打破的情况下，劳动者伤残疾病、女工生育期间或劳动者失业、年老退休或失去工作能力等均会造成收入中断，劳动者本人及其依赖为生的亲属就会失去生活来源，等等。这些问题能否及时得到解决，直接关系到社会安定、政局稳定和我国经济体制深化改革的成败。因此，建立一种能规避市场经济风险、能保证人们在非常情况下的基本生活条件的社会保障制度，已成为党和国家的头等大事。《“八五”计划的建议》中就明确指出，“建立健全养老保险和待业保险制度，逐步完善社会保险体系，这是现代化社会的一个重要标志，也是推动企业改革，适应人口老龄化和促进计划生育的一项重要措施。”并在七届人大第四次会议上正式将“努力推进社会保障制度改革”“实行多层次的社会保险”，作为“八五”期间经济体制改革的主要任务和措施。在八届人大会议上和党的“十四大”与“十五大”报告中也反复强调，深化国企改革，建立现代企业制度，就必须深化社会保障制度改革，积极建立失业、养老、工伤、医疗等社会保障制度。可见，我国新时期的社会保障制度如同要振兴中华，就要坚持改革开放一样，被提上从来没有过的重要位置。在西方国家，尽管市场经济模式多样、特点各异，但有一点却是共同的，那就是任何一种市场经济模式都有两个不可分割的领域：一个是经过协调和法律规范带来效率的经济市场；另一个是提供经济补偿和社会保障的保险市场。实践证明，这两个市场是并行的、相互依赖的，谁也离不开谁。社会保障市场需要经济市场开路，经济市场需要社会保障市场“保驾护航”。

值得指出的是，社会保障制度对社会主义市场经济的促进和维系，还表现在社会保障事业的发展对社会经济协调发展具有巨大的推动作用。从我国当时经济体制改革和经济发展的情况来看，这种推动作用主要体现在以下八方面：

第一，社会保障为经济建设营造一个稳定的社会环境。这种社会环境对于缓解社会主义市场经济体制的建立所带来的震荡是非常必要的。

第二，社会保障有助于深化国有企业改革，建立现代企业制度。计划经济体制下的“企业办社会”模式使国有企业背上了沉重的包袱，以至于在市场经济条件下运转不灵，竞争力下降。社会保障的社会化改革将为国有企业松绑减负，使其轻装上阵。同时，减员增效也是深化国有企业改革，建立现代企业制度的必要举措。但减员增效所带来的下岗、失业等问题不容忽视，事实上，它们已经对我们的社会生活带来了一定影响，也引起了党和政府的高度重视。只有建立了配套的社会保障制度，如再就业工程、最低工资制度、失业救助制度、最低生活保障制度等，才能保证减员增效的顺利实施。

第三，社会保障为我国的两个根本性转变保驾护航。我国要实现现代化，实现既定的战略目标，就必须实现经济结构和经济增长方式的两个根本性转变。特别是大数据网络时代的到来，加速了两个根本性转变的步伐。由此带来的社会问题需要相应的社会保障对策。

第四，社会保障制度的完善有助于劳动力的自由流动，从而有助于生产要素的合理配置。

第五，健全的社会保障制度解除了市场经济条件下劳动者的后顾之忧，有助于劳动生产率的提高。

第六，教育权的保障是社会保障的一个重要方面，它有助于提高劳动力的素质，从而改善人力资本的结构。

第七，社会保障制度是一种再分配制度，它的实行有助于政府进行宏观调控，有助于缩小收入分配的差距。

第八，就社会保险而言，它是一种收入补偿制度，就是补偿劳动者在年老、伤残、疾病、失业、生育或遭遇不幸时所损失的收入；就社会救助而言，它是一种收入保证制度，就是保证救助对象有最低标准的生活来源。总地来说，社会保障制度的目的是为了维持社会成员一定的收入水平。有了一定的收入水平，就有了一定的消费能力。保持一定的社会消费能力即保持一定的购买力，有利于刺激社会生产发展。从此意义上讲，社会保障制度的改革和创新对我国现阶段拉动内需、加大内循环力度的国策是有积极意义的。

其次，中国特色的社会保障制度的发展呼唤社会保障教育。究竟何为“中国特色的社会保障制度”？这是一个重大的理论问题，非三言两语所能说清。但是，有一点是可以肯定的，那就是，新的社会保障体系，从理论研究到制度设计，从政策制定到实际操作，都需要大量的受过专业训练的、高素质的社会保障人才。也就是说，建设中的社会保障体系，专业性更强，对人才的要求更高。从我国当时社会保障队伍的素质和构成来看，情况堪忧。以某市社会保险局为例，全局所有干部职工，没有一人受过劳动与社会保障方面的正规训练，社会保险基本上被当作一种事务性工作来做，人员变动频繁，专业性不强，什么人都能做。在这种状况下，是很难谈什么创新和发展的。这种状况的形成，主要是因为我国长期没有社会保障专业，社会保障教育落后。而社会保障教育的落后又归因于社会保障事业的停滞不前。可见，长期以来，我国社会保障事业与社会保障教育之间形成了一种不良循环。如今，在改革开放的大潮中，社会保障问题凸显，成为深化改革和社会稳定的制约因素和敏感问题，到了非解决不可的地步。实践的发展对教育提出了新的要求，劳动与社会保障专业的设置在很大程度上就是对这种要求的一种回应。

总之，社会保障教育的发展，将推动社会保障事业的发展，而社会保障事业的发展将更好地服务于社会经济的发展，由此步入一种良性循环。因此，我们认为，劳动与社会保障专业的设置不是一种投机行为或短期行为，而是社会经济发展的内在要求和必然结果。

最后，需要指出的是，发展社会保障教育要处理好两方面的问题。一是人才培养质量。我们讨论劳动与社会保障专业的课程设置，就是为了设计科学的社会保障教育体系，以提高社会保障的人才培养质量。但人才的质量究竟如何，还需实践检验，那就是要得到实际部门的认可。关于人才培养质量问题是本课题探讨的一个重要问题，后文将做详细阐述。二是人才培养的数量问题。教育的最终目的是为了培养高素质的人才。同时也应考虑人才的出路问题。从理论上讲，社会保障事业的大发展，需要大量的社会保障专业人才，特别是我们的社会保障教育曾有过很长一段空白，当时刚刚起步，真正受过专业训练的人并不多，从这个意义上讲，人才的出路似乎不应成为一个问题。但这只是理论上的分析，实际情况并不让人乐观。一方面，由于我国当时的社会保障实践还相当落后，专业性不强，因此，尽管社会保障实际部门有一定数量的就业岗位，但是，在人事用工制度还不健全的情况下，实际部门在人员的选择和配备上，一些人为的因素常常堵塞正常的就业渠道，从而给专业人才择业带来了困难。另一方面，由于当时社会保障工作成为一个热点问题，因此，有的高校看好它的就业前景，早在劳动与社会保障专业设置之前就开设了社会保障专业方向，并开始招生。1998 年，教育部调整本科专业目录后，如果有相近专业的学校也纷纷开设社会保障专业，那么，在就业岗位有限的情况下，就容易造成人才的过剩和"积压"，找不到出路，从而浪费教育资源。同时，盲目开设专业也会影响人才培养质量。因此，我们认为，劳动与社会保障创建阶段的主要任务是精办少数高校的劳动与社会保障专业，加大教学投入，努力提高劳动与社会保障专业的人才培养质量；慎重考虑劳动与社会保障专业的增点问题，适当控制劳动与社会保障专业的人才培养数量。

（二）大学本科劳动与社会保障专业培养方案的制订

1. 制订劳动与社会保障专业培养方案的指导思想

世界科学技术的迅猛发展，我国社会主义市场经济体制的逐步建立，以及高等教育体制改革和教学改革的逐步深化，正在深刻地影响着高等学校的人才培养，对人才培养规格和质量也提出了新的要求。为适应 21 世纪社会经济发展的需要，培养德、智、体全面发展、基础扎实、知识面宽、能力强、素质高、富有创新精神的专门人才，教育部从 1997 年开始组织了普通高等学校本科专业目录的修订工作，并要求各高等学校进一步转变教育思想，更新教育理念，相应地调整本科专业设置，并对相关专业的教学计划进行全面修订。劳动与社会保障专业的设置就是这次专业调整的结果。同一些老学科相比，劳动与社会保障专业虽然没有历史的束缚，无陈规可守，但也无更多的经验可言。以怎样的思想和理念来制订劳动与社会保障专业的培养方案，来指导我们的人才培养，以适应新时代的新要求，这对劳动与社会保障专业的前途和命运至关重要。这个头开好了，对劳动与社会保障专业今后的发展，乃至对我国劳动与社会保障事业的发展都是一件幸事。我们认为，制订劳动与社会保障专业人才培养方案的立足点和出发点应包括以下 5 方面。

（1）坚持正确的理论指导，全面贯彻党的教育方针

劳动与社会保障专业培养方案的制订应以马克思主义、毛泽东思想、邓小平理论、“三个代表”重要思想、科学发展观、习近平新时代中国特色社会主义思想为指导，全面体现“教育要面向现代化，面向世界，面向未来”的时代精神，坚定不移地贯彻落实党的教育方针。所谓教育面向现代化，首先就是要求劳动与社会保障专业的人才培养要面向知识经济时代。知识经济是 21 世纪的特征。这种以知识为基础的经济，直接依赖于知识和信息的生产、扩散和应用。知识经济的崛起，源于以信息技术等高新技术及其产业的迅猛发展为标志的科技革命。知识的传播、知识的应用，特别是知识的创新，在经济和社会发展中起到越来越重要的作用。1996 年，世界经济合作与发展组织（OECD）主要成员国国内生产总值（GDP）的 50%以上是以知识为基础的。随着服务的知识化、智能化和数字化，生产规模从批量生产向个性化、多样化转变，生产和贸易的知识密集程度越来越高，经济效益越来越依赖于知识和创新而不再是有形的资产，知识作为解决国家面临经济困境的重要措施越来越多地被运用于经济活动之中。有人预言在当前国际充满急剧变化和相对不稳定性的环境中，建立迅速增长的知识型经济体系将是保持国家竞争优势的关键。因此，世界各国均十分关注对知识经济的研究。教育，历来是传播、发散、创新知识的重要基地，1992 年诺贝尔奖获得者、美国经济学与社会学教授贝克尔认为，发达

国家的资本75%以上不是实物资本，而是人力资本。面对“知识经济”的现实和经济增长理论的不断发展，原先建立在“知识、科技成果和技术创新”是经济增长的“外生变量”条件下的教育系统，应如何去适应“知识、科技成果和技术创新”已成为经济增长的重要“内生变量”的知识经济时代，是各专业教育发展战略研究的重要课题之一。其次，所谓面向现代化，就是要求劳动与社会保障专业的人才培养要面向我国社会主义现代化，面向社会主义现代化建设的主战场；要求劳动与社会保障教育紧密地与经济、社会发展的战略目标和战略步骤相适应，为我国社会主义保障事业和现代化建设培养足够数量的人才。此外，教育面向现代化，还要求我们适时调整劳动与社会保障专业的教育结构，合理安排劳动与社会保障教育发展的规模、速度和布局，改进教学内容和方法，运用现代化教学手段，建立和完善适应社会主义现代化建设需要的劳动与社会保障教育体系，使我国的劳动与社会保障教育事业能够主动适应社会主义现代化建设需要。所谓面向世界，就是要求劳动与社会保障专业的人才培养应吸取世界各国先进的科学技术知识，吸取人类共同创造的文明成果，特别是要吸收和借鉴世界各国劳动与社会保障方面人才培养的成功经验，以及反映世界文明成果和当代科学技术最新发展的教材、教学内容和教学方法。所谓面向未来，就是要求劳动与社会保障教育不能限于就事论事，或者只是一种政策性解释。劳动与社会保障作为一门科学、一个专业，其意义还在于，它在教育方面不仅具有理论性和实践性，而且还具有超前性和预见性。因此，所谓面向未来，也就是要求劳动与社会保障教育必须从本学科自身特点和现代化建设的长远目标出发，使今后的教育能够适应和满足未来社会保障和社会发展的需要。

（2）遵循教育教学的基本规律，坚持知识、能力、素质协调发展和综合提高的原则，力图优化专业知识结构，突出专业特色，提高办学效益，培养高素质复合、创新型人才

21世纪初，我国正面临着经济体制和经济增长方式两个根本性的转

变，科学技术飞速发展既对高等学校教学工作提出了新的要求，也提供了新的发展机遇。《劳动与社会保障专业本科人才培养方案》就是在这种背景下提出的。如前所述，在两个根本性转变过程中，社会保障的重要性日益显现出来，业已成为政府和社会关注的焦点。之所以如此，主要是因为我国当时的社会保障制度不尽如人意。尽管改革开放以后，我们从国外学习引进了许多社会保障的先进经验和管理方法，但是，同发达国家的社会保障制度相比，差距是显而易见的。问题的症结之一就是人才的缺乏。可以这样说，人才的缺乏，特别是高素质具有创新意识的社会保障专门人才的缺乏已成为制约我国社会保障事业发展的瓶颈。因为，借鉴和学习国外先进的社会保障制度，研究和设计中国特色的社会保障体系，不是简单的照搬照抄，而是一种制度创新。新的制度呼唤创新型的人才，这就对劳动与社会保障专业的人才培养提出了更高的要求。因此，我们强调加强学生的全面素质培养，在重视知识传授的基础上，大力加强学生获取知识、创新知识、提出问题、分析问题和解决问题能力的培养。进一步优化和创新人才培养方案和培养过程，坚持知识、能力、素质协调发展和综合提高。淡化专业界限，扩大专业口径，拓宽包括自然科学、人文社会科学和大学科门类在内的公共基础和专业基础，加强基本能力和基本素质培养，通盘考虑本科生、硕士生、博士生培养目标、方向、课程设置及培养方式，既体现培养层次，又加强衔接互通，利用综合性大学多学科的优势，按学科大类培养复合、创新型人才。

（3）转变教育思想和教育理念，深化和吸收教学改革与教学研究成果，倡导创新教育、创新教学、创新学习，探求复合、创新型人才培养的新模式

人才培养模式是学校为学生构建的知识、能力、素质结构，以及实现这种结构的方式，它从根本上规定了人才特征并集中体现了教育思想和教育理念。一种教育思想、一种教育理念，不是短期内形成，而往往是经过长期的教育实践才形成的。我国自中华人民共和国成立后，在社会主义教

育过程中逐渐形成的教育思想和教育理念，绝大多数是反映教育规律和培养宗旨、符合国际惯例和中国实际的，因此，我们长期形成的教育思想和教育理念基本上是正确的。但由于形势的发展、社会主义时期任务的改变，有些教育思想和教育理念已不适应新时期的需要。因此，有必要进行更新和完善。劳动与社会保障在我国是一门新兴学科，从事该学科教育，应坚持弘扬我国已有的正确的教育思想和教育理念，转变自我封闭、条块分割、专业过细、学非所用、理论脱离实际、单纯追求数量忽视质量、不讲办学效益和缺乏创新性的教育思想，树立创新性教育、素质教育理念，树立重视教育质量和教育国际化的教育理念，特别是树立开放型的“面向现代化、面向世界、面向未来”的教育理念。具体来说，就是要整合课程设置，根据培养目标构建融合贯通、紧密配合、有机联系的课程体系。改变课程内容陈旧、分割过细和简单拼凑的状况，避免脱节和不必要的重复。防止“因人设课”和“因无人而不设课”的情况出现。对于同类专业间的共同基础课程，加强内容和体系上的统筹和协调。同时，要处理好理论教学与实践教学和案例教学的关系，加强理论联系实际，明确实践教学目标，加强教学、科研和社会实践的有机结合，丰富实践教学内容、方式和途径。此外，还要处理好课内教学与课外指导的关系，通过优化课程结构、改进教学方法、引进现代化教学手段等途径，减少课内学时，加强课外指导，为学生的自主学习和独立思考留出足够的时间和空间，使课内与课外、校内与校外的教育活动形成有机整体。结合中国高校的具体情况，我们的构想是，进一步探索素质教育的有效途径，融传授知识、培养能力、提高素质于一体，建立富有时代特征的多样化的人才培养模式，以体现各高校的学科优势与特色；充分利用学分制的优越性，科学地进行学分和学时分配，减少学时，降低学分，强化课程区分度，增大核心课、主干课学分系数，鼓励学生个性发展和进行创新学习，充分调动学生的积极性，使学生真正自主地学习和发展。

（4）贯彻落实教育部的有关意见和决定，坚持统一性与多样性相结合

的原则，在保证劳动与社会保障专业人才培养基本质量的同时，力争办出特色、办出水平

所谓统一性，体现在国家对本科人才培养目标的要求上，反映国家对本科人才培养质量的基本要求；所谓多样性，体现在各高等学校制定的专业培养目标和人才培养模式上，反映各学校的办学特色。在制订劳动与社会保障专业培养方案时，应本着“解放思想、实事求是”的原则，深入研究社会对多样化人才的需求及劳动与社会保障专业在21世纪国民经济建设和社会发展中的地位和作用，既考虑各校的实际情况，又要给各高校留出空间，以便各高校根据劳动与社会保障专业的生源质量、师资水平、办学历史与条件、所在地区的社会经济发展水平与远景规划及毕业生的服务面向等实际情况，科学地制订自己的培养方案，更好地发挥各自的办学优势和特色，从而改变培养方案“千校一面”的状况。同时，采取扩大选修课种类与数量、适度放开专业及专业方向选择权等措施，改变学生知识、能力结构“千人一面”的状况，把因材施教落到实处。积极为学生提供跨学科选修、主辅修、双学位、课外学术活动等多种教育形式和机会，为学生发现、发展各自的志趣、潜力和特长创造条件，促使其达到个性发展与社会责任的高度统一。增加和改进培养学生创新思维和创新能力的教学环节，并融于教学的全过程之中。

（5）劳动与社会保障专业的培养方案要重视和反映该专业的特点

劳动与社会保障专业实际上涵盖了劳动和社会保障两个方向，因此，主干课程的认定、专业基础课和专业方向课的设置应兼顾这两个方向，不可偏废。尽管劳动与社会保障专业的学科归属问题不是本课题的主要议题，但是，在探讨该专业的课程设置时，这个问题是很难回避的。目前学术界和实际部门比较一致的看法是，劳动与社会保障专业是一门以经济学、管理学、法学、保险学、社会学为主的交叉性或边缘性学科。因此，劳动与社会保障专业的课程设置应体现该学科交叉性、边缘性和综合性的特点。同时，我们认为，劳动与社会保障专业既是研究宏观经济工具——

劳动与社会保障理论及其规律和方法的综合性学科，也是以培养实际工作者为主要目的的应用型学科。因此，劳动与社会保障教育既要教给学生相关的理论知识，又要注重培养学生的实际操作能力。对于这一点，实际部门的同志反应特别强烈。此外，需要特别指出的是，培养方案仅仅反映该专业交叉性、边缘性和综合性的特点是不够的，我们还要避免一种倾向，那就是与一些相近专业的重复，或简单地搬抄、拼凑一些相近专业的课程。如前所述，虽然劳动与社会保障专业是一个新兴学科，但是，劳动和社会保障教育的发展都有一定的历史，而且劳动与社会保障专业是一个边缘性或交叉性学科，因此，在创建该专业的课程体系，认定主干课程，确定主要教学内容时，很容易与一些相近专业重复，如人力资源管理专业、保险学专业、社会学专业等，从而丧失劳动与社会保障专业本身的特点，这显然不利于该专业的发展。因此，如何体现劳动与社会保障专业的特点，建立起真正属于该专业的课程体系，是需要慎重考虑和认真对待的问题。

2. 劳动与社会保障专业的人才培养目标

教育部颁布的《1998 年本科专业目录》将劳动与社会保障专业的培养目标表达为：培养具备比较扎实的管理学与经济学专业基础知识，掌握现代管理技术与方法，能在政府部门、政策研究部门、大中型企事业单位从事劳动与社会保障工作的高级专门人才。

根据上述培养目标，又参考国家教育部《关于深化教学改革，培养适应 21 世纪需要的高质量人才的意见》《关于普通高等学校修订本科教学计划的原则意见》的精神，以及《关于做好普通高等学校本科专业教学计划修订工作的通知》的精神，结合劳动与社会保障专业的特点，其本科培养的目标定位的基本思路是面对现实，注重基础理论的学习和实践经验的培养，同时又要面向未来，培养适应 21 世纪需要的复合、创新型人才。具体而言就是劳动与社会保障专业培养的人才应该是基础扎实、知识面宽、能力强、素质高和富有创新精神、德智体全面发展的高素质专业人才，具有知识面广、适应能力强的特点；会学习、善思考、有思想；具有扎实的基本理论功底和较强的应用技能；具有良好的科学文化素质和道德心理素质；具有创新意识、自强精神。在这一思路下，劳动与社会保障专业的培养目标可表达为：培养德、智、体全面发展，通晓中外劳动和社会保障理论与实务，专业基础知识扎实，业务知识面宽，能从事劳动就业、人力资源管理、社会保障与商业性保险运作与管理、具有理论研究能力和教学能力的高级专门人才。毕业后可在政府劳动与社会保障部门、政府公共人力资源管理部门、企事业单位人力资源管理部门、金融性公司、保险公司及其他公共经济部门从事实际工作，以及在有关的科研机构和高等院校从事研究和教学工作。

劳动与社会保障专业所培养的人才，要求系统掌握本学科、本专业必需的基础理论、基本知识，掌握本专业必要的基本技能、方法和相关知识，较好地掌握一门外语，具有从事劳动与社会保障实际工作能力和教学、研究工作的潜能。

简言之，本科生的培养目标是培养具有创新精神、能从事实际工作和有研究和教学潜能的专门人才。这里只要求本科生具有研究和教学基础是合理的，胜任高等基础教学和研究工作还必须经过研究生阶段的教育。本科教育只能为高等基础教学和研究工作提供一定的基础。

3. 社会保障专业在我国的发展及国外的经验

虽然社会保障在 1998 年才正式成为一个专业，但社会保障教育早在 20 世纪 80 年代初就在部分高校开始了。1984 年，武汉大学开始招收社会保障方向的硕士研究生。次年，又开始招收该方向的本科生。这是我国较早开展社会保障教育的高等院校之一。原江西大学也于 1987 年开始招收社会保障专业方向的专科生。到 20 世纪 90 年代初，已有多所院校开始招收社会保障方向的本科生。例如，中南财经大学（现中南财经政法大学）在 1993 年中国人民大学在 1995 年陆续招收了该方向的本科生。1998 年，国家教育部颁布了新的本科专业目录，正式确认社会保障为一个本科专业，并批准首批 8 所院校于翌年招收社会保障专业的新生。这 8 所院校是武汉大学、中国人民大学、中南财经大学、辽宁大学、天津职业技术学院、南京铁道医学院、山西财经大学和四川大学。同时，还批准武汉大学、中国人民大学、辽宁大学 3 所高校率先招收社会保障专业硕士研究生，同年，国务院学位委员会批准武汉大学率先招收社会保障专业博士研究生。到 2001 年，全国已有 40 多所高校获准招收社会保障专业的本科生。（1998—2020 年间，教育部共批准 177 所高校招收劳动与社会保障专业本科学生，2013 年起先后有 10 所高校撤销招生。到 2020 年年底，全国共有 167 所高校招收劳动与社会保障专业本科学生。①）

在国外，虽然开设社会保障专业的国家不多，但有关社会保障的教育和研究却为政府和社会高度重视。它分散到了经济、政治、社会、法律、医学、管理等多个学科门类，无论是在校学生，还是社会各界人士，接受社会保障教育都是非常重要的必修课。有些国家（如德国）甚至在中小学阶段就开设了社会保障课程。

（三）关于劳动与社会保障专业课程体系的安排

1. 制定课程体系的原则

人才培养目标是 21 世纪劳动与社会保障专业的灵魂，课程体系是人才培养方案的核心，是达到人才培养目标的保证。21 世纪劳动与社会保障课程体系是紧紧围绕培养目标制定的。在制定课程体系时所遵循的原则是：

①强调厚基础与宽知识的统一；

②强调基础知识的教育与能力、素质和创新精神培养的统一；

③强调专业人才与复合、创新人才培养的统一；

④强调扎实的基本功底的训练和较强的应用技能和适应能力培训的统一。

---

① 林闽钢. 构建中国特色社会保障学科——二十五年发展回顾与前瞻［J］. 西北大学学报（哲学社会科学版），2021，51（04）：65-72.

2. 课程体系的内容

课程体系包括两大部分：课堂课程和第二课堂。

①课堂课程包括公共基础和通识课程、专业基础课程、专业方向课程、选修课程、专业实习及毕业论文5个部分。

公共基础和通识课程。按教育部的要求开设马克思主义哲学、毛泽东思想概论、邓小平理论概论、当代世界经济与政治、法律基础、思想道德修养、外语、计算机基础与应用、高等数学等公共课程。为了提高学生的文化素质和综合素质，开设自然科学、社会科学、人文科学、艺术体育等类通识课程供学生自主选修。

专业基础课程。专业基础课程的设置力求体现宽知识的原则，为培养复合型人才做准备。专业基础课主要包括基础理论和工具及应用课程两大类。基础理论主要以经济学、管理学为专业基础，开设课程如下：政治经济学、西方经济学、中级宏观经济学、中级微观经济学、发展经济学、财政学、货币银行学、管理学、线性代数、概率论、会计学、统计学。

为了使学生接触最新基础理论并与国际接轨，同时促进学生专业外语的提高，建议有条件的学校尽量使用外语原版教材（部分或全部），建议使用的教材如下：

《西方经济学》	P. Samuelson，Economics
《中级宏观经济学》	Barnson，Macroeconomics Theory and Policy
《中级微观经济学》	Varian，Intermediate Microeconomics

专业方向课程。专业方向课程的设置力求体现厚基础的原则，力求理论的系统性和完整性，同时又极力避免各门课程内容的重复、交叉。专业方向课程主要有劳动经济学、人力资源管理、社会保障理论、社会保险、社会保障制度国际比较、公共管理、社会福利与社会救济、社会保障基金管理、行政学原理、人口学、社会工作、劳动法与社会保障法、法学概论。

选修课程。选修课程安排的目的，一是提供专业方向方面更深入细致的课程，供学生选择，如养老保险等；二是在学生自主的前提下，进一步扩大学生的知识面。选修课程主要包括社会保障、社会学、经济学等方面的内容。可供选修的课程有养老保险、失业保险、医疗保险、保险学原理、保险精算、社会保险会计与财务管理；城市人口与劳动就业管理、社会学概论、城市社会学、家庭社会学、宏观经济管理、经济法、行政组织法、经济学中的数学方法等。

专业实习和毕业论文。专业实习和毕业论文的设计应体现培养学生对未来社会适应能力、提高学生综合素质和创新能力的原则。专业实习或毕业实习，以服务于毕业论文的写作为目的。专业实习是毕业论文的基础工作的一部分，也是对所学知识的一次实践检验。专业实习既是课堂教育的一部分，也是第二课堂的一部分，是培养学生把理论应用于实际的能力、提高学生适应能力、让学生了解本专业的实际情况的一次好机会，是培养学生应用、综合和创新能力的主要环节和手段，也是提高学生科学文化与思想道德心理素质的重要途径。毕业论文是对学生在校 4 年所学知识的总结。毕业论文的写作要求学生融会贯通 4 年中所学的各科理论和方法，要求学生学会思考，培养学生提出问题和解决问题的能力，激发学生的想象力和创新力。专业实习和毕业论文的写作过程可使学生从被动地接受知识转变为主动地思考问题，创新性地解决问题。学生在这一过程中可以发生质的飞跃。

②第二课堂。第二课堂包括社会实践、社会调查、生产劳动、业务科研活动、学术讲座、研讨会等。第二课堂各种实践活动的安排是要把第二课堂的教育纳入人才培养方案，指导素质教育贯穿于整个教学过程之中，同时达到深化课堂教育的目的。劳动与社会保障专业鼓励学生参加各项科研活动，并将社会实践安排在第一学年暑假、第二学年暑假、第三学年暑假三个时段进行。

3. 主干课程的认定

根据 1999 年 10 月“武汉会议”上各位专家学者的意见，我们初步认定劳动经济学、人力资源开发与管理、社会保障理论、社会保险、社会保障基金管理和社会保障制度国际比较6门课程为21世纪劳动与社会保障专业的主干课程。其后，根据专业实际发展需要，经与相关部门商讨，增设了社会保障精算和社会保障法2门课程为主干课程。

劳动与社会保障是两个方向，劳动侧重对劳动力资源的分配和管理，而社会保障则是一种再分配制度，所以，劳动与社会保障分别都有主干课程。因考虑到目前有人力资源管理专业，为避免主干课程太多重叠，故劳动方向仅设2门主干课程。

当时之所以只设6门主干课程，是基于以下一些想法：第一，给学生多一些时间的空间，以利学生的个性发展，这是符合素质教育原则的；第二，给各高校多一些时间、空间，以利学校的特色的发挥；第三，避免课程内容的过多重复。

关于劳动方向。在劳动方向开设劳动经济学、人力资源开发与管理2门主干课程，其中劳动经济学侧重从宏观上研究劳动力资源的分配和管理；人力资源开发与管理侧重介绍劳动力资源宏观配置和微观管理的基本知识。配合社会保障、经济学、管理学和法学课程的学习，如政治经济学、西方经济学、中级宏微观经济学、管理学、保险学、劳动法、社会保障基金管理等课程的学习，相信学生有足够能力胜任政府相关部门和企业的人事管理、员工福利计划、各种基金的运作和管理等工作，并具有从事劳动方面的研究和高等教育的潜能。

关于社会保障方向。在社会保障方向，开设社会保障理论、社会保险、社会保障基金管理和社会保障制度国际比较4门课程。社会保障理论和社会保险的大体分工是，社会保障理论主要研究社会保障的基本理论，社会保险则主要以社会保险制度的运行和各险种为主要内容。目前已有的社会保障概论教材偏重社会保障制度的介绍，而对社会保障理论探讨甚少，社会保障专业仍无系统的理论支持，从长远看，这一状况会危及社会保障专业的发展，所以，开设社会保障理论主干课程并借此推动社会保障理论源流的研究，为社会保障专业打好理论基础实属必要。虽然社会保险制度是社会保障制度的重要组成部分，但由于社会保险制度的内容丰富庞大，不能在社会保障理论这门课程中得到充分讲述，因而开设社会保险这门课，对社会保险制度运作及各主要险种，如养老保险、医疗社会保险和失业保险等进行充分讲述是必要的。社会保障制度是工业化的产物，在中国是一个舶来的制度，对世界范围内主要的社会保障制度进行比较研究并从中找出带普遍意义的规律以供中国建立和完善社会保障制度学习和借鉴是非常重要的，尤其是目前在介绍国外社会保障制度时失之偏颇的情况下，编写一本以公正的眼光来介绍和研究国外社会保障制度的教材并开设这门课程，就显得尤为重要。这门课程除教授知识外，还将教育学生辩证地看待和评价国外社会保障制度的方法。从此意义上讲，社会保障制度国际比较也应纳入主干课程。从国际经验看，随着人口老龄化速度的加快，同时随着决策者对社会保险基金重要性认识的加深，社会保障基金的多元化投资将是必然的，与此相应，社会对社会保障基金管理人才的需求也会随之提上日程，开设社会保障基金管理课程，介绍社会保障基金的监管及投资理论、基金运用等知识给学生，是为社会储备不久将来所需人才。配合其他课程的学习，如社会福利与救济、失业保险、养老保险等课程的学习，学生必能对社会保障制度的理论与实务有较深的了解。在经济学、管理学专业基础课程学习的基础上，学生一定能胜任政府相关部门和企业退休金计划、风险管理等工作，并具有从事相关研究和高等教学的潜能。

（四）劳动与社会保障专业本科人才培养方案

（1）专业代码及专业名称：110303　劳动与社会保障。

（2）培养目标：劳动与社会保障专业培养德、智、体全面发展，通晓中外劳动和社会保障理论与实务，专业基础知识扎实，业务知识面宽，能从事劳动就业、人力资源管理、社会保障与商业性保险运作与管理，并具有理论研究能力和教学能力的高级专门人才。毕业后可在政府劳动与社会保障部门、政府公共人力资源管理部门、企事业单位人力资源管理部门、金融性公司、保险公司及其他公共经济部门从事实际工作，以及在有关的科研机构和高等院校从事研究和教学工作。

（3）专业特色与要求：劳动与社会保障专业是中国社会经济发展要求下产生的一个新专业，它的课程体系和教学内容将是全新的。该专业将以“新”为特色，不断改革和完善课程体系和教学内容，强调理论与实践相结合。劳动与社会保障专业所培养的人才，要求系统掌握本学科、本专业必需的基础理论、基本知识，掌握本专业必要的基本技能、方法和相关知识，较好地掌握一门外语，具有从事劳动与社会保障实际工作和研究工作的潜能。

（4）课程体系：

课堂课程。本专业开设的主要课程有管理学、公共管理、公共政策、公共经济学、宏观经济学、微观经济学、劳动经济学、社会保障概论、社会保险、人力资源开发与管理、社会保障基金管理与投资、社会保障制度国际比较、金融学、保险学、保险精算、线性代数、概率论、统计学、社会福利与救济、劳动法与社会保障法等。

实践性教学。本专业建立由社会实践和教学实习相结合、以提高素质和能力为主要目的的实践教学体系。实践教学总学时为20~25周。其中，社会实践安排在第一学年暑假、第二学年暑假、第三学年暑假3个时段进行；毕业实习安排在第四学年第二学期进行，主要在劳动、人事与社会保障机构实习，并建立相应的实习基地。计算机基础与应用教学的安排，除学校统一安排外，该专业将根据社会需要适当加开相应计算机课程。

教学进度。劳动与社会保障专业采取分段培养方式。前5个学期组织公共基础课程和专业基础课教学，后3个学期将根据本专业的学业标准和社会需求，通过专业课程选修确立专业方向。教学实习、毕业实习、毕业论文、任意选修、辅修、攻读双学位均安排在后3个学期。

（5）学制与学分要求：本科教育学制为4年。学分要求，各校可根据自己的实际情况自行决定。

（6）学位授予：符合条件者，准予毕业，并授予管理学学士学位。

二、武汉大学劳动与社会保障专业建设展望

（一）贯彻新文科建设理念

新文科是指人文社会科学与新一轮科技革命和产业变革交叉融合形成的交叉学科及交叉专业，劳动与社会保障专业的多学科、交叉性特征符合对新文科的诠释，今后还可从以下两方面进一步精进：一方面，可以将一些新兴技术吸纳进劳动与社会保障专业，为学生提供综合性的跨学科学习，利用新型研究工具和研究方法提升劳动与社会保障专业教学水平和培养质量；另一方面，在新文科建设指导思想下的劳动与社会保障专业建设，要以新时代改革意识为导向，适时调整培养方案和课程体系，推动实质性的文理融合，消除专业壁垒、博通人才培养，进一步营造创新型高综合素质人才培育环境。

（二）改进教学手段和教学方法

在信息化时代，知识获取渠道越来越多，传统的教学方式有碍知识传播效率、降低学生的学习积极性，不利于培养学生的自学能力和独立分析解决问题的能力。加强学生创新思维和实际创新能力的培养，促进学生个性和才能的全面发展，要求对传统劳动与社会保障专业教学方法进行改进。例如，要改革“灌输式”以及在教学中过分偏重讲授的教学方式，积极实践启发式、讨论式、研究式等生动活泼的教学方法，将学生从被动接受者转变为主动参与者；要重视综合性实践教学环节，将教学与科学研究、社会实践更加密切地结合起来，激发学生的学习兴趣。

（三）强化专业实践教学

劳动与社会保障专业是一门应用性较强的专业，在专业建设过程中，提高学生的专业实践能力和实务操作能力尤为重要。缓解“重理论，轻实践”现象，增强实践性教学，一是要优化教学评价体系，避免过度重视科

研指标、忽视实践教学能力；二是结合我国的发展实际形成中国特色的大学教学模式，谨防照搬西方模式，在工业化和信息化融合的背景下，我国对实践型人才需求量大；三是要重视教学实验平台建设，引进、更新相关教学软件，引导学生进入实验室进行实务操作；四是强化实践教学基地建设，通过与实际业务部门合作，为学生提供多种实习实训机会。

（四）加强国际交流与合作

全球经济发展一体化，必然导致教育国际化，随着科技的发展，知识更新的速度加快，教育将面临千百年来最深刻的变革。网络化教育、远距离课程安排、远程教学与质量评估等，有的已经实现，有的正在和将要实现。可见，教育信息化和国际化已成为当今世界教育发展的必然趋势。我们之所以强调劳动与社会保障教育的国际交流与合作，一是为了使劳动与社会保障教育跟上当今世界教育发展的形势；二是通过各种渠道，采取多种形式，如互访、各种国际研讨会、聘请讲学等，把世界上最新的有用的教学成果和信息及时地传输给广大教师和学生，促进我国劳动与社会保障教育事业的发展，使我国的劳动与社会保障教育能够处在本学科前沿和世界的先进行列。

（五）提升人才培养质量

高等学校的根本任务是培养人才，树立质量第一的理念，符合建设“质量强国”的时代要求，只有紧抓教育质量，才能培养德、智、体、美、劳全面发展的社会主义建设者和接班人。劳动与社会保障高质量人才，是指掌握了一定的劳动与社会保障专业基础知识和技能，拥有了一定的创新精神和创新创业能力，并且具备高度社会责任感和一定综合素质的复合型、应用型高级专业人才。只有树立了人才培养质量第一的理念，才能促进推动其他工作的开展。为培养高素质、创新型、复合型的劳动与社会保障专业人才，在教学内容和课程体系安排方面，注重适应能力和应用能力的培养；在教学方法方面，从讲授法、演示法、阅读指导法转变为发现法、范例法、引导探究法；在教学手段方面，充分利用现代信息技术，在提升课堂教育效率和吸引力的同时，为学生提供丰富的学习资源；在人才培养模式方面，将“知识、能力、素质”分解到人才培养的各个环节，形成“理论教学、实验实践、创新创业”三位一体的创新人才培养模式；在师资队伍建设方面，继续抓好师德师风建设、大力培养学科学术带头人、合理调整和改善师资结构、进一步优化师资队伍。同时，采取有效的竞争与激励举措，充分调动教育工作者的积极性与创造性。

（六）将信息技术融入劳动与社会保障专业教育教学中

“互联网+”、云计算、大数据、人工智能等新一代信息技术带来的全社会的智慧网络化引起了生产方式、生活方式、思维方式、治理方式的深刻革命，同时也对传统的劳动与社会保障专业产生了深刻的影响，以计算机技术为核心的现代信息技术进入教育领域，已经并将继续深刻地改变传统的教学理念、教学技术、教学方法和教学手段。劳动与社会保障教学应抓住这一机遇，利用现有的多媒体教室设备强化教学效果，提高学生的学习兴趣。同时，应加强对现代化教学技术和手段的学习、研究和应用，加强计算机辅助教学课程的推广使用，加速实现教学技术和手段的现代化，使之在改革教学方法、提高学校的整体教学水平中发挥重大作用。

应用创新型人才培养导向下劳动与社会保障专业实践教学体系优化设计

周艺梦　张奇林

作者简介：周艺梦，女，湖北武汉人，管理学博士，武汉科技大学文法与经济学院讲师。主要研究领域：养老保障与老年人福利。近年来，主持国家社科基金项目1项，参与省部级、市厅级科研项目6项，在《心理学报》《经济学动态》《北京社会科学》等出版物发表学术论文数篇。

张奇林，男，湖北洪湖人，管理学博士，武汉大学政治与公共管理学院教授、博导，公共经济与社会保障系主任，中国社会保障学会理事、教学委员会委员，中国慈善联合会学术委员会委员。主要研究领域：社会保障理论与政策、医疗卫生政策、慈善与非营利组织、社会救助与社会福利。近年来在《世界经济》《中国软科学》《美国研究》等刊物上发表学术论文50余篇，著有《中华慈善事业》（合著，第二作者）、《美国医疗保障制度研究》、《中国医疗保障制度改革研究——以美国为借鉴》（合著，第一作者）、《中国慈善事业发展研究》（合著，第一作者）等，主编国家

“十二五”规划教材《社会救助与社会福利》。主持和参与国家和省部级科研项目10多项，作为主要成员获得第三届中国高校人文社会科学优秀成果一等奖、国家优秀教学成果二等奖等奖励。

摘要：当前劳动与社会保障专业实践教学存在结构不尽合理、师资力量薄弱、实践平台不足、管理不够完善等问题。为培养应用创新型劳动与社会保障专业人才，本文提出建立以实务操作演练与实际问题研究为双重内容主线，课内和课外两种教学形式并行的专业实践教学体系，该体系须从推进平台建设、加强师资力量、改进教学方法、规范管理体系四方面予以保障。

关键词：劳动与社会保障；实践教学；应用创新人才培养

一、引言

为实施创新驱动发展战略、促进经济提质增效升级，我国自2015年起全面深化高校创新创业教育改革，强调要“结合专业、强化实践，促进学生全面发展，提升人力资源素质”。同年10月，教育部、国家发展改革委、财政部发布《关于引导部分地方普通本科高校向应用型转变的指导意见》，推动转型发展高校将办学思路转到应用型人才培养上来，要求“建立以提高实践能力为引领的人才培养流程”和“产教融合、协同育人的人才培养模式”。实践教学作为高等教育中的重要组成部分，强调理论知识的运用和实操技能的训练，注重培养学生动手能力和问题解决能力，启发学生的问题意识和创新意识，是培养具有创新创业精神的应用型人才的有效途径。因此，《国家教育事业发展“十三五”规划》强调指出，要“将实践教学作为深化教学改革的关键环节”。

劳动与社会保障专业自1998年诞生，始终与我国社会保障制度改革紧密相随，一方面专注于理论研究以服务改革实践，另一方面着力于人才培养以支持体系运转。进入中国特色社会主义发展新阶段，我国民生事业也将迈向高质量发展的新征程，这就对我国劳动与社会保障专业应用型人才的培养提出了更高的要求。如何通过实践教学的优化来提升劳动与社会保障专业应用创新型人才的培养成效是本研究要解决的主要问题。

二、当前劳动与社会保障专业实践教学的不足之处及其不利影响

劳动与社会保障是一门应用型非常强的学科，但自专业成立以来，教学方面一直存在着重理论、轻实践的倾向，实践教学成为相对薄弱环节，主要存在以下四方面问题：

（一）实践教学结构有待优化

已有研究将劳动与社会保障专业实践教学分为课程实践、专业实践、社会实践 3 个类别，根据 22 所高校劳动与社会保障专业培养方案的汇总分析发现，本专业以上 3 个类别实践教学所占比例分别是 44%、48%和 8%。可见，特别能够锻炼学生实践能力和创新精神的社会实践环节学分设置偏低。具体来看，课程实践以实验教学为主，能够提升学生问题意识和思维能力的问题研讨教学所占比重较低；专业实践以毕业实习和毕业论文等传统形式为主，强调职业准备和适应的职业实践教学严重不足[1]。

（二）实践教学师资力量薄弱

实践教学需要任课教师具备一定的工作阅历或实践经历，然而，高校招聘教师更重视学历，很多新进教师都是一直在学校就读的博士生或硕士生，工作经验的缺乏使其难以很好地胜任实践教学任务。同时，高校考核体系对科研能力的偏重进一步强化了教师对社会保障专业理论的偏爱和对实践的忽视。另外，实践教学需要教师亲力亲为的个性化指导，相对于理论教学而言，需要投入更多的师资力量，在本就偏高的生师比背景下，实践教学师资力量的保障也就更加脆弱。

（三）实践教学平台建设不足

劳动与社会保障专业实践教学平台主要包括实训软件平台和专业实习

基地。部分学校认为没有必要建设劳动与社会保障实验教学平台，不愿意投入引进仿真实训软件，使学生在校期间没有机会接触专业操作流程，失去了了解业务技能、做好就业准备、巩固专业知识的机会。在实习基地建设方面，也存在着实习基地容量不充分、工作不对口等问题，在与实习合作单位保持长久稳定合作关系、务实有效发挥实习基地作用上，尤其需要付出更多努力。

（四）实践教学管理有待完善

虽然大多数高校都将实践教学列入人才培养计划中，但关于实践教学的具体管理方案，如教学计划的拟订、教学内容的审核、教学结果的评估以及对教学全过程的督导都比较缺乏，这就使得实践教学的开展相对理论教学显得比较随意、松散，教学效果的达成缺少制度保障。

以上问题使实践教学开展力度不足、成效不佳，给应用型人才培养带来了不利影响，主要表现在以下方面：

首先，学生学习兴趣不浓厚。由于缺乏实践经历，实践教学常常脱离社会，学生对专业的认识停留在书本理论，难以切实感受到专业的价值与魅力，这是劳动与社会保障专业学生学习兴趣不高的原因之一。

其次，学生就业情况不理想。尽管我国对劳动与社会保障专业人才存在巨大潜在需求，但该专业应届生就业率相对较低，专业对口率也不高，专业实践能力的不足成为制约学生就业的重要因素之一。一项调查研究表明，不到 3 成受访者认为劳动与社会保障专业本科毕业生就业去向与专业培养目标匹配，2 成受访者持相反观点，近一半被调查者选择中立[2]。

最后，以上两方面问题也降低了专业人才招考的吸引力，高校劳动与社会保障专业本科招生第一志愿生源不足的情况普遍存在，按照公共管理大类招生的学生在第二学年或第三学年专业分流时也更倾向于选择其他二级学科，较低的专业认同感不利于吸纳优秀人才加入国家社会保障事业的建设队伍。

三、劳动与社会保障专业实践教学优化设计

（一）实践教学目标定位

从知识目标、能力目标和情感目标三个维度，劳动与社会保障专业实践教学的目标主要包括以下方面：

首先，了解劳动社会保障领域政策法规和业务流程，实现理论知识与实践经验的融会贯通，践行知行合一。在课堂教学中，要强化对当前制度的解读和评估，使理论学习应用于政策分析；在课外实践中，要强调对实践经历的总结与反思，对课堂所学管理学、经济学、社会学、公共管理学、社会保障学等方面的理论知识进行巩固和补充。

其次，完成劳动社会保障领域实务操作和专项任务，提高动手实践能力和社会适应能力；建立问题导向思维模式，培养创新精神与问题解决能力。一方面，让学生在实践教学中获得与实际工作相关的真切体验，增进对相关工作情况的真实了解，初步掌握专业领域工作所需的基本技能，提高在劳动力市场的就业竞争力；另一方面，让学生在实战中提升发现问题的敏锐程度，学习解决问题的路径方法，从而培养具有创新能力的高素质人才。

最后，提高专业认同感，塑造专业价值观，培养公共精神。一方面，通过实践教学中的真实场景让学生体悟劳动与社会保障专业在促进全民共享、增进全民福祉等方面的社会贡献，感受作为劳动社会保障工作者的专业价值，从而提升对本专业的认同感。同时，通过制度研讨与实践操作让学生体会公平、正义、共享等社会保障核心价值观及互助共济的基本原则[3]，培养具备人文情怀和大众服务意愿的专业人才。

（二）实践教学内容架构

本文结合劳动与社会保障专业实践教学体系构建的研究成果和实践经验，提出建立以实务操作演练与实际问题研究为双重内容主线，课内和课外两种教学形式并行的劳动与社会保障专业实践教学体系，如图 1-1。特

别要说明的是，本文所讨论的实践教学体系仅针对专业教育，不包括高校统一进行的通识教育体系中的实践教学内容。

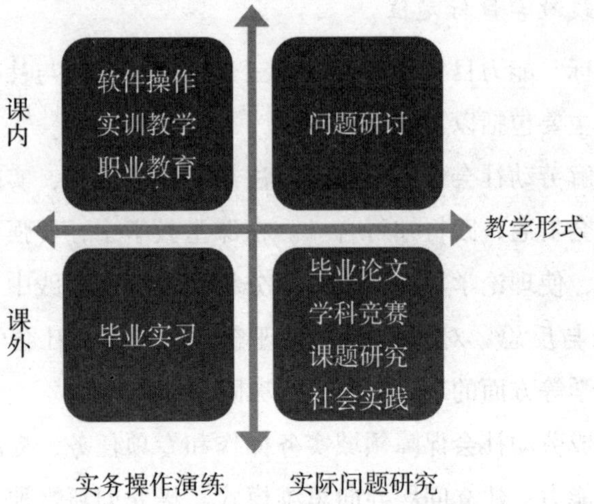

图 1-1 劳动与社会保障专业实践教学体系

从教学内容上讲，本文认为专业实践教学不应该片面地强调工作实务训练，面对国家创新驱动发展战略对高素质人才创新创业能力的要求，发现问题和解决问题的研究能力训练同样需要在实践教学内容设计中得以体现。因此，劳动与社会保障专业的教学内容应该围绕实务操作演练和实际问题研究两个方向展开。实务操作演练主要包括软件操作、实训教学、职业教育和毕业实习等；实际问题研究主要包括课堂上的问题研讨和课堂外的毕业论文、学科竞赛、社会实践和课题研究。

从教学形式上讲，实践教学相对理论教学具有更加复杂多元的物理空间，比如在课堂外参与各类实践活动、竞赛活动、科研活动，甚至在校外进行工作见习。实践教学虽强调活动参与，但并不意味着所有实践教学都要在课堂外完成。课堂内除了进行软件实操和仿真实训外，对学生进行职业教育也是非常重要的环节，专业课程中安排必要的实践学时来研讨相关领域的现实问题对于提升学生知识运用能力、问题解决能力都十分必要。

劳动与社会保障实践教学中各部分教学内容设计如下：

（1）软件操作。在计算机基础等信息技术类通识课程基础上，学习办公自动化软件、统计分析软件等，组织学生上机操作，完成实验教学内容，掌握必备软件的使用方法。

（2）实训教学。引进社会保险、公积金、劳动关系管理、人力资源管理等实训平台，组织学生在虚拟仿真的教学环境下，了解五险一金办理流程、劳动争议处理流程和企业人力资源管理流程。

（3）职业教育。一方面，通过观看中国社会保障发展史等相关影视资料、组织学生分享交流等方式，提升专业认同感和职业向往度；另一方面，开设职业生涯教育和就业创业指导课程，开展认识实习活动，帮助学生规划职业发展，了解就业前景，做好入职准备。

（4）问题研讨。课程中加入方法论的学习，在专业课中设置实践教学学分，甚至单独开设劳动与社会保障专题研讨课程。课堂上的问题研讨不能流于形式，要紧跟时代步伐，密切关照社会现实，讨论真问题，提高学生公共责任意识，训练学生问题解决思路，同时为学生独立完成毕业论文打好基础。

（5）毕业实习。毕业实习是学生了解社会、做好职业准备至关重要的环节。有条件的高校尽可能为学生创造机会至政府主管部门、企事业单位、社会组织中的相关岗位开展集中实习。学生也可以利用自己的社会资源，结合就业意向，进行分散实习。

（6）毕业论文。毕业论文是学生给自己大学本科生活的一份答卷，是学生理论水平和实践能力的综合体现。鼓励学生以毕业实习、社会实践中发现的问题作为选题，而不是泛泛而谈，运用社会调查等科学方法来开展研究，而不是仅仅拼凑转写二手文献，这些都有利于学生问题分析能力的提升及学位论文质量的提高。

（7）学科竞赛、课题研究、社会实践。前述6类实践教学均设置有对应的必修课程和学分，此述3类课外实践教学学分可采取自选方式，由学生根据自身情况选择其中至少1种类型参与即可。

学科竞赛主要包括“挑战杯”、大学生创新创业训练计划项目、“互联网+”创新创业大赛、大学生人力资源管理知识技能竞赛、市场调查分析大赛等专业竞赛。鼓励学生组队参赛，以赛促学，加强教师专业指导，以赛促教，在大赛的磨砺中不断提升实践教学能力，提高应用人才培养质量。

课题研究主要是指吸纳学生加入教师科研项目课题组，让学生在课余时间参与基础研究实践活动，如社会调查、资料整理、数据分析等，从而实现研学结合，以研究实践促进学生专业学习热情与能力的双重提升。

社会实践是指学生基于项目自主参与或自发组织的志愿活动、社区服务、社会调查、学术交流等活动，通过这些活动帮助学生了解社会现状，锻炼沟通协调能力、团队合作能力、社会适应能力，提高学生综合素质。

四、劳动与社会保障专业实践教学优化的条件保障

为完善劳动与社会保障专业实践教学体系，提高实践教学质量，需要从以下四方面来提供保障。

1. 推进实践教学平台建设

实践教学平台是保障实践教学顺利高效开展的物质基础。一方面，要广泛联系社会力量，与相关政府部门、企事业单位、社会组织建立合作关系，为学生“走出去”实习提供场所保证，并通过人才培养、建言献策等途径与合作单位形成良性互动和长效机制，保障实习基地运作的稳定性和可持续性。江西省社会保障专业建设联盟的搭建在此方面为我们提供了可资借鉴的经验。另一方面，要投资引进实验实训设备，按照信息技术实验教学、业务仿真实验教学、创新创业实验教学三大内容，结合高校自身特点，选择实验实训软件平台，优化实验室布局，使学生具备基本计算机技能和专业操作能力，为有需要的学生提供专业协同合作平台来开展创新创业项目。

2. 加强实践教学师资力量

师资队伍建设为实践教学和专业人才培养提供人力保障。首先，加大

实践教学师资队伍建设，提高实践教学能力，激励具有实务经验的老师通过“传、帮、带”的方式，提高年轻教师的实践能力。同时，鼓励没有工作经历的青年教师到相关政府部门挂职锻炼，掌握最新政策与制度动态，了解实务流程与实践问题。最后，通过社会合作单位，邀请人力资源与社会保障部门、民政部分、养老服务机构等相关单位的实务工作人员为学生开展讲座和指导。

3. 改进实践教学教学方法

教学方式优化是不断提升实践教学教学质量的技术条件。课内部分的实践教学要充分利用小组研讨、案例分析、情景模拟、角色扮演等教学方式，充分调动学生积极性，学习操作流程，掌握专业技能，探讨政策制度，提升专业素质，课内实践教学应紧跟热点问题，避免与社会脱节。课外实践教学则应强调总结与反思，应将启发式教学运用其中，使学生从中收获更多思考，提升课外实践质量。

4. 规范实践教学管理体系

管理监督体系为实践教学的规范高校运作提供了制度保障。首先，明确各级教学实践管理机构的管理职责；其次，合理设置实践教学学分结构；再次，制订实践教学管理方案，形成计划拟订、执行督导、结果评价的管理闭环，特别是强调实践教学计划的具体化和规范化，以保证整个教学过程按照既定目标有序进行；最后，完善实践教学激励机制，奖惩结合，提高师生对实践教学的重视程度和参与热情。

参考文献

1. 黄瑞芹，龙双玉. 劳动与社会保障专业实践教学体系研究 [J]. 科技创业月刊，2017，30（09）：67-69.

2. 林闽钢，王锴. 劳动与社会保障专业及其人才培养情况的调查分析 [J]. 中国大学教学，2018（08）：75-79.

3. 郑功成. 中国社会保障学科建设：回顾与展望 [N]. 人民日报，

2018-08-13（16）.

4. 赖志杰，李春根. 搭建“校政企社”合作平台助推社会保障专业建设：江西省社会保障专业建设联盟的探索与实践［J］. 高等财经教育研究，2019，22（04）：7-11.

高等院校社会保障人才培养的理念与未来展望

王增文

作者简介：王增文，管理学博士、武汉大学终身教授、博士生导师，国家级人才工程入选者（教育部“青年长江学者”），政治与公共管理学院副院长；教育部人文社科重点研究基地武汉大学社会保障研究中心副主任，国家智库“雄安社会保障研究中心”副主任，院教授委员会副主任委员、学位委员会委员，社会保障教研室负责人，先后破格晋升为副教授、教授，湖北省“楚天学者”。中国医促会健康保障研究会常务委员、中国社会保障学会理事、养老金分会理事、社会救助分会理事、中国软科学学会理事、湖北省人口学会副会长。

摘要：中国社会保障学科自产生以来，其发展和完善历史的短暂导致自身发展的不成熟、不完善。它虽然是一门多学科的交叉学科，但学科分支领域分化程度不高。中国学位学制改革也给社会保障带来了很多问题，并间接地影响到社会保障专业硕士生的培养质量。因此，加大社会保障学科经费投入、加强对社会保障专业学生的学业指导和就业指导、增强社会保障专业导师队伍建设、采取若干方面的配套改革等就成为社会保障学科

日后发展的方向。

关键词：社会保障实践；交叉学科；学位体系；课程设置

一、引言

社会保障制度是西方工业化经济的产物，德国是社会保障的发源地，继而英国、法国、美国、瑞典等发达资本主义国家也建立了适合本国国情的社会保障或社会福利制度。在发达的资本主义国家，社会保障制度被看成是社会的“安全网”、市场经济的“稳定器”。社会保障思想在中国从古到今始终存在于各种社会和经济形态中，只是没有形成一项事业。中国古代就有“屯谷积粮”的做法、“ 居安思危”的思想。基于这些思想在唐朝时建立了各式各样的“仓储”，如常义仓、太平仓、东宫仓等。完善的社会保障的制度体系是保障人民安居乐业和社会稳定发展的基本前提。随着中国市场经济的深入发展和知识经济的更新换代，一个更科学的社会保障制度体系将逐步形成，其完善过程中，相关政府机构、各大中型企业单位、事业单位需要大量的具有专门知识的社会保障人才。

为了适应这种要求，1998 年，中国教育部在新修订并颁布的普通高等院校专业目录中，新增设了“劳动与社会保障”专业。到 2021 年为止，中国开设劳动与社会保障专业的高等院校已经多达 400 多所，初步形成了适合中国国情的社会保障研究理论，社会保障专业专门人才培养方面也逐渐形成体系。但在取得学科建立和发展的重大成就时，不容忽视的问题也跟随而来。

二、现状分析

社会保障作为一门新兴学科，它研究的对象是社会保障实践活动及发展规律的科学。该学科研究的是社会保障活动的本质与现象，包括该制度的产生与发展、理念与原则、体系与内容、功能与运行；研究其与社会经济发展的互动关系，揭示社会保障对社会经济制度的促进和互动作用。从而，推动社会保障制度的法制化和规范化。

社会保障学科的开设，通过理论与实践教学及热点问题结合的教学模式，旨在通过知识与能力培养结合，使学生了解和掌握以社会保障基本理论为核心的社会保障完整知识体系；掌握社会保障制度的总体框架及项目构成；理解社会保障水平的内涵及其适度性，了解社会保障主体及各自责任、权利和义务，了解社会保障管理体制和社会保障制度的功能。同时掌握一定的实践运用技能，渐进性地理解和研究中国社会保障制度的改革与发展问题。

中国社会保障学科自产生以来，其发展和完善历史的短暂导致自身发展的不成熟、不完善。众所周知，公共管理学的历史以威尔逊《行政学研究》一文的发表为标志，也只不过 100 多年。作为公共管理学科的各子学科特别是社会保障则更显年轻：中国将社会保障作为公共管理的一个二级学科来研究，也只是 1997 年以来的事情。因此，中国的社会保障学科的历史相当短。

“公共管理学作为一门发展中的学科，目前尚处于创始阶段，研究还存在不少盲点、薄弱环节和争论”，社会保障的学科属性并没有完全被区分出来；政策科学学术基础不牢，虽然是一门多学科的交叉学科，但学科分支领域分化程度不高，采用的分析方法尤其是定量分析方法在中国社会保障学科研究领域还非常缺乏。

可见中国社会保障学科的发展还极不完善。这种状况造成社会保障学科在中国高等院校教学中很难形成一个完整的培养计划，部分教师和学生对主要以就业为价值取向的社会保障学科存在“学了能不能找到工作”的疑惑。而且，该二级学科本身理论建构和理论体系都很不成熟，而且对于学科的归属还存在较大的争论时，其可行性以及其指导实践的力度就受到实践部门特别是就业部门的置疑。10 多年以来，公共管理理论与实践之间某种程度的背离一直困扰着社会保障研究者和社会保障领域内的工作者，其原因也归于此。

从社会保障学科实际发展结果来看，社会保障理论与实践之间的相悖性导致学科发展缺乏动力，这种相悖性主要体现在以下四方面：

（1）西方社会保障理论与中国实践相脱节。中国社会保障制度的构建还处于“计划经济的思维、西方理论的行动”阶段，缺少适应中国市场经济的思维。采用西方国家社会保障产业化、私有化的做法，一味地效仿的社会保障理念与政策，很大程度上可能与中国所需要社会保障理念与模式相背离。如何把当前中国的社会经济的实际发展状况与国外先进的社会保障理念、体系及模式相结合，已成为国家社会保障部门、学界乃至全社会构建和完善社会保障学科迫切需要关注的难题。

（2）高等院校的实践教学与社会相脱节。社会保障是一门应用性极强的学科，如果没有一定的调研实践经验，难以对教学内容有深切的把握。用上课宣读理论的教学方式很难得到学生的认同，教师与社会保障研究人员在科研方面也难有质的提升。

（3）社会保障研究需要与实践投入的不对称。中国社会保障制度的建立与完善需要人力资源和社会保障、财政等实践部门自身做出改革回应以及加大对学界研究的投入和支持。但目前实践部门所做出的努力远远不能满足学界的需要。

（4）社会保障公共服务精神不够、官本位重。由于社会保障研究总是和政府的实际运作，特别是国家的改革行动有着过于紧密的联系，而政府的意志会对社会保障的研究影响很大。在中国由于政府与高等院校交流和联系更为密切，从某种意义上来说，政府在很大程度上能主导高校的发展方向。这样，使得政府行动不仅对社会保障制度研究产生很大的影响，而且对社会保障学科教育也有着不同程度的影响。这方面的主要表现是社会保障教育没有完全脱离中国的官本位思想，社会保障的公共服务理念未得到应有的体现。不少选择该社会保障专业的学生，将其作为获取政治光环的重要途径，加之中国高等院校对政府的依赖性大，为从政府获取各方面的资源，不少高校的社会保障专业在硕士生、博士生等高层次招生方面钟爱政府行政人员，并倾向于政府的官员。这就使得中国社会保障教育在招生的源头上加重了官本位思想，而违背了其教育理念和初衷。

三、对社会保障学科完善的一些思考

（一）利用多渠道提升社会保障理论构建的进度和力度

作为一门新兴学科，社会保障要实现"跨越式"发展，要做到以下四方面：

（1）要进一步挖掘和秉承中国传统社会保障思想的精华。中国社会和文化源远流长、博大精深，其中不乏可汲取的保障思想。从中国传统文化中提取社会保障的养分，这是构建中国特色的社会保障理论本源。

（2）合理引进西方发达国家社会保障成熟的理论和前沿社会福利思想。社会保障理论在西方发达资本主义国家已有100多年的研究和实践历史，从社会救助到社会保障、从社会保障到社会福利等都已经形成了较为成熟的研究范式，一直引领着世界社会保障研究和实践的潮流。要在理论上有突破性进展，适应中国新形势的需要，中国社会保障理论的建立必须以人类共同的社会保障理论发展为基础，系统全面地了解和分析国外社会保障理论与实践发展的各种趋势，把握住国际社会保障理论研究的前沿问题。

（3）在社会保障课程设置及研究生入学考试中增加社会科学，同时增加自然科学成分。本科阶段的课程设置在宽口径的基础上，应该尽量突出"公共性""管理性""经济性"的色彩，由于社会发展和社会科学研究的需要，定量分析以更加严密的逻辑思维，使得社会科学的研究更具说服力的优势。目前在社会科学研究中已经成为一种必须的研究工具。所以，有必要增加定量分析的课程，如社会保障精算、概率论与数理统计、微积分等方面的课程。在逐步完善以后，研究生入学考试中，公共管理应当同其他管理类一样，增加数学考试科目。社会保障课程体系设置不能一成不变，要体现动态性。所以社会保障教学部门制订的培养方案，既要考虑现时需要，也要着眼于未来发展，要符合教育规律。社会保障所设置的课程要具有科学性、适用性和前瞻性。总地来说，制订的社会保障培养方案要符合以下基本原则和要求：以培养社会保障高素质人才为原则，根据社会保障学科的社会发展和需求，不断调整专业课程与教学计划，拓宽学科交叉领域，加大交叉学科的课程深度；在社会保障教学计划的修订方面，应该优化课程设置，及时反映社会经济发展的需要和社会保障学科前沿。

（4）进一步加强社会保障学科与其他学科之间的借鉴与整合。相对于经济学、社会学、管理学、政治学、法学等学科来说，社会保障学科显得尤为年轻，社会保障制度的研究方法、理论基础还很不成熟，需要在加强各学科之间的联系基础上寻求跨越。在综观当前世界各学者纷纷通过经济学、社会学、管理学、政治学和法学等学科的研究方法来分析社会保障问题时，我们更加期待将来能够出现社会保障学科独立发展的局面。

（二）促进社会保障理论界与政府管理部门之间的良性互动发展

没有与政府管理部门的互动，社会保障学科理论不可能从根本上得到发展。社会保障理论界与政府管理部门实现互动的根本目的在于其相互的发展需求。

社会保障学科是一门研究“为了维护、增进和公平地再分配公共利益，立法、行政等国家机关和非政府组织对公共事务依法进行管理的学科”。其内容是国家和社会在通过立法对国民收入进行分配和再分配，对社会成员特别是生活有特殊困难的人们的基本生活权利给予保障的社会安全制度。社会保障的本质是维护社会公平进而促进社会稳定发展。它是一门实践性很强的学科，只有将社会保障理论建构定位于“从理论中来，到实践中去，再到理论中来”的策略，发挥社会保障制度的理论性和实践性，与政府管理部门构架起交流互惠的平台，才能促进社会保障学科的良性、健康的发展。

同时，政府部门应当对社会保障理论和学术界的研究最新成果保持积极回应和支持的态度。特别是在政府的社会保障决策、信息咨询等方面应邀请高等院校或者研究机构的社会保障专家和学者的参与，虚心听取他们的研究成果和建立。只有真正体会到社会保障学界的建设性的意见带来社会保障制度绩效的提高，得到社会保障参保对象的认同及社会保障制度本身合法性的提升，政府部门才会有动力建立和维持这种良性互动。

（三）逐步建立一支合格、理论专业素质高的高校师资及科研人员队伍是社会保障学科发展的关键

社会保障学科是一门呈现多学科属性的综合性的交叉性学科，故社会保障专业的师资及科研人员应该具有财政学、公共政策学、发展经济学、劳动经济学、人力资源学、法学、统计学、公共管理学、公共部门绩效管理、货币银行学等各学科背景，这样才能为大学阶段培养出基础扎实、应用能力强的本科生，又为适应研究生阶段学术与应用的要求，培养研究型人才。

同时，教学科研方式和方法应该理论同实践相结合。由于社会保障专业学科具有交叉性，势必要求从事社会保障教学与科研的老师及科研人员具有扎实的经济学、管理学、社会学、法学、数学、统计学、计算机等方面的知识，应该培养一流社会保障的教师队伍，鼓励青年教师到国外发达资本主义国家去学习先进的社会保障专业知识和实践经验，同时鼓励他们到国外重点大学去攻读社会保障专业的博士学位等。注重师资队伍的梯队建设，鼓励教师扩大专业面，努力提高开课能力。

四、社会保障学科的未来与展望

按照中国的学位体系划分方法，学位可以分为3级：学士、硕士、博士。其中，很大程度上，硕士学位作为独立的学位层次主要承担着博士层次的教育，因为博士阶段所需要的知识主要是在硕士阶段加以补充，研究思维和方法也来源于硕士阶段。社会保障的硕士阶段的教育对培养应用型人才的重视，可能会使社会保障本科阶段重新审视其社会保障学科培养目标和课程设置，进而偏重于实施与社会保障相关课程的基础性课程；目前

中国博士教育阶段针对硕士学制缩短对学生科研能力和学术水平的影响，不少重点高校采取延长培养年限的措施，加强社会保障课程建设，加大对社会保障研究者学术能力的培养力度。

但是，现在的两年制改革只是部分重点大学的试点实施，既然要与国际接轨，中国的社会保障硕士学位是否也要转向课程硕士呢？两年对于课程硕士来说是否时间过长或过短？这些问题如果解决不好，将给整个社会保障学位体系带来混乱，因此，必须给改革后的社会保障硕士教育找准定位，这也是需要考虑和研究的问题。社会保障应加强国际交流，政府、高等院校和学术部门高度重视对外合作与交流，近年来社会保障的国际交流实现了新的突破，从局部合作转为全面合作，从被动合作转为主动合作，从临时性的不稳定的合作转向长期稳定的合作，从低层次交流合作转向高层次交流合作。目前国内许多重点高校，如武汉大学社会保障研究中心、中国人民大学社会保障研究中心都与国际劳工组织、世界银行、国外重点大学的学术机构等一批著名学术组织建立了良好合作关系。

综上所述，中国学位学制改革也带来了社会保障专业学生学习压力过大、导师指导不足、学校配套改革不到位、学生就业难等问题，并间接地影响到社会保障专业硕士生的培养质量。而只有清楚了社会保障学科存在的问题，才能有针对性地制订解决方案。因此，加大社会保障学科经费投入、加强对社会保障专业学生的学业指导和就业指导、增强社会保障专业导师队伍建设、采取若干方面的配套改革等就成为以后的发展方向。

参考文献

1. 谭彦红. 劳动与社会保障专业人才培养模式创新思考［J］. 广西财经学院学报，2006（10）.

2. 赵俊康，马培生. 劳动与社会保障专业建设若干问题的研究［J］. 山西财经大学学报，2000（4）.

3. 齐殿伟，王秀兰. 对劳动与社会保障专业建设的几点设想［J］. 长春理工大学学报，2004（9）.

4. 蓝志勇. 美国公共管理学科的发展轨迹及其对中国的启迪［J］. 中国行政管理，2006（4）.

5. 童星. 公共管理学科分类与学科管理［J］. 公共管理学报，2006（2）.

新文科建设背景下社会保障学科的发展定位与实践定向

孟颖颖

作者简介：孟颖颖，管理学博士、博士后，武汉大学政治与公共管理学院教授、博士生导师，公共经济与社会保障系主任，武汉大学社会保障研究中心研究员，武汉大学“珞珈青年学者”、香港中文大学访问学者。教育部公共管理类学科教学指导委员会劳动与社会保障专业分委员会委员；教育部学位与研究生教育发展中心通讯评议专家。近年来，在国内外权威及核心期报刊上发表学术论文60余篇，主持国家社会科学基金、教育部人文社会科学研究基金、中国博士后特别资助基金等省部级以上科研项目20余项。牵头撰写的咨询报告被中共中央办公厅、全国总工会、中共湖北省委政法委员会等部门采纳。

摘要：“新文科”理念下加快推动社会保障学科发展是服务国家战略新需求、推动社会保障实践新改革、促进社会保障学科内涵式高质量发展、培养适应新时代要求的社会保障专业人才的迫切需要。确立立足新时代、定位新格局、贯彻新理念、探索新形式的发展定位；坚持守正创新、推动与相关学科的深度交融，价值引领，将思政元素融入培养方案与课程

体系设计，立德树人、创新多层次多类型人才培养模式。以现实需求为导向，构建中国特色社会保障理论体系；立足国情，加快推动理论研究成果转化应用的实践定向，是确保社会保障学科快速、可持续发展的重要保障。

关键词： 新文科；社会保障学科；学科发展；课程思政；国际化

2020 年 11 月，由教育部新文科建设工作组主办的新文科建设工作会议在山东大学召开，会议研究了新时代中国高等文科教育创新发展举措，发布了《新文科建设宣言》（以下简称《宣言》），对推进新文科建设工作做出了全面部署。“新文科”建设是中国特色社会主义建设对新时期文科教育提出的历史新要求、新定位，也是新时代加快推动哲学社会科学繁荣发展、建设高等教育强国的新使命、新探索。社会保障学科是具有典型交叉学科特性的新兴应用型社会科学，“新文科”建设背景下如何定位社会保障学科的发展方向？如何赋予社会保障学科建设与专业发展的“新文科”内涵？如何实现社会保障学科建设、专业人才培养与服务国家战略需求的实践定向？这些都是亟待社会保障学界与学人关注的重要问题。

一、“新文科”理念下加快推动社会保障学科发展的紧迫性

（一）服务国家战略新需求的迫切需要

社会保障制度是保障全体社会成员基本生存与生活需要的重要社会经济制度，是体现全体社会成员共享经济发展成果、提升人民幸福感和获得感的重要制度举措。社会保障制度建设的完善与否是影响国家经济社会发展和安定团结大局的关键性问题。当前，我国已经进入社会主义现代化建设发展新阶段，这是我国全面建成小康社会、实现第一个百年奋斗目标之后，乘势而上开启全面建设社会主义现代化国家新征程、向第二个百年奋斗目标进军的特殊时期。我们必须清醒地意识到，国际环境日趋复杂，各类不确定性、不稳定性不断增加，国内发展不平衡、不充分问题仍然突

出，民生保障领域仍存在短板，社会保障治理还有明显弱项，充分利用“新文科”建设的发展契机，加快推动社会保障学科发展，努力培养社会保障专业人才，提升学科服务能力，是对接国家战略新需求，为新时代国家改革与发展保驾护航的迫切需要。

（二）推动社会保障实践新改革的迫切需要

进入21世纪以来，伴随着全面深化改革工作的逐步推进，我国各项社会保障事业蓬勃发展，制度覆盖面全面扩大，统筹层次切实提高，保障项目和服务内容不断丰富，制度建设取得的成绩令世界瞩目。但面对新业态、新经济、新模式的快速涌现，深度老龄化时代的全面到来，全球突发性公共危机频繁发生等新时期的“新”问题，如何通过推动社会保障制度参量式改革，实现社会保障制度的高质量发展，迫切需要加快推动社会保障学科建设，夯实社会保障理论基础，凝练社会保障理论体系，切实发挥社会保障理论对社会保障制度改革实践的引领、指导作用。

（三）促进社会保障学科内涵式高质量发展的迫切需要

社会保障学科与经济学、政治学、管理学、法学、社会学等学科有着密切联系，其新兴应用型交叉学科的特质与新文科建设的行动逻辑高度契合。相对于许多传统学科而言，我国社会保障学科起步较晚，学科的理论基础多借鉴于西方社会保障与福利领域的研究成果，尚未形成自己的理论体系。学科积淀不足、学科理论基础薄弱，不仅导致社会保障理论的发展滞后于国内社会保障改革实践，而且严重制约了社会保障学科自身的可持续发展。抓住“新文科”建设的发展契机，进一步打破学科专业壁垒，推动社会保障学科其他专业之间的深度融通，构建中国特色的社会保障理论体系，是实现社会保障学科内涵式高质量发展的迫切需要。

（四）培养适应新时代要求的社会保障专业人才的迫切需要

劳动与社会保障事业的蓬勃发展亟须大量优秀的专业社保人才队伍支持。我国社会保障专业始建于20世纪90年代末，1998年，中国人民大学、武汉大学等全国 8 所高校首批设立劳动与社会保障本科专业，并于 1999 年进行全国首批招生。① 目前，全国招收劳动与社会保障专业本科生的高校已超过 170 所，年招生规模近万人，独立设置社会保障专业硕士点的高校达 60 多所，拥有社会保障专业博士点的高校有 10 多所，研究生年招生规模近千人。② 各层次办学规模的快速增长为我国社会保障实务部门及高校科研院所输送了大量专业人才。但是，随着各项社会保障事业的蓬勃发展，养老、医疗、社会福利等领域的大众需求不断升温，社保专业人才缺口问题仍然突出。抓住“新文科”建设契机，加快社会保障专业建设，培养适应新时代、新要求的应用型、复合型社会保障人才，是“新文科”理念对社会保障专业人才队伍建设提出的基本要求。

二、“新文科”建设背景下社会保障学科的发展定位

（一）立足新时代，回应新需求

“新文科”建设背景下推动社会保障学科快速发展，要求我们必须始终坚持以马克思主义思想、习近平新时代中国特色社会主义思想为指导，遵循哲学社会科学的发展规律，深入把握、理解、总结社会保障学科的学科特点和人才成长规律，做好新时代社会保障学科发展的顶层设计，厘清学科发展思路与路径。在守正创新的基础上，紧紧围绕民生关键问题，积极回应新时代、新形势下的新命题、新需求，不断提升社会保障学科的时代性、科学性和创造性，实现社会保障学科的可持续发展。

（二）定位新格局，创建新气象

“新文科”建设背景下推动社会保障学科快速发展，要求我们必须认识到中国社会保障制度亟待革新的现实需求和社会保障学科引领实践的作

---

① 郑功成. 中国社会保障学科建设：回顾与展望［J］. 新华月报，2018，000（017）：50-54.

② 李春根，张仲芳，赖志杰，刘海兰. 中国社会保障研究现状及展望：第三届中国社会保障理论与政策论坛综述［J］. 经济研究，2020，55（02）：197-202.

用定位是新时代社会保障学科转型发展的双重呼唤。我们必须坚持立足国情，以新时代中国社会保障改革实践为蓝本，定位新格局，创建新气象，在借鉴国内外相关学科发展经验的基础上，凝聚理念共识，完善学科体系，优化专业结构，改进课程设计，重视学科交叉、跨界协同，推动专业改造升级、学科可持续发展。

（三）贯彻新理念，打造“中国范”

“新文科”建设背景下推动社会保障学科快速发展，要求我们必须进一步打破学科专业壁垒，推动社会保障学科其他专业之间的深度融通；完善中国特色的社会保障理论体系，充分利用国内和国际资源，立足本土，瞄准国际，坚持“请进来”和“走出去”，打造社会保障学科的中国范式，构建中国特色社会保障理论研究学术话语体系。

（四）探索新形式，构建“三全育人”新格局

“新文科”建设背景下推动社会保障学科快速发展，要求我们必须抓住“新文科”建设契机，加快专业教育改革，形成中国特色的劳动与社会保障专业培养目标与培养方案，打造符合现阶段中国国情的课程体系与教材体系，坚持以学生为导向，落实立德树人根本任务，培养专业素养过硬、实践能力突出、通专结合、具有国际视野的高素质社保专业人才，满足社会急需。

三、“新文科”建设背景下推动社会保障学科发展的实践定向

（一）坚持守正创新，推动与相关学科的深度交融

物理学家、量子论的创始人普朗克曾深刻指出：“科学是内在的整体，被分解为单独的部门不是取决于事物的本质，而是取决于人类认识能力的局限性。实际上存在着由物理学到化学、通过生物学和人类学到社会科学的链条，这是一个任何一处都不能被打断的链条。”① 新文科理念下，社会

① 路甬祥. 学科交叉与交叉科学的意义［J］. 中国科学院院刊，2005（01）：58-60.

保障学科应坚持守正创新，充分发挥应用型交叉性学科的特点，结合社会保障现实热点问题，拓展与其他学科深度交融的可能空间，开拓社会保障学科研究的新领域。例如，针对“十四五”时期老龄化问题，可以加强社会保障学与金融学、信息科学、人工智能、社会工作等学科的深度交融，探索“养老金融”“人工智能养老服务”“养老服务专业人才队伍建设”等领域的“合作”空间。

（二）坚持价值引领，将思政元素融入培养方案与课程体系设计

《宣言》要求：“要牢牢把握文科教育的价值导向性”。社会保障关乎每一个国民及家庭的福祉，社会保障制度是现代社会平稳运转的“稳定器”与“减震伐”，其诞生及发展的过程充分体现了社会保障制度自身所蕴含的强有力的政治与经济功能，构建效率与公平兼顾的社会保障制度是社会良性运转的重要保障。了解、认知、掌握社会保障制度运行与发展的规律，是理解社会保障制度内涵、发挥制度功能、改善民生福祉的前提与保障。更为重要的，中国的社会保障思想源远流长，从西周时期就出现并一直延续的储粮备荒、济贫救荒“仓储制度”，到孔子提出的“仁、孝、德、政”执政理念，儒家文化包含的“孝老敬亲”“大同仁爱”孝道文明，救灾备荒、扶贫济弱、互助共济、尊师重孝的文化传统一直伴随着中华文明而延续至今，并已成为我国社会保障制度文化的根本渊源。

社会保障学科的学科特质与学科领域蕴含了极为丰富的课程思政内容，抓住新文科建设契机，坚持价值引领，将思政元素融入培养方案与课程体系设计，重新梳理建构学科知识理论体系，将中国社会保障制度改革的最新理论成果和实践经验引入课堂、写入教材，以实现培养学生家国情怀，提升社会责任感和社会担当意识，塑造学生价值观与世界观的目的。

（三）坚持立德树人，创新多层次、多类型人才培养模式

《宣言》要求：“推动文科教育创新发展，构建以育人育才为中心的哲学社会科学发展新格局，加快培养适应新时代要求的应用型复合型文科人才。”“新文科”建设背景下的社会保障学科要在遵循哲学社会科学发展一

般规律，以及中国特色哲学社会科学发展特殊规律的基础上，尊重社会保障专业教育特点和人才成长规律，坚持立德树人，努力推动人才培养模式创新，构建跨院校、跨领域、跨行业的协同育人机制，探索开展理论研究型、社会服务型、劳动技能型等多层次、多类型的人才培养模式。具体而言，第一，可以通过鼓励支持高校开设跨学科、跨专业的新兴交叉课程、实践教学课程，培养学生的跨领域知识融通能力和实践能力。第二，可以通过建立高校学分互认机制、校企联合培养机制、“学业+职业”双导师制，推动不同行业、不同领域、不同院校层面的协同联动，培养适应新时代要求的多层次应用型、复合型社会保障专业人才。第三，新文科建设背景下，社会保障学科还需坚持学生导向原则，增强学生的综合素质和能力，培养学生的专业认同感和劳动力市场自信力，以适应学生多样化的职业需求，培养学生的专业认同感、自豪感。

（四）坚持以现实需求为导向，构建中国特色社会保障理论体系

习近平主席曾指出：“这是一个需要理论而且一定能够产生理论的时代，这是一个需要思想而且一定能够产生思想的时代。”回顾国内社会保障学科的发展历史，我国社会保障基础理论大多借鉴西方经济学、社会学、伦理学等学科的相关理论研究，在研究视域与研究范式上呈现出明显的模仿性、依赖性，并未真正形成自身的研究范式及理论框架体系，甚至出现了某些时期理论研究滞后于制度改革实践的尴尬现象。“新文科”建设背景下，社会保障学科亟待夯实基础，构建中国特色社会保障理论体系。

抓住“新文科”建设契机，立足新时代，回应新需求，坚持以现实需求为导向，以改革实践为营养源泉，兼容并蓄，在借鉴相关西方经典理论的基础上，发现新问题、提出新观点、构建新理论，凝练中国社会保障制度改革实践经验，构建中国特色社会保障学科理论体系、学科体系、教学体系；在多学科交融的定位下，发展构建属于中国社会保障学科自己的研

究范式与理论体系，推动理论研究成果转化应用，用理论反哺实践。①

（五）坚持立足国情，加快推动理论研究成果转化应用

“新文科”建设的任务之一是立足国情，不懈挖掘新材料、发现新问题、提出新观点、构建新理论。改革开放以来，我们通过一系列有效举措，初步建立起了面向全体国民成效卓越的社会保障制度网络，社会保障制度在调节收入分配差距、维护社会公平正义、促进社会和谐稳定等方面发挥了重要作用。进入21世纪以来，囿于我国社会保障制度改革举措频繁出台，社会保障理论研究滞后于制度实践发展的现象长期存在。学者关注的研究命题往往与社会热点不能良好吻合；理论研究成果的政策建议也无法真正“落地”②。新文科建设背景下，社会保障学科必须积极回应国家“新文科”建设战略，坚持立足国情，围绕社会保障重大亟须解决的问题开展研究，并加快推动理论研究成果的转化应用，为社会保障制度改革献言建策。

四、结语

新文科建设是繁荣哲学社会科学、建设高等教育强国的积极探索。深入落实新文科理念，加强社会保障新文科建设是把握新时代哲学社会科学发展新要求的重要体现，是培养适应新时代要求的社会保障专业人才的根本保障。作为新兴交叉性学科，社会保障学科独有的研究领域与学科特质赋予了其特殊的学科使命与责任担当。发展好社会保障学科，服务于社会保障制度改革实践，在国际舞台上讲好中国社保故事、发出中国社保声音、展现中国面貌，是中国社保学人与学界肩负的重要责任与历史任务。

---

① 孟颖颖. 社会保障学：挑战、定位与发展：基于学科建设的视角［J］. 武汉大学学报（哲学社会科学版），2013，66（01）：52-56+128.

② 邓大松，范秋砚. 大数据驱动下社会保障发展与研究的转型升级［J］. 中国社会保障，2019，No. 301（08）：30-31.

参考文献

1. 邓大松，范秋砚．大数据驱动下社会保障发展与研究的转型升级［J］．中国社会保障，2019（08）：28-29.

2. 李春根，张仲芳，赖志杰，刘海兰．中国社会保障研究现状及展望：第三届中国社会保障理论与政策论坛综述［J］．经济研究，2020，55（02）：197-202.

3. 童星．转型背景下的社会保障学科发展［J］．中国社会保障，2019（12）：38-39.

4. 孟颖颖．社会保障学：挑战、定位与发展：基于学科建设的视角［J］．武汉大学学报（哲学社会科学版），2013，66（01）：52-56+128.

5. 李沫，吕天阳．交叉学科复合式本科教学体系的构建：以社会保障学科为例［J］．黑龙江教育（高教研究与评估），2014（03）：16-17.

6. 樊丽明，杨灿明，马骁，等．新文科建设的内涵与发展路径（笔谈）［J］．中国高教研究，2019，314（10）：14-17.

社会风险管理中的课程思政教学改革探索

刘伟兵　王　玉

作者简介： 刘伟兵，男，1978年生，湖北武汉人。武汉大学政治与公共管理学院副教授，教育部人文社会科学重点研究基地武汉大学社会保障研究中心专职研究员，应用数学专业理学硕士，系统工程及管理工程专业工学博士。在政治与公共管理学院从事精算数学、保险精算、风险管理、公共经济管理中的定量分析等课程的教学工作。近年来，主要从事系统理论方法、量化分析方法、控制与决策分析方法及其在社会保障中的应用等相关领域及交叉学科的科学研究工作。

王玉（1998—），女，河南信阳人，武汉大学社会保障中心硕士研究生，研究方向：社会保障理论与政策。

摘要： 课程思政是新时代高校思想政治教育改革创新的崭新理念和重要途径。深入挖掘各类课程中的思政元素，打破不同学科、不同课程之间的功能壁垒，回归教育育人的初心，发挥各类课程的协同育人作用已经成为高校思想政治改革中的共识。本文立足于社会风险管理课程特点和立德树人的本质要求，发掘课程内容与思政教育的结合点，突破传统教学理念，创新教学方式，对该课程思政教学进行改革探索。并通过案例展示思政切入思路，在知识传授中突出价值引领，培育学生家国情怀和社会责任感，促进德育和智育相结合。最后提出思政建设策略，以期为新时代课程思政改革创新提供经验借鉴。

关键词：社会风险管理；课程思政教育；教学改革

一、引言

高校承担着培育堪当民族复兴大任时代新人的重要使命，一直以来，思想政治教育都是高等教育的重要内容。习近平总书记在全国高校思想政治工作会议上提出“高校思想政治工作要因事而化、因时而进、因势而新。要用好课堂教学这个主渠道，遵循思想政治工作规律，遵循教书育人规律，遵循学生成长规律，提升思想政治教育亲和力和针对性，满足学生成长发展需求和期待，使各类课程与思想政治理论课同向同行，形成协同效应”。2020 年 6 月，教育部印发了《高等学校课程思政建设指导纲要》为新时代高校思想政治教育改革创新指明了方向，强调了建设高水平人才培养体系必须将思想政治工作贯穿其中，必须抓好课程思政建设，解决好专业教育和思政教育“两张皮”问题。

二、社会风险管理课程融入思政元素的必要性和意义

（一）课程思政教学的必要性

1. 立德树人本质要求

教书和育人是密不可分的。传统教学注重学生专业知识、专业技能的培养，而将思想政治教育寄托于思政课堂，造成了专业教育与思想政治教育的割裂，这样既不能充分发挥专业课程所承载的思想教育资源和功能，

也不利于全程、全员、全方位育人的“三全育人”格局的形成[1]。同时，2016 年，习近平总书记在全国高校思想政治工作会议上也明确指出“把思想教育政治工作贯穿于教育教学全过程，实现全过程育人、全方位育人”。教育首先要回答“培养什么样的人”和“为谁培养人”这两个问题，高校培养的是具有扎实学识、坚定信仰、高尚品格的社会主义建设者和接班人，必须把“立德树人”这一根本任务内化为高校课程建设改革和人才培养的各个环节和领域。因此，在专业课、通识课、公共课中融入思想政治教育，实现专业学习和价值引领同频共振，潜移默化地对学生进行社会主义核心价值观教育、中国特色社会主义教育、法制教育、中华优秀传统文化教育、理想信念教育是实现教育“立德树人”根本任务的现实要求。

2. 课程的特点

公共管理类专业的培养目标是为国家培养高层次复合型管理型人才，学生需要广泛学习经济学、政治学、管理学、法学、社会学、统计学等领域的知识，未来从事的职业方向主要是政治、行政、管理类的职业，这些职业对思想政治品德的要求较高[2]，因此在教学中更要注重价值引领和品德教育。社会风险管理作为公共管理下开设的一门课程，同样要加强课程思政教育。同时社会风险管理是在全面系统的社会风险的分析之上，运用各种风险控制手段，有效地评估、应对社会风险，以实现社会、政治、经济的协调发展。其中涉及社会稳定风险的识别、分析、评估、管理，包括国家治理、政府责任、法制道德、社会利益等多方面的知识[3]，与思想政治教育有着天然的联系，为思政教育的渗透创造了有利条件。同时，该课程是一门综合性和应用性很强的学科，实证研究、案例分析和讨论是课堂教学运用的主要方法，需要大量引入社会现实材料，要求学生具备辩证思维能力、创新意识及社会责任感，这也要求将相关的思想教育内容引入课堂教学中。

总之，无论是从教育立德树人的要求来看，还是社会风险管理课程的特点来看，将思政教育渗透到课程教学中都十分必要。

（二）课程思政教学的意义

从全面育人的角度来看，单纯凭借思想政治课程对学生进行价值引领具有局限性，而将思政元素嵌入社会风险管理课程中，实现了德育与智育的有机统一。一方面，社会风险管理课程具有的实践性和政治性特点，在教学环节中渗透思政教育，可以深化学生对知识的理解，提高学习主动性和课堂参与感，促进学生专业知识水平的提高；另一方面，在传授专业知识的基础上，自然融入爱国主义教育、法制教育、道德教育，有利于学生形成正确的人生观、价值观、世界观，促进政治素养和思想道德水平的提高。

放眼全球，世界正在经历百年未有之变局，世界局势风云变幻，经济全球化、社会信息化、文化多样化深入发展，而我国正处于实现中华民族伟大复兴的关键时期，社会主要矛盾发生变化，改革进入攻坚期和深水区，生活方式和思想观念日趋多样化。青年的价值取向决定了未来整个社会的价值取向，大学生正处于价值观形成和确立的关键期，面对西方文化的强烈冲击，做好高校思想政治工作，培育和践行社会主义核心价值观，显得尤为重要。一代人有一代人的使命，新时代的青年要肩负起中华民族伟大复兴的历史使命，不仅要专业能力过硬，还要具备高尚的道德修养，立志为中国特色社会主义事业奋斗终生。高校承担着培育社会主义建设者和接班人的重大任务，打破不同学科、不同课程的功能壁垒，回归育人初心，积极探索课程思政改革，具有重要的时代价值和现实意义[4]。

三、社会风险管理课程蕴含的思政元素

所谓课程思政，并不是简单地将思政元素生硬地搬到专业课程里，而是首先深入挖掘课程本身所蕴含的思政要素，然后通过巧妙的设计自然而然地运用到教学过程中。社会风险管理以经济学、政治学、管理学、社会学知识为基础，内容包括社会风险管理的概念、意义、类型、社会风险稳定分析、定级、整改、沟通、危机决策、舆情风控、风险治理等方面的内容，课程教学旨在通过系统知识教学提高学生的风险意识以及识别社会风

险、评估风险等级、防范与化解重大社会稳定风险的能力，从而运用所学知识、方法和技能为科学决策提供依据。课程中所含的思政元素主要分为两方面：一是课程内容；二是教学方式。

从课程内容来看，社会风险管理涉及政治学、经济学、管理学等多学科知识，交叉性强、课程内容多、概念抽象，考验学生的分析能力和判断能力，蕴含的思政元素包括唯物辩证法、底线思维、社会主义核心价值观、四个自信、爱国主义、法治教育等。比如，在社会风险分析中，引导学生运用矛盾分析法分析问题，透过现象看到本质，坚持实事求是、两点论和重点论的统一，全面客观地分析问题；再如，在构建风险治理格局时，融入中国特色社会主义教育，让学生认识到政府在社会中发挥的作用，了解党治国理政的理念，加强学生对社会主义制度、理论、道路的自信；在社会风险识别中融入法治教育，引导学生形成法治思维，养成知法遵法守法爱法意识。课程本身包含着丰富的思政教育资源，因此教师在授课前应充分发掘，然后巧妙地设计教学方案。

从教学方式上，案例教学是社会风险管理的主流方法，可以通过选取不同的案例和采用多样化的讨论形式，将理论结合实际、理想信念、团结合作、创新思维、诚实守信等价值观念引入教学中。如在社会稳定风险评估机制中，让学生以小组的形式提交一份评估报告，以促进学生交流合作，培养创新精神和实践能力。

四、社会风险管理课程中思政教学设计案例

下面通过具体的案例来展示在社会风险管理课程中切入思政教育的思路。

（一）案例一　疫情之下的社会风险

课程教学目标：

1. 了解社会风险的概念，把握社会风险的特征及类型，理解社会风险发生的不确定性和危害，明确社会稳定风险评估与管理的意义。

2. 培养学生的风险意识，提高应对风险的能力。

思政育人目标：

在理论教学中引发学生对疫情的思考，将专业知识与爱国主义教育、家国情怀、抗疫精神等思政教育紧密结合，帮助学生塑造正确的世界观、人生观、价值观，引导学生坚定四个自信，厚植爱国主义情怀，培养无私奉献精神和社会责任感。

思政育人案例设计如表 1-1 所示。

表 1-1

教学内容及过程	设计意图	思政切入点
课程导入 2019 年 12 月中下旬，新冠肺炎疫情开始大规模爆发…… 教学内容：社会风险理论；风险、社会风险、社会稳定风险的概念；社会风险的特征；社会风险的类型	通过疫情，引出社会风险的概念，随后进行知识点讲解	
讨论： 1. 疫情给你的生活带来了哪些影响？对整个社会产生了哪些负面影响？ 2. 综合政府在新冠疫情中的各项举措，从公共管理的角度，这次疫情对中国意味着什么？ 3. 疫情对你的启示？如何应对社会风险？	借助主题讨论的形式，通过 3 个问题，启发学生思考，加深对知识的理解。提问 1：学生在交流讨论中对社会风险的认识由点到面、由浅入深，使学生树立坚定地维护中国共产党领导的信念，坚持社会主义制度的优越性，培养学生的爱国情怀。同时逐步引导学生将家国情怀转化为自身行动，积极承担社会责任，牢固树立国家安全观，提高风险防范意识。 提问 2：从专业角度启发学生思考，理解社会风险管理中政府的责任。 提问 3：让学生根据所学知识及自身经历，谈论疫情带来的启示，从而认识到社会风险的危害，增强其风险意识。	提问 1：了解社会风险的危害性，引导学生提高风险意识； 提问 2：认识社会主义制度的优越性、中国共产党以人为本的服务理念，坚定“四个自信”，增强爱国意识； 提问 3：引导学生理解什么是正确的人生观和价值观，树立社会责任感

续表

教学内容及过程	设计意图	思政切入点
课堂总结 这次疫情，无论对个人还是国家来说是一次危机也是一次考验，我们要从中吸取教训、总结经验	对教学内容和学生讨论进行总结，进一步强化思政教育	

实施过程

(1) 课程导入

材料：2019年12月中下旬，新冠肺炎疫情开始大规模爆发，举国上下，措手不及。武汉封城，交通停运，口罩短缺，经济停滞，一时间，我们的生活被按下了暂停键。新型冠状病毒肺炎是近百年来人类遭遇的影响范围最广的全球性大流行病，对中国是一次严重危机和严峻考验，人民的生命安全和健康面临重大威胁。面对前所未知、突如其来、来势汹汹的疫情天灾，中国果断打响疫情防控阻击战。

通过以上材料导入本节课程，对风险、社会风险、社会稳定风险的概念等基本知识进行介绍，从生活实际出发，突出本章内容的重要性，同时引起学生学习兴趣。

(2) 主题讨论——疫情之下的风险

①疫情给你的生活带来了哪些影响？对整个社会产生了哪些负面影响？

②综合政府在新冠肺炎疫情中的各项举措，从公共管理的角度，这次疫情对中国意味着什么？

③疫情对你的启示？如何应对风险？

提问1：了解社会风险的危害性，引导学生提高风险意识

提问2：认识社会主义制度的优越性，中国共产党以人为本的服务理念，坚定“四个自信”，增强爱国意识。

提问3：知道什么是正确的人生观和价值观，树立社会责任感。

借助主题讨论的形式，通过3个问题，启发学生思考，加深对知识的理解。学生在交流讨论中对社会风险的认识由点到面、由浅入深，使学生树立坚定地维护中国共产党领导的信念，坚持社会主义制度的优越性，培养学生的爱国情怀。同时逐步引导学生将家国情怀转化为自身行动，积极承担社会责任，牢固树立总体国家安全观，提高风险防范意识。

(3) 课堂总结

现代社会是一个风险社会，社会风险是不确定、难以预料的。从我国国情出发，认识到我国社会风险错综复杂，正处于社会矛盾激化的高危期和凸显期[5]，国内风险与国际风险共存，传统型风险与非传统型风险交织，因此加强社会风险的评估与管理就十分必要。一方面要树立风险防范意识，防患于未然，培养识别风险和评估风险的能力。另一方面，要有家国情怀，坚定理论自信、制度自信和道路自信，为防范化解社会风险进言献策，增强社会责任感。

五、课堂中思政建设策略

（一）以学生为中心

学生是学习的主体，教育的目标是培养学生的全面发展。因此，在课程思政教学中，要将学生的需求、愿望和兴趣考虑进来，学习内容要更多地联系学生的生活，反对为了教而教，促进自主性和主动性的学习，使学生学到真正有用的知识。大学生是具备一定个性和思想的个体，同时处于从学校步入社会的过渡时期，普遍对情感问题、职业规划等方面更感兴趣，因此可以在课堂中融入社会主义核心价值观、理想信念、自我价值等思政元素，更加符合学生的心理需求。同时，考虑到新时代大学生思维更加活跃，个性更加鲜明，表达自我的方式也更为直接，教师要丰富教学形式，注重与学生之间的交流沟通，让学生参与到教学活动中，避免单方面的知识传输，影响学生学习的主动性。

（二）在传授知识中融入思政元素

什么是思政元素？简单地讲，思政元素是指自然和社会中陶冶情操、塑造灵魂的一切真善美的合集。狭隘地将思政元素局限在我国当代的思想政治领域是没有准确理解教育的内涵。长期以来，专业课教育与思政教育处于“割裂”状态，各类课程中所蕴含的丰富的思想政治资源没有被发掘出来，没有形成各类课程协同育人的合力，“课程思政”正是为了化解这一问题而生。因此，教师需要在知识传授中呈现其中蕴含的思政元素，让学生在潜移默化中接受科学文化的熏陶。在专业课程中融入思政元素有天然和自然两种方式。天然是指课程中本身具有的固有成分，如社会风险管理中的辩证法思想、底线思维、法制思想等，这是一门课中值得深挖的宝贵资源。此外，“他山之石，可以攻玉”，利用一些外来素材自然融入课程设计中，丰富课程内容，拓展思政来源，也是课程改革的关键。

（三）运用多样化的教学方式

课堂思政容易走入专业教育和思想政治教育分离的误区，变成呆板的说教，而背离了思政改革的初衷[6]。因此改变以往“老师讲，学生听”的被动模式，采取案例教学、问题导向型教学、任务型教学、小组展示等多种教学方式，丰富教学形式的同时潜移默化地融入思想政治教育，有效达成课堂思政的目标，形成春风化雨、润物无声的效果。

社会风险管理课程注重培养学生分析问题和解决问题的能力，更多采用讨论和实践运用的形式，传统的教学方式不利于达到良好的教学效果，也无法将思政教育巧妙地融入，采用多样化的教学方式如案例分析、热点聚焦、主题讨论及实践教学等更利于课程的开展。

（四）紧跟时事热点

在传统的课堂教学中，教师照本宣科式的教材解读方法，不仅学生提不起兴趣，老师也深感疲惫，究其原因，除了教材文字繁多、内容枯燥、缺少吸引力等客观因素之外[7]，教师没有适当拓展、案例陈旧、话语体系落后、与学生生活相差较远也是重要原因。在信息化社会高速发展的今天，课堂授课内容应当做到与时俱进，选择社会热点事件或贴近学生生活实际的案例，以达到更佳的教学效果。社会风险管理课堂上更是如此，该课程内容本身就与社会生活紧密相关，案例教学也是教学中常用的一种方法，因此紧跟时事热点是至关重要的。近年来一些社会热点事件，如中美贸易战、新冠肺炎疫情、河南大暴雨等事件引发了社会强烈关注，既与社会风险管理课程内容紧密相关，也是引入思政元素的良好素材。教师在设计教学时，跟紧时代步伐，发挥创新精神，有意识地加入时政热点，一方面在无形中引导学生关注社会现实，另一方面给融入思政教育创造了更多空间。

六、结语

在全过程、全方位育人的要求下，课程思政是落实立德树人根本任务的理念创新和实践创新，必须经过不断地改革、探索、完善。无论从课程内容还是教学要求上看，社会风险管理课程中都蕴含着丰富的思政元素，教师要不断挖掘、提炼、总结，同时与时俱进、因势利导地将“思政之盐”融入“专业之水”，更好地发挥专业课教育在全面育人中的作用。在实践中，要注重以学生为中心，采取多样化的教学方式，紧跟时事热点，在教授知识中融入思政教育，达到润物无声的效果。

参考文献

[1] 钱小娇. 新时代高校“课程思政”的涵义辨析与优化路径探索 [J]. 华东纸业，2021，51（05）：130-133.

[2] 邓东梅，韩承鹏.“公共管理学”课程思政教学的改革探索 [J]. 新课程研究，2021（09）：22-24.

[3] 戚晨，张海波. 中国公共管理语境中的风险治理研究：现状、趋势和未来方向 [J]. 国家治理与公共安全评论，2020（02）：53-75.

［4］唐海歌. 课程思政：内涵、价值意蕴与实施策略［J］. 山西青年职业学院学报，2021，34（03）：98-101.

［5］吴勇，谌千慧.“共建共治共享”视域下社会稳定风险治理［J］. 常州大学学报（社会科学版），2021，22（03）：14-22.

［6］陈丁丁，刘钧，邢素丽. 专业课程与思政互融互促教学模式的探索［J］. 高教论坛，2021（10）：57-59.

［7］谢鑫，丁明军.“世界地理”课程思政的探索［J］. 地理教育，2021（10）：60-63.

应用导向下劳动与社会保障本科专业教学改革刍议

薛惠元　杨明祥

作者简介：薛惠元，管理学博士，博士后，美国佐治亚大学访问学者，教育部人文社会科学重点研究基地武汉大学社会保障研究中心副主任，公共经济与社会保障系副系主任，副教授、硕士生导师。主要从事养老保险、风险管理、社会保险精算研究。出版著作（含独著、合著）10部，参编教材5部；发表论文80余篇；撰写的咨询报告被中央领导同志、中共中央办公厅、国务院办公厅等采纳或批示；主持省部级以上科研项目7项；获省部级以上科研奖励7项。

杨明祥（1998—），男，湖北恩施人，武汉大学社会保障研究中心硕士研究生。研究方向：社会保障理论与政策。

摘要：劳动与社会保障本科专业建立的初衷是满足社会保障事业对于兼具理论素养和实践能力的专业人才的需要，但是劳动与社会保障本科专业教学却长期存在着“重理论而轻应用”的问题，应用性的欠缺集中体现在课程设置、教学方法和实习实训三方面。因此在应用导向下，参考现代教育理念和方法，围绕这三点进行劳动与社会保障本科专业教学改革是十分必要的。建议在课程设置方面增设实务类课程，引进兼职实务教师；在教学方法方面借助“翻转课堂”建立理论与实践兼备的教学模式；在实习实训方面建设社会科学大实验室和打造优良的实习基地；配合高校目前已有的实践项目如暑期实践、大学生创新创业、科研立项和专业竞赛等，构建起多样化的实践教学体系。

关键词：劳动与社会保障本科专业；应用导向；教学改革

一、引言

改革开放以来，我国逐渐建立起社会主义市场经济体制，社会保障制度作为其中的重要组成部分也得以快速发展起来，并在经济发展、社会稳定和保障民生等方面发挥了重要的作用，因此国家在20世纪90年代末建立劳动与社会保障本科专业以满足社会保障事业对专门人才日益增长的需要。进入新时代，我国老龄化压力越来越大，社会主要矛盾发生转变，社会保障的战略意义更加突显，社会对于具备扎实理论素养和优秀实践能力的社会保障专业人才需求更加强烈。但是劳动与社会保障本科专业教学却存在“重理论而轻应用”的问题，这不利于培养社会所需的专业人才。这主要是由于两点原因。第一是劳动与社会保障专业作为新兴学科发展历史相较于其他成熟学科尚短，教学内容、方法难免存在着不成熟之处。第二是劳动与社会保障专业具有明显的交叉学科的特点，涉及管理学、经济学、社会学的基本知识和社会保障专业知识，内容多而杂，在教学中受限于学时和师资力量难以兼顾理论教学和实际应用。而中共中央、国务院印发的《中国教育现代化2035》提出要加大应用型、复合型、技术技能型人才培养比重。因此如何顺应社会主义市场经济的需要，利用有限的资源在做好理论教学的基础上兼顾实际应用是劳动与社会保障本科专业教学改革的重点问题，本文将就此问题展开探讨。

二、社会保障专业发展概况

1998 年劳动与社会保障专业被教育部增设到《普通高等学校本科专业目录》中，最早在 1999 年全国有 8 所高校获得了招收劳动与社会保障专业本科生的资格，而学信网的最新数据显示我国目前开设劳动与社会保障本科专业的高校有 162 所①，经过 20 多年的发展，劳动与社会保障专业本科教学已经取得了斐然的成果。

根据林闽钢教授等人的调查，截至 2017 年年底，我国劳动与社会保障专业招收本科生近万人，为社会保障事业的建设培养了宝贵的人才。在师资力量方面，开设劳动与社会保障专业的学校平均每所学校有 9.85 名劳动与社会保障专业专任教师，师生比大约为 5.3∶1，这高于全国平均水平的 3.6∶1。且这些教师中以 30~49 岁的为主，整体的师资年龄结构较为年轻[1]。除此之外，为了适应劳动与社会保障专业的交叉学科特点，高校会吸收一部分有经济学、管理学、社会学或法学背景的教师，具体的选择取决于不同学校本专业的发展特点和培养计划。

在课程设置方面，除了通识课之外，一般会设置西方经济学、劳动经济学、人力资源管理、统计学等专业基础课程和社会保障概论、社会保险、社会福利与社会救济、劳动法与社会保障法、社会保障基金管理等专业课程。比较不同学校的劳动与社会保障专业本科生培养方案不难发现，因为各学校侧重的方向不同，在课程设置上显示出一定的区别。例如，武汉大学劳动与社会保障专业前身是商学院的保险学，现开设在公共管理一级学科之下，因此更侧重经济学和管理学方面，设置了政治经济学、公共金融与投资、财政学和风险管理、公共管理、公共政策等课程，而中国人民大学的劳动与社会保障专业则设在劳动人事学院之下，因此较为重视劳动关系问题和社会学，设置了劳动关系、劳动争议处理和社会心理学、社

① 数据来源：https://gaokao.chsi.com.cn/zyk/zybk/schools.action?specialityId=73385364&ssdm=。

会学概论等课程。可见，劳动与社会保障本科专业教学在规定统一的核心课程的基础上，尊重各学校的自主办学权，旨在充分发挥不同学校的教学资源优势，培养多元化的社会保障专业人才。

从本科毕业生去向来看，以 2017 届劳动与社会保障专业本科毕业生为例，国内升学的学生占比 17.15%，出国深造的学生占比为 6.21%，合计升学率约为 23.36%，高于全国专业平均水平。就业率也高于全国平均水平，民营企业、国有企业和国家机关是占比最高的 3 个就业去向[1]。

三、劳动与社会保障本科专业教学中“应用性”的欠缺

本科教学究竟是要培养“理论型人才”还是“应用型人才”是一个颇有争议的问题，有学者认为大学应当重点培养从事研究工作和创新工作的人才，强调研究能力和创新能力；但也有学者认为为了适应社会经济发展对技术人才的需要，大学本科教育应当由“精英教育”走向“大众化”，注重培养能够将理论用于社会生产和生活的技能型人才[2]。从国家规划来看，随着社会主义市场经济的发展和大学本科教育的繁荣，要越发强调“应用型人才”的培养。《国家教育事业发展“十三五”规划》就制定了“创新型、复合型、应用型和技术技能型人才培养比例显著提高，人才培养结构更趋合理”的建设目标。实际上，在我国教育改革发展“坚持服务导向”的基本原则之下，无论是培养“理论型人才”还是“应用型人才”都是为了服务于中国特色社会主义现代化建设。因此即便是从事研究工作的“理论型人才”也需要对理论应用和实践事实有一定的掌握，从而做出更科学、更可行和更符合社会经济发展需要的理论成果。笔者认为在应用导向下改革发展大学本科教育是十分必要的，而劳动与社会保障作为一门贴近民生的学科，其对应用性的要求更加突出。但事与愿违，在劳动与社会保障本科专业的实际教学中却存在着“重理论而轻应用”的现象，这一点突出表现在课程设置、教学方法和实习实训三方面。

（一）课程设置：实务类课程欠缺

综观劳动与社会保障本科专业的课程设置，与丰富、多元的理论类课

程形成鲜明对比的是，实务类课程十分欠缺甚至是没有设置该类课程，对于学生理论应用知识的教学更多期冀于老师在理论教学课程之余进行指导。但劳动与社会保障专业具有明显的交叉学科的特点，大部分理论类课程都是要在有限学时内掌握繁杂的理论知识，在保证理论传授不受影响的前提下，老师往往只有极少的时间对理论应用进行只言片语的介绍，学生没有系统地学习如何应用理论知识解决实际问题。

（二）教学方法：理论应用教学效果不佳

劳动与社会保障本科专业教学在教学方法上的选择以传统的“先教后学”模式为主，即课上老师教授理论知识，课下学生完成作业内化知识。这种方式下，老师在学生的理论学习上投入大量学时，利于学生获得扎实的理论基础。但是这也会使得学生应用理论知识的能力难以得到提高，让学生课下应用知识完成作业的方式使得老师和学生更重视结果而非过程，老师也很难在学生应用理论的过程中提供及时有效的指导，效果并不理想。更何况还有部分课程作业依旧是以理论学习为主要内容，学生缺少应用理论解决实际问题的锻炼。长久之下，学生虽有较为扎实的理论基础，却会因为不知如何根据实际加以应用而陷入“难为有米之炊”的窘境。

（三）实习实训：校内模拟实验室和校外实习基地建设不足

实践是检验真理的唯一标准，实践也是提高理论应用能力最直接的方法，欲提高劳动与社会保障专业本科生的理论应用能力，必须为他们提供良好的实习实训平台。高校鼓励本科生参与各类实践项目（如大学生创新创业项目、社会实践项目和专业竞赛等）并进行系统有效的管理，指导学生进行专业实习和毕业实习，这些措施都有利于学生实践能力的提高。但是，劳动与社会保障专业的校内外实习实训还有待继续加强建设。校内实践方面，虽已经在实验室的建设上取得一定成绩，但是多侧重于单一课程出于教学目的的上机实验，缺乏囊括劳动与社会保障实务各方面的系统性模拟试验室，更不用说跨学科的人文社科综合性实验室，这不利于学生全面把握劳动与社会保障实务操作和提高他们综合应用理论知识的能力。校外实习方面，高校通过与企事业单位等合作建立实习基地，为劳动与社会保障专业本科生参与实习提供了便利。但是实习基地的建设仍存在问题，在校外实习时，实习单位因为诸多原因（如保护商业机密、管理成本较高、实习生实践能力不足等）很少安排实习生参与到核心的业务中去，负责指导实习生的负责人专业水平也参差不齐[3]，因此学生应对劳动与社会保障实务问题的能力在本就有限的实习时长内难以得到有效的提升。

四、应用导向下劳动与社会保障本科专业教学改革措施

为了培养具备深厚专业理论基础和专业技能并能够使用专业技能解决劳动与社会保障实际问题的高素质人才，在应用导向下，围绕课程设置、教学方法和实习实训，参考现代教育理念和方法进行劳动与社会保障本科专业教学改革是十分必要的。

（一）增设实务类课程，引进兼职实务教师

为了培养能够应用理论知识解决实际问题的劳动与社会保障专门人才，增设实务类课程是十分必要的。当然设计一门专业课程同时也是较为复杂的，往往需要考虑各方面的因素，如培养方向、师资力量和学时安排等。因此在开办劳动与社会保障本科专业实务类课程的过程中需要遵守三点原则：匹配原则、效率原则和动态原则。匹配原则即实务类课程应当与理论课程相配套，这也就意味着要与学校的发展特点相匹配，如武汉大学在设置劳动与社会保障本科专业理论类课程时侧重于经济学和管理学，那么就应当设置社会保障基金管理实务和保险精算实务等课程。又如中国人民大学更加重视劳动人事方面的问题，那么劳动关系实务和人事管理实务等课程就是首选。匹配原则的目的在于更好地将理论类课程和实务类课程联系起来，充分发挥不同学校的资源优势，提供更高质量的实务教学。效率原则则是指在教学资源和学时的有限性的约束之下，并不是所有的理论类课程都应当设置配套的实务类课程。出于效率的考虑，为公共管理学、社会保障概论和社会统计学等专业基础课程设置实务类课程就不如为社会

保险学和社会福利与社会救济等研究具体问题的理论课程开设实务类课程。在设置实务类课程时，需要根据匹配原则和效率原则做出取舍，充分利用资源尽可能地提高学生应对实务问题的能力。确认需要开办的实务类课程之后，就需要根据动态原则追踪劳动与社会保障领域内的热点实务问题，及时更新实务课程的教学内容，从而培养与时俱进、适应市场需求的劳动与社会保障专业人才。

劳动与社会保障本科专业实务类课程的设置将搭建起一座桥梁，帮助学生联通理论知识和实践问题，也有助于形成更加科学的课程体系。老师动态更新教学内容帮助学生了解热点实务事件，利用情景式教学方式带领学生深入体会实务问题的发展过程，鼓励学生主动尝试利用所学理论和实务知识解决实际问题，从而提升学生的综合能力，这既符合社会经济发展需要和国家教育事业发展规划，也有助于提高学生的就业竞争力。

但是考虑到新办一门专业课程的复杂程度，想要在短期内行之有效地开办实务类课程是不太现实的。短期内更理想的做法是从经办劳动与社会保障相关业务的单位尤其是有合作关系的单位挑选出业务能力出众且有一定劳动与社会保障专业知识背景的实践工作者，邀请他们结合自身实践经历面向本专业本科生展开实务知识讲座，这能在一定程度上弥补学生在实务知识上的匮乏。这一方式同时可以作为一项长期项目，最终形成充足的兼职实务教师储备，为未来实务类课程的开办缓解师资压力。而且长期处在实践一线的劳动与社会保障工作人员相较于专任教师有着更丰富的实践经验，对劳动与社会保障实务问题也更加了解，能够作为专任教师的有效补充来承担实践性较强的课程教学任务或者担任实践类教学项目的指导，这对于建设理论与实践兼备的劳动与社会保障本科专业教师队伍也意义重大[4]。

（二）借助“翻转课堂”建立理论与实践兼备的教学模式

“翻转课堂”是信息化时代发展起来的新型教学方式，不同于“先教后学”的传统教学模式，依托于互联网的发展，它重新调整了课内外的教学安排，课下学习知识，课上内化知识。“翻转课堂”的模式实际上很早就出现了，迈阿密大学的教授 Maureen J. Lage、Glenn J. Platt 和 Michael Treglia 在教授经济学入门这一课程时就采用了这一模式，并在 2000 年发表论文提出“Inverting the Classroom”的教学方法。之后这一模式得到了不少教育工作者的尝试，到 2007 年美国的 Aaron Sams 和 Jonathan Bergmann 两位教师受启发于为缺课学生制作补课视频的方法，将视频用于正式教学并逐渐改良这一方法，最终形成了成熟的“翻转课堂”教学模式[5]，此后这一模式在美国逐渐流行起来。

那么“翻转课堂”这一模式具体是如何操作的呢？简单来讲就是学生在课前通过老师发布的教学视频自学安排的课程内容，将无法理解的问题做好记录并汇总到老师手中；在课上老师对汇总的问题进行集中讲解，待学生的疑问得到解决，老师再利用剩余的课堂时间通过各种形式的课堂活动检测学生的理论学习和锻炼学生应用理论的能力。这一模式的优势有三：第一，它满足了学生的个性化学习，不同学生的知识背景千差万别，在学习同一内容时往往会遇到不同的问题，课下视频学习的方法可以使学生节省在已掌握的问题上的时间转而去攻克自己感到困惑的知识点。其实学生在学习新知识时并不是一直需要老师在一旁讲解，只有当学生面临自身无法解决的问题时才需要借助老师的力量。第二，通过这种模式，课上将会有更多时间去进行理论应用的练习，根据 Aaron Sams 和 Jonathan Bergmann 的实践，“翻转课堂”下用于实践活动和定向问题解决的时间是传统教学方法下的三倍左右[6]。第三，在这种模式下老师还可以直接参与到学生应用理论解决实际问题的过程中去，而不是仅仅关注结果，可以更及时更有效地为学生提供理论应用方面的指导。而这些优势正是应用导向下劳动与社会保障本科专业教学改革所需要的，将“翻转课堂”引入教学之中，学生将会获得更多应用劳动与社会保障理论解决实际问题的机会和指导。但是需要注意的是，想要利用“翻转课堂”的方法建立理论与实践兼备的劳动与社会保障本科专业教学模式，必须做好两点：保证理论学习依旧扎实和充分利用课上实践时间。

1. “翻转课堂”配合MOOC，保证理论教学的质量。“翻转课堂”的模式下，寻找或者制作高质量的教学视频是保证学生理论学习的关键。互联网时代网课资源丰富但是质量良莠不齐，浪里淘沙找到符合本专业理论学习需要的视频并不容易，一个管理规范的网课平台更加难得，MOOC为这个问题提供了解决思路。MOOC的历史比较短暂但是发展速度很快，经过十几年的发展已经颇具规模，成为“互联网+教育”的重要产物。不仅如此，中国高校的部分思政教育课程已经普遍尝试规范地利用中国大学生MOOC平台进行教学。劳动与社会保障本科专业教学同样可以在借鉴此类经验的基础上，在MOOC平台上开办视频教学，教学视频既可以由专业老师自行制作，也可以挑选MOOC平台上已有的优质视频。当然自行制作教学视频对于习惯了课堂讲学的老师来说可能存在一定难度，专业工作人员的协助和适当的培训是必要的。凭借较为成熟的MOOC平台，老师可以通过学习时长的统计和适当的线上课间测验来观察和控制学生在课下的学习情况。当教学视频的质量得到保证，将课上集中讲解学生汇总的问题和进行适当的学习成效检测这两个环节做好将变得至关重要。课下通过教学视频学习理论知识这一方法存在的一个重要缺陷就是学生无法实时向老师请教遇到的问题，所以老师必须要求学生在课下学习过程中做好笔记，记录好自己的疑问。这一方法不仅可以让老师了解学生课下自主学习情况，作为后续课上讲解的参考，而且可以为老师提供改进教学视频的依据。在课堂之上，老师的重要任务就是针对劳动与社会保障重点专业知识和学生在自主学习中遇到的难点问题展开讲解，然后通过一定的问答和测试来检测理论学习效果。课下学习和课上答疑相结合，学生的理论基础不会因为教学方法的改变而受到太大影响。

2. 参与式的案例分析，全面提高学生的理论应用能力。通过“翻转课堂”来改革劳动与社会保障本科专业传统教学方法将会争取到更多的课堂时间让学生进行理论应用的尝试，采取何种实践形式来有效利用这些时间将决定这一改革的最终成效。在 Aaron Sams 和 Jonathan Bergmann 的著作《翻转课堂与慕课教学——一场正在到来的教育变革》中，他们提出了“重大事件探讨”“辩论”“演讲”和“情景模拟”等实践方式。参考他们的观点和联合国教科文组织对课堂讲授、案例研究、研讨会等九种教学方法、教学效果的调查结果①，选择参与式案例分析作为“翻转课堂”模式下劳动与社会保障本科专业教学的课上实践形式是可行的。案例分析的形式可以使学生直面劳动与社会保障实务问题，培养学生的综合分析能力和灵活应用理论的实践能力。

要利用好案例分析这一实践形式，首要任务是针对每一课时的教学重点难点寻找到合适的案例。案例的来源既可以是国内外案例库中优秀的劳动与社会保障实务案例，也可以由本专业老师根据教学需要结合热点实务问题共同设计更符合本专业本科生学习需要的案例并建成案例库。在公布需要探讨的案例之后，老师主要承担引导和参谋的任务，要安排学生按照流程有序地认识和分析整个事件，培养他们的逻辑分析能力；要引导他们以事件参与者的视角而不是以旁观者的视角去思考整个事件，使他们主动应用理论去解决劳动与社会保障实务问题；要组织他们展示自己的观点，互相展开辩论，在思想交锋的过程中更加完善自己的逻辑思维；最重要的是老师要在学生进行案例分析的过程中参与进去，以参谋者的身份为其及时解答疑惑，更加关注他们应用理论的过程而非结果，从而有的放矢更精准地改善他们在应用理论过程中存在的问题。通过“翻转课堂”的教学方法和参与式的案例分析相搭配，学生将会获得更多也更高效的理论应用锻炼，这对于改善劳动与社会保障本科专业教学“重理论而轻应用”的情况将会有很好的效果。

① 联合国教科文组织曾对课堂讲授、案例研究、研讨会等九种教学方法进行研究，分别在知识传授、分析力培养、态度转变、提高人际技巧、接受度和知识保留力六方面对各国专家做了广泛调查，结果发现案例研究的教学方法综合效果名列第一。

（三）建立社会科学大实验室，提供优质的模拟实践环境

在讨论为劳动与社会保障本科专业教学建设实验室之前，必须清楚本专业学生究竟需要怎样的实验室。劳动与社会保障工作所需要面对的实际问题往往牵涉到经济、人口、法律和公共政策等诸多方面，因此在进行实验室建设时局限于某一专业甚至是某一课程是完全无法满足实践需要的，而是要建立跨学科的综合性实验室，为本科生提供更贴近现实条件的模拟实践环境。对于具体实验项目的安排，则需要针对特定工作的实际情况来展开，例如，针对社会保险经办工作建设“社会保险经办业务模拟实验项目”，引入“人力资源与社会保障模拟智慧平台”，为本专业学生提供仿真的操作软件，进行更贴近现实的训练；针对政策研究工作建设“社会保障政策仿真实验项目”，向学生提供政策模拟所需的数据库和模型库并指导他们借助计算机分析结果进行政策的模拟预测；针对劳动争议仲裁工作建设“劳动争议仲裁模拟法庭项目”，安排本专业学生扮演各种劳动仲裁角色，指导他们在模拟法庭中尝试应用相关法律法规和理论知识并熟悉实际劳动仲裁工作的流程[7]；针对企事业单位的人力资源管理工作建设“人力资源管理沙盘模拟实验项目”，要求学生在模拟环境下综合考虑企业内部人才结构和外部竞争市场，尝试利用所学人力资源管理知识制订合理的企业招聘、培训、绩效管理和薪酬计划。社会科学大实验室配合精心设计的实验项目，将会为本科生提供更贴近现实条件的模拟实践环境。但是也需要认识到此类实验室在功能强大的同时，其所需要的3个必要条件：资金、人力和数据也是严苛的[8]，如何获得足够的资源是影响实验室建设的关键因素。

资金方面，长期以来高校在人文社科类专业实验室建设上的投入远低于对理工类专业的投入，这使得前者得不到应有的发展。但是随着社会经济发展对于应用型人才的需要日益增长，国家规划中加快人文社科类实验室建设的要求被提上日程，《教育部社会科学司2020年工作要点》就指出，“重点支持建设一批文科实验室，促进研究方法创新和学科交叉融合，

引领学术发展”。应当乘着国家政策的春风，联合其他社会科学专业共同争取资源建设跨学科的综合性实验室。当然，建设实验室的资金来源可以是多元的，利用高水平人才的输送和科研成果分享加强产学研合作，争取社会资金的投入也未尝不可。人力方面，社会科学类实验室在实验技术队伍的建设上明显不足[9]，引进擅长劳动与社会保障专业实践操作的专门人才，让他们为本专业本科生在使用社会科学大实验室时提供专业指导是十分必要的，专业的指导既可以更好地培养本科生的实践操作能力，也可以提高实验室利用效率，节约实验室资源。数据方面，考虑到劳动与社会保障专业跨学科的特点，必须加强与其他社会科学专业、研究机构和企事业单位的数据共享，利用更大的数据共享平台为本专业本科生提供更仿真的模拟实践环境，以达到更好的实践效果。更有效地使用实验室资源还有赖于优化实验室的使用管理，基于现在社会科学大实验室的建设情况，为了单一课程的教学目的向本科生开放实验室是不合理的。有限的实验室资源应当作为模拟专业实习实训的场所，组织已经系统学习特定实验项目相关理论知识的学生进行集中使用，由带队的专业技术老师向他们提供集中指导，通过这种使用方式可以让本专业本科生在模拟实践场景中尝试全面地应用所学理论知识，为以后参加相关工作积累宝贵的实践经验。

（四）实习基地建设配合双导师制，提供更好的校外实习锻炼

为了充分发挥校外实习对于提高劳动与社会保障专业本科生实践能力的作用，必须设法改善实习中“重结果而轻过程”的现象，具体来说就是使实习生在专业指导下真正参与到劳动与社会保障实务工作中去，以提高实践能力而不是以完成实践任务为目的。

1. 校企合作协同育人，打造优良的实习基地。基于本专业学生毕业去向的调查，劳动与社会保障专业要变被动为主动，选择有密切人才输送关系的民营企业、国有企业和国家机关作为潜在实习基地，与其达成长期的协同育人合作关系。这类单位会更倾向于让劳动与社会保障本科专业实习生参与到实际工作中去，并且提供更好的实习条件，从而达到遴选和培养

人才的目的。打造优良的实习基地可以使本专业本科生摆脱形式化的实习，得到直面劳动与社会保障专业实务问题的机会，在现实操作中应用理论知识，提高实践能力。

2. 设置校企双导师，提供更全面的实习指导。劳动与社会保障专业本科生在实习过程中往往会由一名校内老师提供指导，但是指导老师大多仅提供实习地点选择、实习总结等方面的帮助，在学生实践过程中无法随身指导。而在实习基地不同实习生的领导者专业水平参差不齐，也不一定能够胜任指导工作。此种情况下，可以在实习基地挑选拥有劳动与社会保障专业背景并且实践能力出众的工作者作为本专业实习生的第二指导老师，合适的本专业毕业生为首选。双导师制下，实习生在实习过程中可以向第二指导老师请求帮助，及时获得专业指导，也可以向其学习应用专业理论和技能解决劳动与社会保障实务问题的经验，从而在有限的实习时间内更好地提升自身实践能力。

（五）保持和强化已有实践项目，构建多样化的实践教学体系

除了上述的改革措施之外，保持和强化已有的实践项目也同样重要，高校要继续坚持鼓励和帮助劳动与社会保障专业本科生参与暑期实践、大学生创新创业、科研立项和专业竞赛等实践活动并采取措施予以强化。例如，仿照中国人民大学劳动人事学院通过学分制要求劳动与社会保障专业本科生在第二学年利用暑假开展各种社会实践及社会服务活动和在第三学年开展社会调查并撰写一篇调查报告，变自主参与为强制参与，确保每一位学生都参与到这些实践项目中来。充实的实务类课程、理论与实践兼顾的教学方法、功能强大的社会科学大实验室及丰富的实验项目、优质的校外实习基地再加上这些已有的实践项目，将会构建起多样化的实践教学体系，为培养劳动与社会保障专业本科生的理论应用能力和实践操作能力提供良好的条件。

五、总结

在应用导向下改革劳动与社会保障本科专业教学是顺应时代发展需

要、响应国家教育规划的必要举措，对于推进劳动与社会保障本科专业教学健康发展和培养理论素养与实践能力兼备的劳动与社会保障专业人才来说意义重大。当然这一任务不是在一朝一夕之内能够完全实现的，目前最需要完成的工作是教学观念的转变，在进行课程设置、选择教学方法和安排实习实训时，都需要时刻强调应用性的重要价值。相信在这一理念的指导和本专业教育工作者、学生的共同努力下，理论与实践并重的劳动与社会保障本科专业教学终会成为现实。

参考文献

1. 林闽钢，王锴. 劳动与社会保障专业及其人才培养情况的调查分析［J］. 中国大学教学，2018（08）：75-79.

2. 沈琴琴，黄任民，胡晓东，张燕. 我国大学本科教育“应用型人才”培养模式研究：以中国劳动关系学院劳动与社会保障专业为例［J］. 中国劳动关系学院学报，2013（05）：100-104.

3. 王锴. 工商管理类专业实践教学改革研究［J］. 安徽工业大学学报（社会科学版），2004（02）：105-107+130.

4. 王玉玫，李晨光. 劳动与社会保障专业和优势学科交叉发展的问题研究：基于中央财经大学的实践［J］. 中国大学教学，2011（01）：84-86.

5. Jonathan Bergmann，Aaron Sams. 翻转课堂与慕课教学：一场正在到来的教育变革［M］. 宋伟，译. 北京：中国青年出版社，2014：18-21.

6. Jonathan Bergmann，Aaron Sams. 翻转课堂与慕课教学：一场正在到来的教育变革［M］. 宋伟，译. 北京：中国青年出版社，2014：33-34.

7. 夏艳玲. 应用型本科院校劳动与社会保障专业实践教学发展与创新研究［J］. 劳动保障世界，2017（17）：11-12.

8. 王震宇，薛妍燕，邓理. 跨越边界的思考：新文科视角下的社会科学实验室探索［J］. 中国高教研究，2020（12）：61-68.

9. 王娜，张应辉. 高水平本科教育背景下新文科实验室建设路径探索

[J]. 实验技术与管理，2020（01）：32-35.

10. 童星. 转型背景下的社会保障学科发展［J］. 中国社会保障，2019（12）：38-39.

11. 张学英，李薇. 基于专业实践能力培养的劳动与社会保障专业课程设置研究：以天津职业技术师范大学为例［J］. 职教论坛，2012（27）：62-65.

12. 宋生涛，杨晓萍. 翻转课堂的基本原理与教学形态［J］. 西北师大学报（社会科学版），2018（02）：98-104.

13. 朱文雁，昝胜锋. 人文学科实验室建设与复合型人才培养探析［J］. 实验技术与管理，2014（09）：244-246+253.

14. 张炼，王新凤. 我国大学生实习问题的政策选择［J］. 中国高教研究，2011（08）：57-59.

基于评审感受谈公共管理类学生毕业论文写作

傅　征

作者简介：傅征，女，经济学博士，社会学博士后，副教授，武汉大学社会保障研究中心专职研究员。近年来，主要从事定量分析方法及其应用、公共经济管理和社会保障等相关领域的教学研究工作。具备经济学、数学、管理学和计算机科学等多学科背景，在国内外权威及核心期报刊（或论文集）上发表中英文学术论文20余篇（其中，1篇被SSCI检索，10余篇被EI、ISSHP、CSSCI检索，1篇被中国人民大学复印报刊资料《农业经济研究》转载，1篇被《红旗文稿》转载）；出版教材2部（1部主编、1部副主编），参译译著1部（第2译者）；主持中央高校专项资金资助课题2项，作为子课题负责人（或主要参加者）参与课题10余项。

摘要：撰写毕业论文是本科生和硕士研究生培养过程中的一个重要环节。本文基于评审者的视角，具体列举了公共管理类学生毕业论文中存在的“形式性”和“实质性”这两大类问题，从职能部门、指导教师和学生自身这三方面深入剖析了引发论文质量问题的原因，并针对论文中常见的各项具体问题提出了详尽的解决方案。本文建议从确认格式排版符合要

求、引用他人研究成果务必注明来源、规范图形（表格、公式等）的使用和避免文字性错误等方面着手，以尽力避免“形式性问题”。在此基础上，进一步给出选题、摘要、文献综述、提升论文的创新性和价值性等方面的提升策略，以帮助学生修改和完善论文中存在的“实质性问题”。希望文中的思考和建议能为改善和提升公共管理类本科生和硕士研究生的毕业论文质量提供一定的指导。

关键词：公共管理类；毕业论文写作；形式性问题；实质性问题；提升策略

一、引言

毕业论文，不同于一般的研究型论文，常常要满足一些“八股”的模式（图1-2），如包括论文封面、英文题目、中英文摘要、目录、引言（或绪论）、论文正文、结论、参考文献、附录（可以没有）、致谢（或后记）等主要组成部分。如能完成一篇合乎要求的毕业论文，会在毕业证书外授予学生相应等级的学位证书。因此，对于学生来说，掌握如何进行研究，如何进行专业的毕业论文写作，是顺利获得学位的关键。

可惜，写好一篇毕业论文真的很不容易：有时可能是没有观点；有时可能是找不到资料；有时可能是不知道怎样进行研究性思考，并把结果用合乎标准的方式表述出来。整个写作过程中，需要反复检视大纲观点、论文结构和引证文献，甚至连其中的格式、标点、脚注的校对和修改都是相当烦琐的。不少学生平时没有刻意地进行这方面的练习，虽然在写作中会查询这方面的注意事项和征询论文指导教师的意见，但是写出来的论文稿依然是不尽如人意，常在毕业论文撰写过程中被多次修改所折磨。笔者曾听到一个小笑话，某位学生每修改一次就会把论文标题改个序号，结果一篇毕业论文居然改到了“20.0版”！

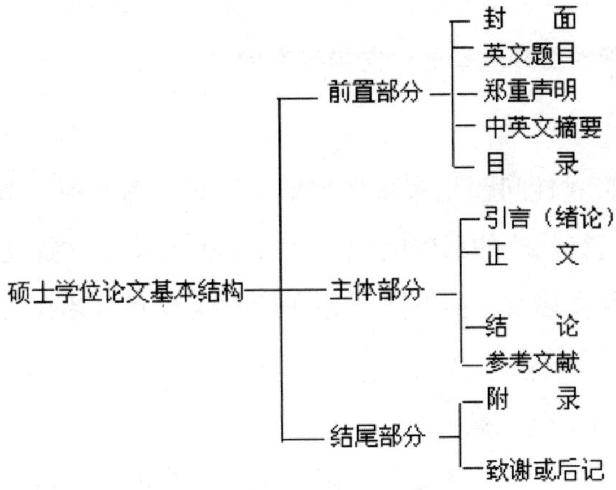

图 1-2　硕士学位论文基本结构

资料来源：武汉大学研究生院. 2015 年申请硕士学位的有关规定（内部资料）[S]. 2015.

那么，如何从整体上把握一篇论文的结构？如何避免论文的反复修改，提升初稿（直至终稿）的撰写质量？笔者一直在考虑写篇有关毕业论文写作的小文章，帮助学生克服论文写作的困难。

为提高各类学位论文质量、防止学术不端行为，各大高校会邀请外评专家来评审论文，通常提供了若干条评价指标和要素，方便专家们进行分项评价。这些评价指标和要素虽然在具体表述上略有差别，但都涵盖了选题、文献综述、科研能力、结构和逻辑性、是否有创新点和论文规范性等方面。

作为一名普通的高校教师，笔者当前的研究领域属于“公共管理”这个大类，每年会评审该领域内数十篇校内外本科生和硕士研究生的毕业论文。根据评审论文中发现的普遍性问题，整理为形式性问题和实质性问题两大类。现分享给大家，希望能对公共管理类本科生和硕士研究生今后的毕业论文写作有所帮助。

二、公共管理类学生毕业论文中存在的主要问题

（一）形式性问题

这里的“形式性问题”多指很容易被指导教师发现，学生也很容易对照导师的建议进行修改的那些问题。建议学生在将论文提交给指导教师之前就逐一自查并做修改，而不要让导师把时间和精力耗在帮助学生解决这些简单问题上。

1. 格式排版不符合要求

每个学校都会有一套自己的毕业论文格式要求，具体的文字性要求和电子版模板通常学校官网都会有分享。可是，部分学生会忽略学校的格式要求，觉得自己参照学长、学姐的论文格式就行了（甚至有少量学生是按自己的理解在给论文排版）。这样老师在评审论文时就会发现，个别学生提交的论文与大多数同学的论文在封面排版、段落间距和文字字号等方面存在差异。

2. 引用他人的研究成果而未注明来源

撰写毕业论文的核心章节之前一般会写文献综述，需分类梳理和总结出与论文主题相关的学界观点和已有的研究成果；在核心章节的论证部分，也可能需要引述他人的观点和借鉴他人的研究方法，或参考已有研究的图表和数据资料。也就是说，在毕业论文中引用已有的研究成果是很正常的事；但不是自己的观点，就需注明来源和出处。不夸张地讲，如果一篇毕业论文写好后全篇未标脚注（或全篇只有少量几个脚注），多半就涉嫌抄袭，即存在学术不端行为。而这一现象，每年审稿中，笔者都会或多或少地遇到。

3. 图形、表格、公式等不符合要求

当前毕业论文中量化研究的广泛运用，导致图（表）和公式的使用渐趋频繁。论文中图形、表格、公式的不规范使用也很常见。学生中一个最为典型的不规范使用是把图形、表格、公式等内容直接从他人文献里截图

后放在自己的论文里。另外，论文中图（表）显示不够清晰和跨页显示等问题也时有发生。

4. 文字性错误比比皆是

部分学生的毕业论文在正文、脚注、参考文献列表、致谢等处可见明显的文字性错误。常见的错误包括①：①字词错误（如存在错字、别字、漏字或赘字）；②句法错误（如存在病句、错句或中文式英文）；③标点符号错误（如存在标点符号的该用不用、乱用或误用）；④语种错误（如存在中西文语言或符号的错误混用）；⑤一致性错误（如存在多处出现的对象、变量、名称或中西文摘要、关键词等内容的前后不一致）；⑥完备性错误（如存在论文文档结构缺少一项或多项文档要素，或论文中首次出现变量、缩写、专业名词等未做解释说明等）；⑦相关性错误（如存在无关内容或内容和形式不相关，为“降重”或其他目的故意将文本内容图形化等）；⑧非必要冗余错误（如存在一段文字或句子的内容在文中多处重复）；⑨行文风格错误（如文字过于口语化或写成说明书、随感、演讲等非学术性文体的风格）。

特别值得一提的是，几乎每年审稿都会看到致谢部分的错误。致谢一般只有寥寥数百字，但很多学生不愿意自己写，而喜欢直接复制学长学姐的致谢，而且由于行文匆促、顾不上校对，经常存在错别字，甚至还闹出笑话来，如有的学生感谢了导师和读书期间的授课教师，但把部分老师的名字写错了；或者把导师的性别弄错了，如在致谢中写到“过去几年来，在您如母亲（或慈父）一般的指导和包容下，我的学术水平得到不断提升……”，而这位同学的导师实际是位男老师（或女老师）。

（二）实质性问题

这里的“实质性问题”或许容易被指导教师发现，但学生修改起来却

① 重庆邮电大学. 重庆邮电大学硕士研究生学位论文写作标准 2015V1. 1：附录 A 科技写作中非学术性低级错误的主要表现［EB/OL］. 2015. http：//software. cqupt. edu. cn/info/1061/2583. htm.

需要花费不少的时间和精力，有时需要对论文做较大幅度修改，甚至得将已有论文稿推倒重写。

1. 选题意义和严谨性不够

选题，即选择论文所要研究的问题。选题上出现问题，主要表现为以下五方面：

①选题的意义不大，没有明显的研究价值。

②论文选题过于宽泛或所述不明。

③论文选题不能很好地概括论文中各章的内容。这可能源自学生为了凑字数，在一篇论文里讨论了几个主题，然后糅杂在一起构成一篇毕业论文。

④盲目选了实证类题目，但文中并无多少实证分析的内容；或是模仿他人的写作结构和实证方法，针对不一样的研究对象和数据来“做练习”，并以此成文。

⑤论文选题与所学专业无关（或关系不大），属于其他学科和专业的研究范畴。

2. 摘要未能凸显论文特色

论文中摘要的常见问题，主要表现为以下四方面：

①简单重复。部分学生的毕业论文摘要，只是在做简单的重复，或重复论文标题，或串联章节标题，或重复引言、文献综述和结论中的已有词句。

其中，摘要重复引言是较为常见的。有不少摘要花费了许多笔墨阐述论文的研究背景和重要意义，而涉及论文实质性信息的只有最后几行文字。

②主观性评价。毕业论文摘要不应做主观性评价，不少学生往往没做到这一点。他们或者是为了强调论文的学术价值，在摘要里自吹自擂、夸大其词；或者是过于谦虚，套话连篇，惹人生厌。

③普适性摘要。这类摘要只是个空的框架，没有提供有效信息，也无

法帮助读者一目了然地把握论文的基本观点和主要内容。

这里给出一个摘要的示例："本文以×地区监察体制改革为案例，研究了监察体制的发展历程，分析总结了改革的效果、经验及存在的问题，并有针对性地提出了解决问题的对策。"不客气地讲，所有论述"监察体制改革"的论文，都可以共享这一摘要；如果把"监察体制改革"改为公共管理领域其他的关键词，就可以套用于撰写别的论文摘要。显然，这不是一份好的摘要。

④摘要过于简单。有些学生的摘要不符合字数要求，也没有提供多少有价值的信息。而且，部分学生的中英文摘要对应不上，英译的篇幅明显短少，存在整句，甚至整段没有翻译等偷工减料的行为。

3. 文献综述质量较低

文献综述主要是梳理相关学科领域的研究现状及动态，厘清研究现状、进展与困境，为后续的研究提供参考。撰写文献综述中常见的问题主要表现为以下四方面：

①文献搜集不全，遗漏重要观点。部分学生由于资料搜集范围或方法不当，或仅根据个人喜好选择材料，而未能将研究问题相关领域的代表性文献资料完全纳入研究的范围。结果导致不能系统全面地把握研究现状，或片面理解他人的研究成果，或盲目地以为某问题或领域尚未被研究，而认为自己的研究是创新成果，实际上是使自己的研究沦为重复性劳动。

②简单罗列文献。不少学生在撰写综述之前，未能对相关研究问题的研究脉络、研究进展和研究不足等问题进行宏观和深入的把握。他们的综述只是单纯地将前人的观点罗列出来，如摘录和堆砌各位学者的观点与说法（甚至是简单堆砌教科书里的知识和理论），而未进行系统分类、归纳和提炼，于是综述的内容就显得十分杂乱，缺乏内在的逻辑性。

③有"综"无"述"。还有一部分学生，他们的综述内容有一定的系统性，但只有对已有文献的梳理，却缺乏研究者自己的角度和创见。综述得出的结论无法支撑论文后续研究的开展，亦无法体现当前的研究工作是

如何基于前人的研究做了推进。

④综述中个人观点的比重过大。部分学生在撰写综述中对研究现状的梳理和介绍仅一笔带过，却用大量的篇幅来进行评述，或展望今后的发展趋势或前景，或提出新的研究设想、研究内容等，将文献综述写成了评论或研究计划。

4. 论文创新性和价值性不高

论文的创新性和价值性，是论文立论的依据与落脚点。论文的创新性体现在研究思路的创新、内容的创新、方法的创新和结论的创新等多方面；论文的价值性体现在研究结论的可靠性和对现实问题的指导意义上。

论文的创新性和价值性不高，主要表现为以下三方面：

①论文创新性不足。研究思路和方案沿袭常规套路，属于重复性工作，难以体现出与以往研究的不同之处和创新点。

②论文价值性不高。论文没有从新的角度切入，未能提出有价值的新见解和得出具有针对性和科学性的新结论。或者政策建议与理论研究相脱节，整篇学位论文未能保持逻辑一致性。例如，研究结论可靠性不足，研究成果价值很低；或尽管做了案例分析（或实证研究）并提出政策建议，但政策建议的针对性较差，没有与前文的案例分析（或实证研究）很好地结合在一起。

③过于拔高创新性和价值性。盲目追踪热点、靠堆砌“不明觉厉”的术语，来展示论文的创新性和价值性；或看不出在论文中所说的新理论、新模型“新”在何处，有忽悠评审专家的嫌疑；或是在研究现状综述部分有意（或无意）遗漏前人的工作，把前人的观点换个说法重新包装，以凸显论文的“创新性”；或是夸大选题的研究意义，却对研究的必要性缺乏充分论证。

三、公共管理类学生毕业论文存在问题的主要原因

高质量的毕业论文必须具备规范正确的论文格式、逻辑完整的论文结

构和具体充分的行文论据，体现出学术性、专业性、逻辑性、规范性和创新性的有机统一。论文应体现出作者掌握了本学科坚实宽广的理论基础和系统深入的专业知识，具有很强的独立从事科学研究工作的能力。而事实上，公共管理类本科生和研究生的毕业论文却存在前述的诸多问题。造成这一现象的原因是多方面的，从主客观上可以归结为以下三种。

（一）职能部门方面

尽管很多高校的毕业论文教学工作制度已趋于完善，但在具体执行上还存在欠缺。影响相关制度执行不到位的主要因素有三方面：①制度监管不到位（如职能部门的管理人员很少对教师的论文指导工作进度和工作内容进行检查）；②缺乏严格细致的处罚机制（不少学生在最后一学期频繁请假，或根本不请假，但只要最终论文能交出来，导师也无法约束学生的这类行为）；③未设立能充分调动指导教师和学生主观能动性的奖励机制（教师和学生的热情很难被调动，往往把毕业论文当作一项任务来完成）。

（二）指导教师方面

一是指导教师对学生论文投入的时间和精力有限。整个毕业论文的过程一般会持续近一年，包括选题、开题、阶段性检查、审稿和参与毕业答辩等。指导教师在这一过程中起着指引和督促的作用。通常一位教师会指导多名学生。并且，很多高校教师是“教学科研并重型”，不仅教学任务繁重，而且要完成科研任务，有的教师还担任行政职务，以及需承担外审评审专家等任务，故只能抽时间对学生进行毕业论文指导，有时很难保证学生能及时获得反馈。

二是指导教师确定论文选题时未能充分考虑学生的研究兴趣。不少本科生（或硕士研究生）的毕业论文选题是由教师直接指定。有科研项目的教师，往往直接让学生参与项目研究，并以此确定毕业论文的选题，但学生前期对研究项目了解非常少，往往无从下手，导师说什么就做什么。部分学生从论文选题到论文大纲都是导师帮忙拟定的，自身一直懵懵懂懂，直至论文答辩阶段仍未能充分了解自己的选题。那些没有科研项目的指导教师，有时会倾向于让学生重复往年的选题，这也导致论文的研究主题“撞车”问题严重。

（三）学生方面

一是学生对毕业论文撰写工作不重视，投入的时间和精力不够。撰写毕业论文在本科（或硕士研究生）阶段的最后一个学年，这也是学生准备考研（或考博）、就业和考公务员的关键时期。由于时间、精力有限，学生对毕业论文投入的时间和精力自然会减少。而且，由于奖学金一般是次年发放前一年的，所以学校在最后一个学年没有奖学金的评定，毕业论文成绩的好坏对学生的影响不大，所以学生对毕业论文也不够关注。

二是学生在校学习期间未接受学术素养的正规系统训练，科研能力不足。虽然学生进行了 4 年（或 7 年）的理论知识学习，但是不少学生仍不能将所学知识融会贯通，亦不能结合当前学科的发展动向进行创新性思考。论文写作中普遍存在的这些问题暴露出学生的科研能力不足：分析问题和解决问题的能力不足、研究方法的科学性不足、学科基础知识的系统性和扎实性不足、论文结构不严谨和论文规范性欠缺等。

在校本科生（或硕士研究生）中，只有一小部分人申请并完成过“大学生创新性实验计划”项目（或参加社会实践活动），还有一部分学生在本科阶段就跟随指导教师进行科研；但源于很多导师认为自己带的博士研究生才是较好的科研助手，大部分本科生（或硕士研究生）并无多少科研实践经验。而且，即便是参加过科研实践也不等于能写出优秀的毕业论文，还需掌握论文写作的方法，并进行“刻意训练”。

四、公共管理类学生毕业论文质量提升策略

（一）尽力避免形式性问题

建议学生不要将新鲜出炉的初稿匆忙甩给导师修改。在提交初稿前，建议学生基于二、（一）中指出的问题制作一份“论文形式性问题修改自检清单”，对照自身的论文仔细核查，并参考学习本部分的提升策略逐一

进行修改完善。

1. 确认格式排版符合要求

论文格式排版真的不是“全球通”的，学生一定要仔细阅读本校发布的权威格式版本。不要参考其他版本，更不要自己发明创造。

除了留意段落间距和文字字号外，论文正文部分还应采用合适的结构顺序和结构层次，组织好段落，安排好材料。例如，章、节、小节等分别以“1”“1.1”“1.1.1”“（1）”或“第一章”“第一节”“一”“（一）”等编号形式，按树型层次格式依次标出。还需注意，毕业论文通常要分多个章节，每章都需要另起一页。

2. 引用他人研究成果务必注明来源

在毕业论文中引用前人的研究成果是很正常的，没有必要遮遮掩掩。毕竟，以普通本科生（或硕士研究生）目前的能力，或许还达不到创造出一套观点理论来的水准，老师们其实都是可以理解的。所以如果论文里引用了他人的原文（或观点），请一定标明脚注。其他非原创的内容（如图表和数据资料），同样需要注明来源和出处。

经常碰到有本科生（或硕士研究生），初稿里一个脚注都没有，想等全篇论文写完后再回头加，他们在接到导师补加脚注的建议后开始猛翻资料，结果有些文献还是无法确认出处。所以建议学生在写论文初稿时就注意标明脚注。不妨准备开题时就建个名为“毕业论文”的文件夹，然后把搜集到的相关资料均往里放。还可以列一个表格（详见四、（二）、3之“（2）文献的阅读和分类”中的说明），简要说明每项资料的名称、作者、大致内容和来源，确保所有看过的资料都有迹可循。当然，这个文件夹还可以做进一步分类，如划分为“核心期刊”“案例分析”“模型工具”“英文论文”等子文件夹。

3. 规范图形、表格、公式等的使用

论文中的图形、表格、公式需确保绘制清晰，在结构设计上应简洁且排列美观。每年的审稿中都遇见过学生把他人文献里的图形、表格、公式等内容截图后直接放在自己的论文里。这种做法是非常糟糕的。严格追究起来，这也是剽窃的一种表现形式，属于学术不端行为。正确的做法应该是重新绘制图表（或输入公式）后插在论文的合适位置，并注明原始资料来源。

(1) 图形

论文中凡涉及图形的运用时，应当满足5个基本要求：

第一，图形编号。图形的编号方式应与表格和公式的编号方式统一。论文中的各类图形（如统计图、流程图、模块图、地图、词云图、照片等）应统一用阿拉伯数字编号（如“图1”；若存在论文分章的情况，则需分章编号，即“图+章序号+同一章里的图序号”，如“图3-1”或“图3.1”），且必须连续，不得重复或跳跃。若全文仅有一幅图时，亦可在图形的标题前加“附图”字样。

第二，图形说明。论文中凡先行导入或后续提及图形资料时，均应使用类似“见图×所示”的文字说明，而不宜用“见下图所示”或“见上图所示”。

第三，图形标题。每个图形都应拟明标题，由图形编号和图形名称组成，图号和图名之间需空一格。图形标题应置于图形的下方，标为“图××××××××（图）”（如“图3-1 ××××—××××年国内生产总值及其增长速度”），居中。若某图形由若干个有关联的子图构成，则各子图用“图×a”“图×b”“图×c”……的形式标出。

第四，图形内容。需确保绘制清晰，尽量不要绘制彩色图形（以不同颜色区分不同项目）或带背景的图形，以免黑白打印后看不清，可考虑用不同的线型或图案填充来区分不同的项目。

第五，图形来源。按论文格式要求，图形来源需在文中予以交待。一般情况下，可在图形标题下另起一行专列“资料来源”项，以及在需要的情况下注明“图标说明”项。需特别注意图形、标题及“资料来源”和“图标说明项”的排版，尽量将它们排于同一页内，不要跨页。

（2）表格

论文中凡涉及表格的运用时，应当满足6个基本要求：

第一，表格编号。论文中的表格应统一编号（如“表1”；若存在论文分章的情况，则需分章编号，如“表3-1”或“表3.1”），且应与图形和公式的编号方式统一。表格编号用阿拉伯数字，且必须连续，不得重复或跳跃。

第二，表格说明。论文中凡先行导入或后续提及表格资料时，均应使用类似“见表×所示”的文字说明，而不宜用“见下表所示”或“见上表所示”。

第三，表格标题。每个表格都应拟明标题，由表格编号和表格名称组成，表号和表名之间需空一格。表格标题应置于表格上方（需注意：跟图形标题的位置不同），标为“表× ×××××××（表）”（如“表3-1 ××××年居民消费价格比上年涨跌幅度”），居中。

第四，表格设计。表格可选用上下有线而左右不划线的开口式表格、四边有线的封闭式表格或三线式表格等，具体采用哪种形式在全文应当统一。表格在设计上应尽量简洁且排列整齐美观，长宽比例需适中，一般为长方形。表格中各栏均应标注相应的计量单位；如果全表的计量单位都是相同的，则应在表的右上角注明单位。

第五，表内内容。表内各行各栏的字号可根据需要适当调小（宜小于正文半个字号），但全表的字号应当统一。表内上下各栏的数值应以个位数（或小数点）或“±”、或“~”等符号为准上下对齐，同类数字要保持统一的有效位数。表内如有相同的文字或数值时，不能用“同上”“同左”“ibid”或其他类似用词或“"”符号，应一一重新填写。表内各行各栏不应留有空格：不可能有数字的格不能用空格表示，可用短横线“—”填写；如果有数字但数字很小，可忽略不计，或应有数字但暂缺或未记录，可用虚线“---”表示；如果某项资料免于填报，可用符号“×”表示；实测数据是“0”则应据实填写，即填“0”。

第六，表格来源。按论文格式要求，表格来源需在文中予以交代。一般情况下，可在表格标题下另起一行专列“资料来源”项。一般情况下，表序、表题、表格与表外附加的“资料来源”项最好同页。如果表格过长、超出一页的篇幅、实在需要分页时，需要采用续表或续表头的方式展示表格。

（3）公式

涉及公式的使用时，需注意满足四方面的基本要求：

第一，公式编号。论文中的公式应标注序号并加圆括号，序号一律用阿拉伯数字连续编序，如“（1）”；若存在论文分章的情况，则需分章编号，如“3-1”或“3.1”，且应与表格和图形的编号方式统一。

第二，公式说明。论文中凡先行导入公式或后续运用公式，或者是对公式的某个细节进行解释时，均应使用类似“见式×所示”或“式×中”的文字说明，而不宜用“见上（下）式”或“上（下）式中”。

第三，公式格式。公式主体应单列一行。公式的内容居中、公式的序号右对齐。具体的公式内容与表示序号的“（×）”之间无须加虚线连接。

第四，公式编辑。对公式进行编排时，数学类公式应使用“公式编辑器”或其他类似软件进行编辑，文本类公式可采用其他方法编辑。

关于快速输入毕业论文中公式的方法，主要有以下三种：

一是 Office 套装软件中自带的“公式编辑器”（使用方便，所有公式相当于 LaTeX 命令的一个弱化版本）；

二是 MathType 软件（一款专业的数学公式编辑器）；

三是 LaTeX 编辑器（对 LaTeX 语法熟练者可使用，对于初学者来说可以尝试 TexLive+Texmaker 的组合，其中，TexLive 是一款免费的 LaTeX 编译环境，Texmaker 是一个免费、易于使用、功能强大的 LaTeX 编辑器）。

4. 多通读以避免文字性错误

毕业论文是大学四年（或硕士研究生三年）的综合检测，所以学生不要害怕困难，不要敷衍了事，一定要通过反复通读来避免字词错误、句法错误、标点符号错误、语种错误、一致性错误、完备性错误、相关性错误、非必要冗余错误、行文风格错误等常见的文字性错误。

这里补充说一下致谢部分，尽管它是论文的最后一部分，能写到这里，表明已经离成功不远了，但仍需谨慎，不要功亏一篑。不要求文笔诗情画意、声情并茂，但务必仔细核实，确保感谢的人或事符合实际。

（二）着力解决实质性问题

学生确认论文的“形式性问题”已做好修正后，还可参考学习本部分“四、（一）”的提升策略，对论文中可能存在的“实质性问题”做些修改和完善。

1. 确定好的选题

“二、（二）1.”中介绍了选题上出现问题的四方面。那如何选好论文的题目呢？

从写作角度来看，好的题目通常有5个特征：

（1）所选题目可参考的文献多。对于参考文献多的题目，学生会比较容易获得启发，形成自己的写作思路，论文可能会比较容易写。但需注意，关于某个题目如果存在成百上千条的参考文献，又说明这个选题已被多人研究、很难写出新意，这种情况下论文指导教师多半不会允许，或者查重不能通过。

（2）题目应实际。应基于本学科和专业的研究范畴，在自己特长的范围内选择自己兴趣较大的题目，否则很难写出有特色、令人满意的论文。

（3）题目范围应小而具体。考虑到时间、经费条件等限制因素，宜选择难度和范围适中的题目。选题的难度过高、范围过大，很难在规定时间内完成；选题太容易、范围太小又会影响论文本身价值和学生自身潜力的发挥。而且，一篇论文应只有一个中心，凡与本文主题无关或关系不大的内容不应涉及，不宜过多阐述，否则会使论文问题繁杂、脉络不清、主题淡化。

（4）题目应适当新颖。即有科学研究价值或实际应用价值。

（5）题目设计应简明。为使读者印象鲜明，便于记忆和引用，论文的主标题一般不应超过20字，如非必要，尽量避免使用副标题。

另外，随着社会科学引入定量研究方法，实证研究方法已成为社会科学研究的一种“范式”。于是，部分学生为了跟风，连实证是什么都没弄清楚，就选了一个实证类题目。对此，笔者的建议是：如果不会做实证分析，就先对感兴趣研究领域的相关文献进行筛查，从而避开运用了实证研究方法的那些题目。那对于确实想以实证类题目为题的学生，如何选好实证类题目呢？

实证研究型文章大致可归结为三类：描述型、解释型和预测型。为了选好题，需要文献和现实双管齐下：读书期间要广泛涉猎文献，精读重点文献，了解研究范式，并打下扎实的公共管理学、经济学和统计计量学等理论基础；同时，我们还要关注中国现实的社会经济问题。公共管理类研究毕竟是社会现实的学问，如果脱离了现实问题去研究往往也会缺乏选题的现实意义。一个好的做法是每天花点时间浏览时政、财经类媒体，碰到有意义的报道、案例、新闻就保存下来，积累多了会有意想不到的收获。

2. 摘要需凸显论文特色

摘要是为了向读者或检索系统提供关于论文的重要信息，凸显论文的特色。为避免“二、（二）2.”中提及的常见问题，需要明白摘要应包含哪些内容以及怎样才能写好摘要。

摘要一般要包括五方面的内容：

（1）研究背景和研究问题。可以明确地给出研究问题是什么，是在什么情况下谈论该问题的，即用一两句话（而非冗长的一段话），使读者对本论文的研究背景知识有一个概括的了解，以及本论文将如何为这些知识做出贡献。撰写这部分的内容一定要注意简明扼要。

（2）研究视角和理论方法。读者在阅读论文的摘要时，应该大致了解论文作者对研究问题的认识论和理论方法。可用一两句话概括作者是怎么看待研究问题的，在论文中使用了什么理论或概念框架。

（3）研究设计和研究方法。摘要应该包括一个关于研究是如何进行的概要，即对研究设计和方法做简短的描述。如果涉及量化研究，可介绍样本量、分析方法和研究的持续时间等。但需注意，这里不要提及过于具体的细节。

（4）研究结果。大多数读者阅读摘要是因为他们对已成型的研究成果感兴趣。因此，结果部分应该是摘要中最长的部分。可按论文正文中讨论的顺序来描述研究的主要发现。目的是清楚地描述研究结果是怎样回应研究问题的。这里可包括较多的细节，并且不要回避负面的研究结果。

（5）研究意义和启示。作者为了彰显自己研究成果的重要价值和意义，还可写出演绎结论，预测该研究在现实生活中的应用意义、理论与实践相结合的价值等。不必太长，一两句话就足够了。

摘要的写作顺序和规范要求如下：

就写作顺序而言，摘要应在毕业论文的正文完成以后再着手撰写，这样效果会比较好。然而，从读者的角度，首先要读的却是摘要。一篇论文，从头到尾仔细读完的人并不多。而摘要却是精读、泛读或翻阅的这三类读者都会过目的。只有在摘要的吸引下，才会逐步由泛读过渡到精读。如果摘要没有写好，就大大降低了论文的可读性。

摘要是对论文内容不加注释和评论的简明归纳，应包括研究工作的目的、方法和结论，重点是结果和结论。用语要规范，一般不用列举例证，不讲研究过程，不用公式和非规范符号术语，不出现图、表、化学结构式等。需采用第三人称撰写，不要做主观性评价。篇幅大小一般限制其字数不超过论文字数的5%，具体多少还是看学校要求。

对于毕业论文而言，有两类重要的读者，一是指导老师，二是评审专家。这两类读者都是评阅人。作为评阅人，必然会首先阅读摘要。如摘要能给评阅人清晰地展示论文的研究目的、方法、结论、创新点和价值，吸引住评阅人，就会给人以良好的第一印象，这就表示摘要的撰写成功了。

3. 撰写高质量的文献综述

一般而言，文献综述是毕业论文写作中必不可少的重要组成部分。撰写文献综述水平的高低制约着毕业论文写作的水平。尽管每个学校的要求不尽相同，但是通常毕业论文文献综述的结构是：引言/研究背景→主体/研究现状→小结/研究目的与意义，然后在这个框架的基础上，进一步细化。

文献综述的撰写一般可分为 4 个步骤：文献的搜集，文献的阅读和分类，文献的加工、比较和评述，以及预测研究趋势等。

（1）文献的搜集

要写好文献综述，首先得提高文献收集工作的质量和效率。参考文献在一定程度上反映了论文作者对相关学科背景知识的了解和学位论文的水平。有学者曾提出如下 10 项参考文献的收集原则①：①熟悉和了解图书、情报（期刊、会议文献、专利文献等）和档案等不同载体的特征和个性，对于准确、快速地检索文献具有事半功倍的效果。②形成“以权威论著为核心，一般学术论著为辅助”的科学收集方式。③收集范围宜由大到小、宽窄适度。④收集文献时，既要重点了解学科的纵向发展，还要注意相关学科与本学科交融的可能；学科的边缘和交叉部位，更是获得重要文献资料和学术成就的关键地带。⑤收集资料的过程，需从“浅”处入手，才能不断丰富、积淀专业知识，逐渐开阔学科的视野；另外，只有通过“深”的对比和思考，才能领悟学科的发展。⑥近期文献代表学科最新水平，是收集的重点。在确定溯往的时段时，应依据学科发展速度和文献总量等情况，区别对待。⑦检索需要内外结合，这里的“内外”是指学校、专业、国家等内外。通常要先内后外。⑧文献收集过程有时会出现局部反复。应以“提高论文质量”为宗旨，填平补齐，力求收集完整。⑨对文献的取舍，需选择适度，突出精华。⑩从选题定向后，就列出初步的总体大纲和文献资料系统树，并在收集过程和收集后期不断进行完善。

（2）文献的阅读和分类

阅读是全面掌握文献观点、内容、研究设计、研究方法的过程，也是写

① 社科学术圈. 研究生学位论文参考文献收集的 10 大原则［EB/OL］. 2021. https：//mp. weixin. qq. com/s/6udRUVrki6LzeuJU1EaUdw.

好综述的基础。对于选定的有代表性的文献要“批判地精读”。首先要按照作者的研究思路及对相关概念的界定，全面分析文献的观点。阅读时要做好笔记。同时，要批判地分析研究中存在的问题和不足，以便发现值得进一步研究的问题。其次，可以表格的形式，按照一定的标准进行分类整理，以便后续研究中使用。可供参考的分类标准有：①学科领域；②学术观点、学术流派；③问题研究的历史发展阶段；④研究程序或研究方法的运用等。

（3）文献的加工、比较和评述

写好文献综述的关键在于对文献观点的加工、整理和评论。首先，对文献的观点应基于一定的原则（如上文所提到的分类标准），进行整理、陈述，使之系列化、条理化。提炼观点时，要力求准确无误，不片面理解。对于仍处于新手期的学生，可考虑按照时间顺序法、因果分析法、“特点—分类—应用”法、现状对策法等方法来整理、归纳文献。其次，有“综”还需有“述”。需对不同的观点进行合理的分析、比较和评论。一般而言，可从概念的界定、自变量的变化、样本局限、研究方法或工具局限等方面去思考和寻找切入点。进行分析、比较和评论时要注意保持思维的自主性和独立性，做到客观公正，既要肯定优点，又要指出不足，但不可根据自己的喜好而妄加评论。

（4）预测研究趋势

文献综述的结尾应在考察研究现状的基础上，总结该学科领域当前国内外的主要研究成果及其应用价值、实际意义，指出目前存在的主要问题，展望今后的发展趋势或前景，从而提出新的研究设想、研究内容等。

4. 提升论文的创新性和价值性

“二、（二）4.”中指出了“论文创新性和价值性不高”的具体表现。如果没有足够的创新性和价值性，那就不能算是一篇合格的毕业论文。虽说对于本科生和硕士研究生而言，文章的创新性和价值性要求有高有低，但文章必须具备一定创新性这一点是肯定的。

对于学生来说，创新性和价值性不够意味着该本科生（或硕士研究生）自身在专业积累上是不够的，科研深度也有所欠缺，所以还需要从自身做起，积累专业知识，多多参与科研工作，试着撰写一些自己力所能及的科研成果。如果积累到位了，写出一篇创新性和价值性高的毕业论文就水到渠成了。

对于创新性和价值性不够的文章，学生需要做的补救工作会相对复杂，工作量也比较大。通常需要学生补充相关数据、论点和论据，有些还涉及补充相关实验，或进行相关数据的补充收集和分析，等等。

如果论文已被评价为创新性和价值性不够，该怎么改呢？从内容上来说，论文的创新性体现在材料、方法、观点和体系的创新上；论文的价值性体现在研究结论的可靠性和对现实问题的指导意义上。学生要提升论文的创新性和价值性，可以从这五方面入手。

（1）材料的创新。材料是服务于论文写作目的而搜集、整理出来的事实、理论或数据等信息。这里的创新是指材料比较新，是没有发现、运用过的。论文的学术性创新主要体现为该论文以新的或未被发现、未被利用的材料为主要依据，并在材料分析的基础上做出了较有深度的理论归纳。

（2）方法的创新。方法是研究问题的视角、途径或媒介。这里的创新主要体现在研究者能够从一个新的、独特的角度去研究一种现象或问题，从而得出一个全新的、独到的判断。

（3）观点的创新。观点是论文中的论点。论点的学术价值是论文学术质量高低的最直接的体现。这里的创新要求研究者在论文中提出独到、新颖的观点，或在客观分析的基础上对既有观点提出不同的见解。

（4）体系的创新。这是指论文的内容建构起一个新的理论体系或逻辑体系。当然，体系创新对学生研究能力的要求比较高，如果没有把握的一般不建议做此类创新。

（5）价值的增值。第一，需确保论文选题是有价值的好选题，这个选题要有实用性，或者可以填补一项学术空白，而且难度上也应该适宜学生本身的写作水平。第二，在前期积累过程中要做好充分的准备，有条件的最好能做到将自己选题的相关资料穷尽式地阅读和整理，这样才能更全面深入地看待自己的选题。第三，行文要有完整的逻辑思路，“政策建议”应是论文研究结论的直接应用和逻辑延伸，切勿脱离自己的研究结果去寻找政策建议。

总之，学生在写作的过程中应注意多与自己的导师沟通。一定要认真参考导师（和评审专家）的修改意见。毕竟，修改过程本身也是一种历练、一种提升，所以一定要好好把握。

五、结语

提高公共管理类本科生和研究生毕业论文质量的目的是培养学生主动探索、独立思考、融会贯通、创新创造的能力。为此，学校和学院、系、教研室需一起形成合力，始终“以学生为主体”“因材施教”，“授人以渔”而不是“授人以鱼”，提高学生的科研能力，培养高素质、应用型、科研型的人才。

参考文献

1. 教育部科学技术委员会学风建设委员会. 高等学校科学技术学术规范指南（第二版）[S]. 北京：中国人民大学出版社，2017.

2. 教育部社会科学委员会学风建设委员会. 高校人文社会科学学术规范指南 [S]. 北京：高等教育出版社，2009.

3. 中国标准研究中心等. GB/T 7713. 1—2006 学位论文编写规则 [S]. 北京：中国标准出版社，2006.

4. 中国标准研究中心等. GB/T 7714—2005 文后参考文献著录规则 [S]. 北京：中国标准出版社，2005.

5. 中华人民共和国教育部. 高等学校哲学社会科学研究学术规范（试行）[J]. 经济经纬，2005（01）：2.

6. 武汉大学研究生院. 2015 年申请硕士学位的有关规定（内部资料）

[S]. 2015.

7. 重庆邮电大学. 重庆邮电大学硕士研究生学位论文写作标准2015V1. 1：附录A科技写作中非学术性低级错误的主要表现[EB/OL]. 2015. http：//software. cqupt. edu. cn/info/1061/2583. htm.

8. 社科学术圈. 研究生学位论文参考文献收集的10大原则[EB/OL]. 2021. https：//mp. weixin. qq. com/s/6udRUVrki6LzeuJU1EaUdw.

中级微观经济学课程的教与学革命

刘俊宇

作者简介：刘俊宇，1996 年获武汉大学管理学院国际金融专业经济学学士学位，1999 年获武汉大学商学院金融工程专业经济学硕士学位，2004 年获武汉大学经济与管理学院西方经济学专业经济学博士学位。2002 年至今任武汉大学政治与公共管理学院教师，教育部人文社科重点研究基地武汉大学社会保障研究中心专职研究员，湖北省公共管理研究会会员。讲授《中级微观经济学》《公共金融与投资》等课程。获得湖北省公共管理学会年会优秀论文二等奖（2015）、武汉大学政治与公共管理学院青年教师教学竞赛二等奖（2016）。

中级微观经济学是为我系本科生开设的一门专业选修课，学生在大一上完西方经济学课程（含宏观部分与微观部分）后，可于大二选修本门课程。切实开好课，讲好课，提高学生选修本门课程的学习积极性和主动性，让学生学有所得、增长知识的同时开阔视野，并借机助力提高学生的整体综合素质，是本门课程教学的主要目的。在开展本门课程的教学过程中，结合本专业课程体系设置的特点，贯彻武汉大学“教与学革命”相关

要求，在教学过程中逐步调整教学方案，设计教学思路与案例，多维度启发学生的逻辑思维习惯，收到了比较好的教学效果。现将有关教学思考予以总结，以便下一步的教学工作更好开展。

一、课程教学目标的认识定位

（一）理解、消化微观经济学重要知识点

在学习中级微观经济学课程之前，我系学生已修完西方经济学（含宏观、微观部分）课程，对西方经济学的基本理论体系已经有了框架性的认识。但是，由于我系整体课程体系的设置需要，西方经济学的总学时相对有限，任课教师需要在规定学时内完成西方经济学全部教学内容的教授工作，导致教师不太可能深入讲解课程的相关知识点，学生也不太容易深入理解每一个重要知识点的来龙去脉及实践运用。有鉴于此，在本门课程教学中，有重点地突出了对微观经济学重要知识点的理解与消化吸收，使中级微观经济学能在西方经济学课程的学习基础上真正有所增益，而不是简单重复。

（二）加深、加强对国民经济行业的认识

西方经济学特别是微观经济学被冠以“黑板经济学”之称，理论性偏强，主要讲授消费理论、厂商理论、要素理论、市场失灵理论等。纯粹讲授理论，或者偏重于讲授理论，对大部分学生来说未免显得枯燥乏味，容易失去学习的兴趣与动力。因此，在选定本门课程每章需要重点讲解的理论知识点后，有针对性地设计 1~2 个相关的国民经济行业典型公司案例，每一章选取不同的国民经济行业，以及行业内典型的企业作为成功案例或失败案例，围绕本章节需要突出的知识点来剖析相关行业的知名企业运行状况。这样一来，既加深了学生对实体经济行业的认识，又较强地调动了学生的学习兴趣与热情。

（三）训练、提高逻辑思维能力

中级微观经济学是一门工具性的课程，学习本门课程的主要目的，是

在理解相关微观经济理论的基础上，令学生养成经济分析的逻辑思维习惯，提高逻辑思维能力，而不是拘泥于知识点本身的记忆与理解。其一，围绕一个知识点“是怎样、为什么、会怎样”，从经济背景、理论框架、分析预测的来龙去脉来系统地梳理、认识、理解、运用一个知识点。其二，就某一经济现象，在分析时多举一反三，从另一个角度甚至是反面来思考另外的经济可能性，重点训练学生的逆向思维习惯。逻辑思维和逆向思维习惯的养成，在重要性上不亚于学习微观经济理论本身，对学生学习其他课程乃至日常生活习惯都会有所帮助，使中级微观经济学真正起到工具性课程的效果。

（四）培养、提升整体综合素质

武汉大学在学校深入开展教与学革命活动，全国高校都在广泛开展课程思政建设活动。这些活动都明确要求，立德树人是高校的重要使命，培养思想健康、三观端正、知识丰富、综合素质强、有竞争力的本科生是高校的立校之本。在本门课程的教学过程中，有针对性地结合相关理论知识点，如消费、预算、企业治理等，向学生宣传节俭消费、自主预算、讲道德诚信等基本生活及为人准则，鼓励学生培养正确的消费观、道德观、世界观。同时，通过对反面典型案例的学习，加强学生的法治意识、价值投资观念，杜绝不合理的投机思维。

二、课程教学方案的制订

（一）明确每章教学目的

首先，各章教学目的服从于整门课程的教学目的，即本文上一部分所述之四方面的目标。具体到每一章所教授的内容，根据本章所讲述的主题，明确本章的课程知识点范围及详略构成。其次，对拟定的重要知识点，从理论背景及历史渊源、理论内容、应用范畴开展多方面的深入讲解。再次，围绕本章重要知识点，选定拟分析的典型国民经济行业和典型公司，就与重要知识点相关的内容组织案例分析材料。最后，在本章的具体讲授内容中，抓住与培养学生整体综合素质相关的点，说理与举证相结合，引起学生的共鸣，起到正确的三观导向作用。

（二）突出每章教学重点

鉴于选修本门课程的学生已修过西方经济学（含宏观、微观部分），本门课程在安排教学内容时，在简要系统介绍每一章所涉及的知识点基础上，会突出每章的教学重点，围绕重点知识点开展理论讲解及案例分析。

（三）设计每章教学方法

除第一讲给学生讲解本年度中央经济工作会议之外，从第二讲开始，采用知识点系统梳理、重点知识点深入讲解、案例分析相结合的教学形式开展教学。在每一讲开始前，要求学生提前对拟重点讲授的知识点所涉及的行业及相关典型公司自行开展一定的资料搜集与了解，便于在规定的教学时间内高效地完成拟定的案例教学分析，加深对相关国民经济行业特点的了解，更好地掌握所学的重要知识点的理论内容及分析运用。

（四）分解每章教学进度

在教学进度上，每周安排一次教学，一次两个学时，两个学时完成一章的教学。因此，在90分钟内完成拟定的教学内容，需要合理筹划分解每章教学进度，确保教学质量。在进度分配上，系统梳理知识点约占15分钟时间，重点知识点讲解约占半小时时间，典型行业的典型公司案例分析应用约占45分钟时间。通过实际运行来看，这种进度安排符合教学目标预期，也比较容易得到学生接受和认可。

三、课程教学内容的组织编排

（一）以中央经济工作会议作为开篇讲座

本门课程安排在春节后的学期选修，正值当年的中央经济工作会议召开之后，因此，第一讲内容固定为给学生讲解当年中央经济工作会议的基本内容（需要逐年更新），并顺带介绍此前10年内的若干次重要中央经济工作会议的重要内容。通过讲解，使我系学生及时了解当前党和国家经济领域的重要路线、方针、政策，认知国内外经济形势，把握热点经济问题，了解重要经济政策的导向和行业趋势，这也是我系学生必须要掌握的经济学方面的时政内容。

（二）消费理论的教学内容编排

消费理论部分分为四章，即“需求、偏好及效用”“预算约束与消费升级”“消费选择与弹性”“不确定性与风险”。在“需求、偏好及效用”一章，以偏好对需求的影响和如何开展效用评价为重要知识点，选取软件服务行业的两家头部企业深圳腾讯控股与杭州恒生电子作为案例分析样本，分别就需求如何引导供给和供给如何创造需求开展案例分析。

在“预算约束与消费升级”一章，以预算约束的变动和消费升级为重要知识点，选取移动通信行业的重要公司 UT 斯达康和小米集团分别作为失败案例和成功案例开展分析。在本章中，注重引导学生树立正确的自我预算管理的理念，养成自律、节俭、向上的学习和生活风气。

在“消费选择与弹性”一章，以最优消费选择的表达与计算、税种选择为重要知识点，以白酒行业的典型公司贵州茅台集团和湖南酒鬼酒公司为典型样本，分别介绍消费弹性在不同消费品种上的不同影响。

在“不确定性与风险”一章，以经济生活中的不确定性以及其可能产生的风险为重要知识点，分别选取 4 个不同行业的 4 家知名公司（消费电子行业的欧菲光集团、啤酒行业的重庆啤酒公司、水产养殖行业的大连獐子岛公司、汽配行业的重庆秦安公司）由于产业自主性不强、盲目转型、不务正业等因素导致的不确定性带来巨大风险的典型案例开展分析，引导学生树立风险意识，避免投机思想。

（三）厂商理论的教学内容编排

厂商理论部分分为五章，即“技术进步”“劳动密集型生产函数”“资本密集型生产函数”“成本最小化”“利润最大化”。在“技术进步”一章，以熊彼特创新理论和技术引进、后发优势理论为重要知识点，以芯片半导体行业的上海中微公司和上海微电子装备集团的发展历程为案例，给学生介绍“卡脖子”行业发展的艰难历程和巨大成就，激发学生的爱国热情和科技是第一生产力、科技强国思想。

在“劳动密集型生产函数”一章，以人口理论、劳动力迁移理论、人力资本理论为重要知识点，选择服装行业的雅戈尔集团和美邦服饰公司分别作为成功案例和失败案例开展分析，分析劳动密集型产业在我国发展的优势与劣势、机遇与挑战。

在“资本密集型生产函数”一章，以资本形成、杠杆资本为重要知识点，选择房地产行业的万科企业与华夏幸福公司分别作为成功案例和失败案例，为学生讲解当前的房地产市场形势，并引导学生树立正确的理财消费观念。

在“成本最小化”一章，以不同种类成本构成为重要知识点，选取快递行业的顺丰控股的经营及财务状况为案例开展成本控制分析，并以物业管理行业的物业管理公司为对象开展讨论，引导学生对所生活小区的物业管理公司的关注和了解。

在“利润最大化”一章，以股票市值最大化、长短期利润最大化、规模经济为重要知识点，选择光伏行业的龙头企业隆基集团和东方日升公司的不同发展境遇作为案例，引导学生理解企业利润的来源及变动。

（四）市场组织理论的教学内容编排

市场组织理论分为“垄断与竞争”“企业治理”两章。在“垄断与竞争”一章，以垄断定价、垄断的效率、反垄断法为重要知识点，选择金融科技行业的蚂蚁集团和建材行业的中国玻璃协会作为反垄断案例，分析不同主体的垄断特征及应对垄断调查的不同处理方式、不同后果，引导学生客观认识垄断的效率及危害。

在“企业治理”一章，以企业家、企业治理水平、治理结构为重要知识点，选择金融行业的招商银行和新材料行业的北京康得新集团分别作为正面典型和负面典型案例，分析不同的企业治理模式所导致的完全不同的经营局面和结果，引导学生树立诚信、务实的人生理念。

（五）要素理论的教学内容编排

要素理论主要讲述要素市场，以大宗商品、土地、人力资源为重要知识点，为学生介绍大宗商品市场近年来几次大的周期波动，以金属行业的铜、钴、镍、铁相关上市公司为样本，分析资本品作为生产要素的运行规律和发展趋势。

（六）市场失灵理论的教学内容编排

市场失灵理论分为“负外部性及其治理”“不对称信息”两章。在“负外部性及其治理”一章，以外部性为重要知识点，为学生讲解国家碳中和政策，并选取循环经济行业的格林美公司的成功发展路径为案例开展分析，引导学生树立绿色、节能、环保的生活理念。

在“不对称信息”一章，以逆向选择和道德风险、信号与激励为重要知识点，选择金融行业的招商银行和平安集团为案例，分析金融企业在面对不对称信息时的应对方法，引导学生树立诚实守信、风险防范等意识。

四、小结

通过准确定位教学目标，科学设计教学方案，合理编排教学内容，希望能在我系学生学习西方经济学（含宏观、微观部分）的基础上，有机会选修到一门学以致用的工具性课程，一门加深对重要知识点理解的课程，一门对国民经济重要行业和重要公司有所认识的课程，一门对提高学生品行修养、生活观念有所裨益的课程。

西方经济学课程思政教育的探索与实践

洪　丽

作者简介：洪丽，女，经济学博士，武汉大学政治与公共管理学院讲师，武汉大学社会保障研究中心研究人员。研究领域为收入分配、贫困与社会保障，主讲《微观经济学》《宏观经济学》等课程。主持教育部人文社科青年项目1项，中央高校基本科研业务费专项资金资助项目2项，曾作为重要成员参与国家社科基金重大招标项目及教育部等多个项目的研究，在人民出版社出版学术专著1部，在《经济学动态》《社会保障研究》《统计与信息论坛》《江汉论坛》等期刊上发表学术论文20余篇，其中有2篇被人大复印报刊资料全文转载，1份咨询报告被教育部采用上报。

摘要：《西方经济学》课程融入思政教育是新形势下落实党和国家立德树人根本任务的必然趋势和本质要求，也是培养创新型、复合型、应用型人才的现实需要。在《西方经济学》课程的教学过程中，讲授均衡价格与支持价格、消费者选择理论、生产者行为理论、收入分配理论、经济增长理论等知识点时，逐步融入思想政治教育，培养学生树立正确的价值

观、世界观、人生观，引导学生树立为实现中国梦而奋斗终生的伟大理想。

关键词：西方经济学；思政；教育

《西方经济学》是武汉大学政治与公共管理学院公共管理类专业学生的专业基础课，由于西方经济学带有为资产阶级利益服务、反映资产阶级世界观和价值观的阶级属性，在《西方经济学》课程各个章节、专题知识的讲授过程中，逐步融入思想政治教育，在传授专业知识的同时以润物细无声的形式将正确的价值观传导给学生，对于学生正确吸收经济学理论知识、传承红色基因、坚定不移地为建设中国特色社会主义服务具有重要意义。

一、西方经济学课程思政教育的必要性

1. 落实党和国家立德树人根本任务的重要举措

2016 年 12 月 8 日，习近平总书记在全国高校思想政治工作会议上强调："要坚持把立德树人作为中心环节，把思想政治工作贯穿教育教学全过程，实现全程育人、全方位育人，努力开创我国高等教育事业发展新局面。"[1]

2019 年 3 月 18 日，习近平总书记在北京主持召开学校思想政治理论课教师座谈会上进一步强调："青少年教育最重要的是教给他们正确的思想，引导他们走正路。思政课是落实立德树人根本任务的关键课程，思政课作用不可替代。"[2]

2020 年，教育部印发了《高等学校课程思政建设指导纲要》，进一步指出"专业课程是课程思政建设的基本载体，全面推进课程思政建设是落实立德树人根本任务的战略举措"。

因此，在高校大学生的培养过程中，不仅要重视专门的思政课程对学生正确价值观、人生观的引导和培养，将思政教育落实融入各个专业课的

教育中也是非常重要的。

西方经济学是研究市场经济条件下经济资源如何实现最优配置和利用的学科，它阐述的关于市场经济运行的理论，是西方发达国家发展市场经济的经验总结和理论概括，在一定意义上揭示了市场经济的运行规律[3]。但是，这套舶来的理论不仅具有反映人类文明成果和社会化大生产一般规律的科学性，还带有为资产阶级利益服务、反映资产阶级世界观和价值观的阶级属性，这就需要学生保持一颗清醒的头脑，警醒地学习西方经济学理论中的科学知识。因此，在西方经济学课程的教学过程中融入思政教育，落实《高等学校课程思政建设指导纲要》强调的“寓价值观引导于知识传授和能力培养之中，帮助学生塑造正确的世界观、人生观、价值观，提高高校人才培养质量”，就显得尤为重要和十分必要。

2. 培养创新型、复合型、应用型人才的现实需要

习近平总书记在全国教育大会上强调：“推进产学研协同创新，积极投身实施创新驱动发展战略，着重培养创新型、复合型、应用型人才。”西方经济学包含的经济理论知识与实际相结合，对于现实社会存在的一些经济问题，具有较强的指引作用。如果学生能把思政思想融合到所学的经济学理论知识中，带着正确的价值判断理论联系实际，不仅能用所学的经济学理论知识分析、解决现实经济问题，还能改善相关经济状况。比如，2020 年年底，我国脱贫攻坚取得胜利后，开始全面推进乡村振兴，对于学习了经济学知识的学生来说，如果他们能树立正确的价值观、人生观、世界观，树立正确的思政思想，不仅能更好地掌握适用中国的经济学知识，提升专业素养，还能在对经济学思想进行灵活运用，对乡村发展面临的系列问题进行分析时，从习总书记重要思想出发，开拓新视野，改善乡村发展状况，凝练乡村振兴新理论，成长为具有较高水平理论联系实际能力、自主学习能力、实践创新能力的创新型、复合型、应用型人才。

二、西方经济学课程内容与思政教学相融合的探索

1. 挖掘思政元素，充实教学内容

我们以高等教育出版社马克思主义理论研究和建设工程重点教材《西方经济学》（上下册）作为指定教科书，探索将相关思政元素更好地融入各章节教学中的方法。

（1）导论：介绍西方经济学的演进和发展历程时，强调其为资产阶级服务的阶级属性，引领学生学习市场经济理论的同时摒弃其资产阶级属性；讲到怎样学习西方经济学时，强调对待西方经济学的正确态度应坚持以马克思主义为指导，坚持从中国的具体国情出发，既学习和掌握西方经济学中的有益知识，又要摒除带有资产阶级世界观、价值观和不适合中国国情的内容，使学生秉持正确的学习态度为建设中国特色社会主义服务。

（2）需求、供给和均衡价格理论：在讲述市场均衡价格和支持价格时，向学生阐述政府一般对农业实行支持价格以保护农民的利益，我国政府实行的粮食最低收购价政策就是支持价格理论的应用，是为保护农民利益、保障粮食市场供应实施的粮食价格调控政策。

（3）消费者选择理论：介绍消费者行为准则时，提到消费者追求的是实现效用最大化，但同时强调消费要理性和量力而行，引入大学生为购买苹果手机及其他奢侈品陷入恶性借贷危机的案例，警醒学生购买奢侈品、盲目消费、肆意攀比等不理性消费行为[4]。

（4）生产者行为理论：讲述机会成本的概念时，通过机会成本的案例教学，告诉学生坐在大学课堂的教室中学习也是有机会成本的，督促学生认真学习，引导学生积极思考如何有价值地度过大学4年，明白得失取舍，书写无悔人生。

（5）完全竞争市场和不完全竞争市场理论：讲授完全竞争市场和不完全竞争市场形成的条件和企业决策时，引入共享单车、高铁盒饭等案例，促进学生进一步深入思考十九大报告提到的“促进公平竞争、防止市场垄

断、完善社会主义市场经济体制”的含义。

（6）生产要素市场和收入分配理论：收入分配理论的教学中，结合我国的收入分配制度改革，对学生进行平等教育[5]，并结合我国的扶贫政策和乡村振兴计划，引导学生致力于缩小中国的收入分配差距。

（7）市场失灵和微观经济政策理论：讲述市场失灵和微观经济政策时，告诉学生市场机制并非万能有效的，从而为国家的微观经济政策提供了理论依据，可以让学生更加深入地理解我国政府采取的微观经济政策和社会主义市场经济体制的各项措施。

（8）国民收入核算理论：讲到 GDP 的概念、核算方法时，强调重视 GDP 但不能“唯 GDP 论”[6]，不能以破坏环境的代价追求 GDP 的发展，要追求绿色 GDP，将“绿水青山就是金山银山”这一重要理念与生态文明建设融入教学过程中。

（9）失业与通货膨胀理论：结合失业与通货膨胀的教学，对学生进行敬业教育，培养学生关注民生、维护稳定的大局观和责任心。

（10）经济增长理论：讲到中国改革开放以来 GDP 的高速增长，让学生观看视频“五分钟看完中国崛起”，让学生直观地感受到中国的崛起和在建设富强、民主、文明、和谐的社会主义国家道路上的巨大进步，对学生进行爱国教育，培养学生的民族自信心、自豪感和爱国情怀，引导学生树立为实现中国梦而奋斗终生的伟大理想[7]。

2. 结合多种教学方法，提升思政教育融入效果

（1）启发式教学。在第一次学习《西方经济学》的课堂开始，通过引入生活中的小案例，让学生对《西方经济学》这门课程的学习内容有个大概的把握，同时引导学生对自己生活中的案例用经济学的头脑去分析、思考、决策。比如，联系大家早餐吃包子还是热干面、吃几个包子等生活经验，告诉学生可以用经济学的偏好、效用、边际效用递减等经济学理论来理解和决策；引入机会成本的概念，启发大家思考如何有价值地度过大学 4 年，毕业了直接参加工作还是继续读研究生；等等。

(2) 思辨式讨论。联系一些与经济学相关的时事热点，引导学生查阅资料、一起讨论，开拓思维，活跃课堂氛围。比如，如何实现家乡绿色GDP的增长？如何与实现乡村振兴结合起来？鼓励大家深入思考、一起讨论。

(3) 线上线下相结合。由于《西方经济学》教学课时很有限，所以，为了提高这门课程的教学效果，采取线上线下相结合的方式，建立课程QQ群，启发大家进行思政思辨的问题也可以在QQ群线上讨论，在课堂上进行总结，提高效率。

三、结语

专业课融入思政教育是新形势下落实党和国家立德树人根本任务的必然趋势和本质要求，是实现思想政治教育工作贯穿育人全过程的重要途径[8]，也是培养创新型、复合型、应用型人才的现实需要。《西方经济学》课程的思政建设也是一个长期的系统工程，各个知识点与相关思政元素的有机融合也需秉持与时俱进的态度，逐渐完善，逐渐改进，同时伴随教学方法的逐渐优化，力争向学生传授经济学专业知识的同时，培养学生树立正确的价值观、世界观、人生观，引导学生树立为实现中国梦而奋斗终生的伟大理想。

参考文献

1. 张烁. 习近平在全国高校思想政治工作会议上强调：把思想政治工作贯穿教育教学全过程 开创我国高等教育事业发展新局面 [N]. 人民日报，2016-12-09.

2. 吴晶，胡浩. 习近平主持召开学校思想政治理论课教师座谈会强调：用新时代中国特色社会主义思想铸魂育人 贯彻党的教育方针落实立德树人根本任务 [N]. 人民日报，2019-03-19.

3.《西方经济学》编写组. 西方经济学（上下册）[M]. 北京：高等

教育出版社，2019.

4. 孙森，王帅洲. 西方经济学“课程思政”教学改革的实践研究［J］. 福建茶叶，2019，41（10）：66-67.

5. 张纯记. 论高校西方经济学“课程思政”教学［J］. 高教学刊，2020（02）：106-107+110.

6. 茆健，李梓毓，杨晓丹. 宏观经济学课程思政元素的挖掘及其融合探究［J］. 对外经贸，2021（02）：120-123.

7. 李舟. 宏观经济学课程思政教学实施探析：以广西科技大学的教学实践为例［J］. 对外经贸，2021（01）：147-151.

8. 邱伟光. 课程思政的价值意蕴与生成路径［J］. 思想理论教育，2017（7）：10-14.

翻转课堂在《社会保障专题》课程教学中的应用研究

张　郧

作者简介：张郧，女，管理学博士，博士后，香港中文大学访问学者，武汉大学政治与公共管理学院讲师、教育部人文社会科学重点研究基地武汉大学社会保障研究中心专职研究员，主要从事社会保险、社会保障、人文社会经典导引的教学工作和养老服务、儿童发展与保障等相关领域的研究工作。近年来，在CSSCI检索期刊发表论文10余篇，6篇咨询报告被中共中央办公厅的部门采纳或获省部级主要领导批示，主持省部级以上科研项目4项，作为子课题负责人参与课题10余项。

摘要：翻转课堂作为一种教学方法的创新，已受到教育界的多方关注，并被广泛应用于各个阶段的各类教学中。翻转课堂有效整合了传统教学中的课内外时间，充分调动学生自主学习的积极性，提升学生的专业素养和综合素质。社会保障专题课作为一项对专业素质要求较高的课程，翻转课堂教学模式应用于该课程具有明显的优势。本文基于传统教学中《社

会保障专题》课程存在的问题，分析了翻转课堂应用其课堂的可行性，提出了实施策略，为更好地进行《社会保障专题》课程教学提供新思路。

关键词：翻转课堂；《社会保障专题》；课程教学

一、翻转课堂的内涵

（一）何谓翻转课堂

翻转课堂作为一种全新模式的教学方法，由美国的高中化学教师乔纳森·伯尔曼（Jon Bergmann）和亚伦萨姆斯（Aaron Sams）于2007年提出并实践①。其最初目的是帮助课堂缺席的学生补课，因其将传统的“课堂上听教师讲解，课后回家做作业”的教学习惯“翻转”为“课前在家里听看教师的视频讲解，课堂上在教师指导下做作业”，被形象地称为“翻转课堂”②。而将翻转课堂推向了更为宽广的舞台的是萨尔曼·可汗（Salman Khan），他于2009年设立非盈利性教学网站，免费向全球提供发布、浏览优质教学视频的平台，大大降低了教师尝试翻转课堂的门槛，从而迅速使得翻转课堂在北美乃至全世界广为流行③。在中国，随着互联网的普及，各种在线课程及在线学习网站大量出现，通过互联网获得学习资源日益成为年轻人的一种习惯，翻转课堂的使用也被提上了日程。

翻转课堂最大的特点是颠覆了传统教学方法中“课上老师讲授，课后完成作业”的教学安排，让学生提前在家通过观看教学视频代替教师的课堂讲解。而让学生在课堂上把主要精力放在完成作业及与老师、同学的互动交流上。翻转课堂通过教学模式的改变，使得学习主动权发生了从教师到学生的转移。另外，把传统课堂上教师讲授课程内容的时间节约下来，

---

① 何克抗. 从“翻转课堂”的本质，看“翻转课堂”在我国的未来发展［J］. 电化教育研究，2014（7）：5-16.

② The flipping classroom［DB/OL］.（2012-12-1）.［2014-4-10］. http：//educationnext.org/the flipping classroom. html.

③ 刘健智，王丹. 国内外关于翻转课堂的研究与实践评述［J］. 当代教育理论与实践，2014（02）：68-71.

可以充分满足不同个体的需求。

（二）翻转课堂的优势

随着翻转课堂进入学术研究的范畴，越来越多研究发现，翻转课堂确实对于学生的学习有一定的好处。不仅在于其赋予老师更灵活的传授知识的空间，更多的在于给予学生良好的学习环境，从而更好地达到老师的教学目标①。与传统的课堂教学相比，翻转课堂具有以下特点及优势：

在学习内容方面，翻转课堂可以有效地利用各种教学资源。由翻转课堂的发展历程可以看到，早期它离不开可汗学院视频录像“教学资源”的支持，后来随着“MOOCs”的崛起，翻转课堂又吸纳了在线开放课程的优势与特点。学术界普遍认为，“翻转课堂”对于促进教学资源的有效利用与研发是非常有利的②。传统课堂教学内容以单一教材为主，翻转课堂则需要学生运用各种资源进行学习，在信息爆炸时代，有效利用教学资源也是一种综合能力的体现。通过翻转课堂学习，无疑可以锻炼这种综合能力。

在参与主体方面，有效地调动了学生的积极性。传统课堂主要以教师讲授为主，翻转课堂与其不同之处在于主体是学生自身。“以学生为中心”体现在课前的学习以学生自主学习为主，回归课堂时，老师主要是根据学生的思考进行互动、答疑、引导学生对知识点的延伸思考。在翻转课堂中，教师扮演的角色是“引导者”，是教学资源开发者、教学帮助者。参与主体的转变使得学生获得了学习上的主动权。

在时间方面，有效地拓展了学习时间。翻转课堂的基本的教学理念是把传统课堂上教师对课程内容的教授转移到课堂外。这种时间上的改变一方面可以充分利用时间，使得学生的学习、教师的教授更有效率。学生的

---

① 吴肇霖. 翻转课堂模式在宏观经济学中的应用研究［J］. 教育教学论坛，2021（6）：61-64.

② 何克抗. 从“翻转课堂”的本质，看“翻转课堂”在我国的未来发展［J］. 电化教育研究，2014（7）：5-16.

学习，特别是大学生由于受到知识储备等原因的影响是存在个体差异的，同样的学习任务有的学生可能10分钟就能完成，有的学生由于专业背景薄弱需要半个小时才能完成，翻转课堂让学生自主学习，教师在课堂上针对学生自主学习的情况进行引导，满足不同个体的需求。另一方面，翻转课堂实际上是一种先学后教的形式，甚至可以延伸到课前与课后，更加符合学生的学习规律，能够更好地达到教学目的。

二、《社会保障专题》教学中面临的困境

（一）课程特点

《社会保障专题课程》为武汉大学社会保障专业的专业必修课，2个学分，32个课时，开设在社会保障专业大三下学期，是社会保障专业本科生在本科后半程学习的课程。该课程没有指定教材，课程内容主要是分专题引导学生用所学的专业理论和专业视角去分析专业领域的社会热点、难点问题。该课程开设的目的：一是让学生能做到理论联系实际，学会运用专业知识解释、解决问题。按照社会保障专业的本科生培养方案，该课程的主要授课对象已经完成了《社会保障概论》《社会保险》《社会福利与社会救助》《社会保障基金》等专业核心课程的学习，具备一定的理论基础。但专业核心课程大多以理论讲授为主，较少涉及专业理论的运用。二是提升分析问题的能力。该课程分专题进行讨论，每个专题都需要学生运用所学知识进行分析思考。三是提升综合能力。相比专业理论课程，专题课的小组讨论、小组展示会更频繁，在专题讨论的过程中，学生小组分工合作、搜集资料、制作PPT，其展示能力、表述能力、与人沟通能力等综合素质都得到了进一步锻炼，为本科生走入社会或进入更高阶段的学习打下基础。

《社会保障专题》课程的特点：一是综合性较强。该课程涵盖内容广、知识点多。社会保障专题课程的各个专题均是结合当前社会保障学术界研究的热点和社会关注的热点而确定的，涉及社会保障专业各个学科领域，

如在“中度老龄化社会与社会保障”专题的探讨中，涉及人口学、社会学、经济学等相关知识。在“完善覆盖全民的社会保障体系”专题中，我们梳理了近些年养老保险、医疗保险、社会救助、社会福利、社会优抚等社会保障各领域的发展现状及面临的挑战。在探讨“生育政策与社会保障”专题中，在生育意愿提升的影响因素的分析中，我们要求进行定性分析和定量分析的比较研究。力求在课程中让学生把本科阶段所学的专业知识进行交叉、综合运用。二是实践性较强。学生虽然接受了两年多的专业理论熏陶，但对于社会保障知识如何运用缺乏锻炼。当今社会对人才的需求具有多样化和复合性的特点，在与学生交流座谈的过程中，很多学生也表达出在专业知识运用方面的困扰。《社会保障专题》课程开设的目的之一是通过各专题的探讨，提升学生的实践能力，让学生学会将所学的专业理论转换运用到实践问题的分析、解决之中。三是与时俱进。这一特点主要体现在政策层面和最新的学术观点层面。正如习近平总书记在中共中央政治局集体学习时强调的那样“近年来我国社会保障领域我们党历来高度重视民生改善和社会保障。党的十八大以来，党中央把社会保障体系建设摆上更加突出的位置，对我国社会保障体系建设做出顶层设计，推动我国社会保障体系建设进入快车道”。① 近年来，我国社会保障各项制度也在不断完善和整合，如统一城乡居民基本养老保险制度，实现机关事业单位和企业养老保险制度并轨。整合了城乡居民基本医疗保险制度，全面实施城乡居民大病保险。延迟退休、生育政策等也正在进行改革，并受到社会广泛关注。在学术研究层面，习近平总书记指出“社会保障是保障和改善民生、维护社会公平、增进人民福祉的基本制度保障，是促进经济社会发展、实现广大人民群众共享改革发展成果的重要制度安排，是治国安邦的

---

① 新华网习近平报道专题. 习近平在中共中央政治局第二十八次集体学习时强调：完善覆盖全民的社会保障体系，促进社会保障事业高质量发展可持续发展. 新华网，[2021-02-26] http://www.xinhuanet.com/politics/leaders/2021-02/27/c_1127147247.htm.

大问题”①。基于社会保障的重要地位，近年来专家学者针对我国社会经济发展中面临的各种问题进行了定性、定量的分析和研究，为社会保障事业的发展提供理论支撑，前沿研究成果层出不穷。我们在专题中有意识地结合热点事件，有针对性地对最新的政策和理论观点进行梳理、分析。

（二）传统教学存在的问题

基于《社会保障专题》课程综合性、实践性较强，与时俱进发展较快的特点，结合近几年的教学反馈，发现还存在一些可改进完善之处。

一是学生专业基础水平参差不齐导致部分同学参与度不高。由于专业的基础课程大都开设在大二学年，距离《社会保障专题》课程有半年或者一年的时间，且同学们对于专业基础课程掌握的程度存在较大差异。有的同学在结束专业理论课程的学习以后，依旧注重理论学习，专业基础好。有的同学在学习的过程当中就存在漏洞和侥幸心理，依靠考前突击通过专业考试，知识点掌握得不牢固，有的是死记硬背，没有理解。之前《社会保障专题》传统的课堂教学模式会明显受到这种差异的影响。在讨论的过程中专业基础好的同学能够结合之前所学理论侃侃而谈，而专业基础不好的同学则很少或者很难运用所学的知识发表自己的见解，导致积极发言的总是少数同学，影响了同学们参与的广度和深度。

二是学生的学习积极性存在差异。大三下学期由于部分同学面临考研、找工作的压力，对于专业课程的学习积极性下降。有些同学甚至认为专题课的考核方式是提交课程论文，期末写好论文就可以了，平时的讨论则主要依靠其他同学。特别是小组作业存在搭便车的现象，有的同学一学期下来完全没有发表过自己的看法或者上台展示，还有的同学只愿意参与自己感兴趣的一两个专题。

---

① 新华网习近平报道专题. 习近平在中共中央政治局第二十八次集体学习时强调：完善覆盖全民的社会保障体系，促进社会保障事业高质量发展可持续发展. 新华网，[2021 - 02 - 26] http：//www. xinhuanet. com/politics/leaders/2021 - 02/27/c _ 1127147247. htm.

三是教学知识以理论知识为主，缺乏实践运用能力和综合能力的锻炼。传统的课题大多以教师讲授为主，随着社会经济生活的变化，社会对人才的需求出现了多样化和复合性的特点。“重知识传授，轻能力培养”的人才培养模式，已经成为制约社会保障专业学生就业的重要因素之一。《社会保障专题》课程授课对象大部分即将走入社会，因此，光靠理论知识的学习是不够的，需要注重分析、思考等综合能力的培养。传统的课堂教学过于关注知识点的完整性，学生的综合能力的培养明显缺失。

三、翻转课堂运用于《社会保障专题》课程的可行性

“翻转课堂”是一种新颖、有效的教学方法，结合《社会保障专题》的课程特性，将翻转课堂引入《社会保障专题》课程中的好处有三：

一是混合式学习模式，能够合理应用教学时间。每周 90 分钟课堂时间，只是课程教学的一部分，仅仅依靠课堂内的时间对专题进行深入分析是远远不够的。翻转课堂能够充分利用课外的时间，引导学生在课前对所探讨的专题进行思考、资料搜集、小组分工并形成一定的观点和成果。课后针对课堂讨论的情况，学生也需要进行思考和总结。课前准备和课后总结这两大任务，学生可利用自己碎片化时间，自主完成，大大提高了课堂效率。

二是教学以引导和启发为主，能够有效激发学生的学习兴趣。每个专题的讨论以引导为主，教师的观点只起到抛砖引玉的作用，引导学生从哪些角度去思考，可以运用哪些方法，相比于发展多年且较为成熟的其他专业理论课程，《社会保障专题》所探讨的专题并无标准答案，同时在讨论的过程中，不同视角、不同观点的碰撞使得课堂更为灵活、生动。

三是以学生为主体，能够有效锻炼学生的综合能力。翻转课堂需要学生或被动或主动地参与到课堂的各个阶段。相较于体系固定的其他专业理论课程，《社会保障专题》课程讨论的主题、采用的方式更为灵活。专题的选择、小组分工协作、资料搜集、小组讨论、课堂展示与讨论等各环节

需要每一位同学全程参与。通过课前、课中、课后的讨论，学生的专业能力、沟通能力、表达能力、分析问题的视角等综合素质都得到了锻炼。同时也增强了生生之间、师生之间的互动，使得每一位同学都能积极思考问题，而不再单纯只是学习专业的某个知识点。

四、翻转课堂在《社会保障专题》课程中应用的构想

结合近两年将翻转课堂引入《社会保障专题》课程的实践情况，笔者认为具体的实施步骤可以分为 4 个部分，即专题设计、课前准备、课堂实施、课后拓展。

（一）专题设计阶段

由于主题课程无固定教材，因此，专题设置对于主题课程尤为重要。专题的设计可来源于 4 个方向：一是学术前沿成果。可结合一些较为权威的专家学者发表的高质量的研究成果进行讨论。学习行业内权威专家的研究视角、研究方法，让学生充分了解社会保障专业学术前沿动态，同时鼓励同学们用批判性思维、创新思维去分析，针对该主题有何可以完善的地方，有何新的研究角度、分析方法。二是国家重大战略规划。结合最新的国家战略规划，设置了“‘十四五’时期社会保障展望”“习近平在中共中央政治局集体学习时关于社会保障领域的重要讲话”“实施积极应对人口老龄化的国家战略”等专题，让学生充分把握社会保障实践领域发展的方向。三是社会热点问题。针对关注度比较高的社会保障领域的问题，设置了“延迟退休政策”“生育政策与社会保障”等专题，让同学们学会从专业视角分析社会现实问题。四是同学们感兴趣的专题。在课程初始就公开征集同学们感兴趣的专题，最后根据学生甄选投票情况安排了“新业态背景下灵活就业人员社会保障问题研究”“长期护理保险”两个专题进行研究。让学生自主选择专题，调动了学生的积极性，提升了讨论兴趣。

（二）课前准备阶段

在这一阶段，授课教师的主要目标是引导学生对即将讨论的专题做好

充分的准备。这就要求教师自身首先需要加强知识储备、关注专业领域的前沿、热点问题，了解专业研究的热门方法、分析视角，这样才能引导好学生分析和思考专业前沿问题。其次是做好课程设计，对于专题讨论的背景、讨论的方向、运用到的方式方法都要有详细的设计。再次是布置学习任务，教师要给予学生一定量的学习任务。例如，搜集整理一些相对权威的论文、访谈、核心观点，或提出一些具体问题供学生思考，课前资料设计完成之后，通过网络课程平台、电子邮件、QQ 群等上传发布。只有事先给予了具体、明确的学习任务，才能让学生在学习任务的引导下，展开自主、有效的学习，进而对讨论的专题背景有一定的把握，形成自己的想法和分析思路，达到事半功倍的效果。

（三）课堂实施阶段

相比于传统的理论课程，专题课更注重以学生为主体，教师在课堂上起到的作用是引导学生思考、分析、讨论。翻转课堂要求学生利用课堂外的时间自主进行资料搜集和学习，但在信息大爆炸的今天，虽然可接收、搜集资料的渠道很多，各类学习的资料也浩如烟海，但如果学生不具备较强的甄别能力和分析判断能力，最终有可能出现搜集的资料质量良莠不齐等问题。甚至有的学习资料存在错误，有的内容是二手的，有的是经过加工带有他人感情色彩的。针对这一情况，教师应充分利用课堂时间，辅助学生深入分析问题，将搜集的学习资料进行充分的判断、分析、理解后，变成自己的观点。翻转课堂虽然能够有效地整合课堂之外的时间，但课堂实施环节依旧是其核心，课前的学习、准备工作也是为了课程实施更具效率，有更好的效果。在做好充分的课前准备的前提下，可以采用多种方式使学生的自学成果在课堂实施环节得到充分展示。例如，采用学术会议制，先分小组进行讨论，学生与学生之间先进行交流讨论，教师深入每个小组解答遇到的问题，对学生进行有效的引导，最后选派代表进行论点、论据及结论的阐述，教师或者其他小组同学对其结论进行分析、拓展、点评。再如 PPT 展示，学生课前将所搜集的资料、进行的思考分析形成报告材料，课堂中进行展示，教师进行补充、点评和总结。通过这些小组任务，一方面可以锻炼学生独立思考、分析问题、解决问题的能力，另一方面也能促进学生与学生之间、学生与老师之间的互动交流，更有利于学生对学科前沿专题的掌握。

（四）课后拓展阶段

在课后拓展阶段，教师可根据课堂实施的具体情况，引导学生对所讨论的专题进行拓展延伸。通过课堂内的讨论，教师已经充分了解到学生对于每个专题的把握程度，可以在课后进行有针对性的引导，甚至形成一些有益的成果。比如在《生育政策与社会保障》专题研讨中，有的学生对于生育意愿的影响因素较为感兴趣，并于课后查阅资料进行了深入的讨论和探究、拓展，在研究过程中与教师就研究方法、计量模型的选择、变量的设计等问题通过邮件、QQ 等方式进行探讨，最终形成较为成熟的论文。在《新业态背景下灵活就业人员社会保障问题研究》专题研究中，有同学关注餐饮外卖、快递配送和网约车等行业中的灵活就业人员的工伤保险问题，通过与教师的沟通讨论，制作了“关于新业态下灵活就业人员职业伤害问题的调查问卷”并进行实地调研活动。

五、结语

综上所述，翻转课堂作为近些年较为流行且应用广泛的新式教学模式之一，其具有“合理应用教学时间、有效激发学生的学习兴趣、提升学生学习的积极性和课堂参与度、有效锻炼学生的综合能力”等优势和特点。这些特点与专题课程的“无固定主题”“无固定教材”等特色可以较好地融合，在时间上将传统课堂教学模式延伸到课前的专题设计、课前准备以及课后拓展。在主体上，将传统课堂以老师为讲授主体转变为以学生为中心，老师充当“领路人”的角色，培养学生的自主学习、自主思考的能力。在空间上，将传统课堂教学内容以单一教材为主，拓展到运用各种资源进行学习，培养学生的综合能力。因此，将翻转课堂引入《社会保障专题》课程的教学实践中，为劳动与社会保障专业的学生营造了一个可以与老师、同学、社会充分沟通交流的环境，为培养综合性、专业性劳动与社会保障人才做出了有益的探索。

参考文献

1. 黄玉梅，王飞. 基于翻转课堂的大学英语教师课堂教学设计研究 [J]. 教育教学论坛，2020 (22)：341-343.

2. 马忻. 宏观经济学课程中翻转课堂教学模式的应用研究 [J]. 教育教学论坛，2019 (2)：183-184.

3. 苏华山，张运峰，吕文慧. 宏观经济学课程翻转课堂教学模式研究 [J]. 大学教育，2016，(12)：167-169.

4. Jonathan Bergmann and Aaron Sams. Flip Tour Classroom [J]. America International Society for Technology in Education，2012：21-55.

5. 段继红，吕文慧，黄珊珊，等. 翻转课堂在中级宏观经济学教学中的实现路径 [J]. 大学教育，2018 (6)：123-125.

提升社会保障专业人才的国际化水平

——以专业英语课程建设为切入点

赵　青

作者简介：赵青，女，武汉大学政治与公共管理学院副教授。毕业于中国人民大学公共管理学院，英国牛津大学联合培养博士研究生。在《统计研究》《财政研究》《保险研究》《人口与发展》等 CSSCI 及 SSCI 期刊发表论文 20 余篇。主持国家社科基金青年项目、教育部人文社科青年基金及中国博士后科学基金等项目。获第二届“费孝通勤学奖”公共管理优秀博士学位论文。

摘要：提升专业人才的国际化水平是武汉大学“双一流”建设的重要环节。为培养社会保障专业人才的国际化交流能力，本文以专业英语课程建设为切入点，从明确专业英语课程的目标定位，加强课程内容与国际前沿问题的关联度，通过课堂互动提升学生的专业英语应用能力等方面介绍如何通过合理的课程设计提升学生学习兴趣与获得感。

关键词：社会保障；专业英语；国际化

一、提升社会保障专业人才国际化水平的背景

加强高校对外交流与合作是新时代发展的需要。2020 年 6 月，教育部等 8 部门《关于加快和扩大新时代教育对外开放的意见》（以下简称《意见》）正式印发。《意见》坚持内外统筹、提质增效、主动引领、有序开放，对新时代教育对外开放进行了重点部署。“教育对外开放是教育现代化的鲜明特征和重要推动力。要坚持教育对外开放不动摇，主动加强同世界各国的互鉴、互容、互通，形成更全方位、更宽领域、更多层次、更加主动的教育对外开放局面。”国际化是高校“双一流”建设的重要路径。武汉大学的国际化发展思路与“双一流”建设相辅相成，概括而言，即国际科研合作是提升学校国际影响力的重要支撑，培养具有全球胜任力的国际化高端人才是重要工作，中外合作办学是具有显示度和美誉度的重要平台，加强与世界一流大学合作是国际交流的重要任务。在人才培养目标上，期望本科生具有国际视野、国际竞争力和全球胜任力，培养质量达到世界一流。在科研创新能力上，开展国际科研合作平台建设，促进国际高质量学术成果产出。在社会服务功能上，服务国家工作大局。在国际合作导向上，旨在扩大国际话语权、参与全球教育治理。为实现此目标，本文以社会保障专业英语课程建设为切入点，浅谈如何通过合理的课程设计，来提升社会保障专业人才的国际化水平。

二、以专业英语课程建设为切入点提升学生国际化水平

第一，应使学生明确专业英语课程的目标定位。社会保障专业英语课程在本科生培养方案中是第 5 学期或第 6 学期开设。2016 年至今，因选课人数不足而一直未开设成功。除学生反映的专业课程多、害怕英语学习等原因外，一个很重要的因素是他们对专业英语课程的目标定位不够了解。结合自身的求学经历，以及在英国牛津大学的联合培养国际交流经历，笔者自 2021 年上学期承担该课程的任课教师以来，对课程的目标定位是：在

宏观上培养具有国际眼光的公共管理人才，这与武大的国际化发展思路相一致；在微观上，希望培养学生的英文文献阅读与理解能力，以及流利的英语口语表达与流畅的书面表达能力。这是国际化人才在交流中所应具备的基本技能。学生往往有个误解，认为专业英语课就是通识英语的加深版，考试需要背单词和语法。当然，这门课程需要通识英语所具备的基本语法知识，但它仅以此为基础，却并不以四、六级英语的形式考核学生；而是更加注重与专业理论的关联，如社会保障理论、社会保障国际比较的专业课程相联系，侧重开放式问答的形式考核学生。授课老师会带领学生从英文经典文献的阅读与理解中把握学科脉络，理解学科中的大问题，并明确该学科与其他学科的区别和联系。

第二，加强课程内容与国际前沿问题的关联度。在内容安排上，11 周的课程以每周 3 个学时的安排对同学们进行较为密集的阅读、理解训练。在文献阅读方面，课程将选取公共管理、社会保险、人口老龄化与养老金制度改革、医疗卫生体系评估、变革劳动力市场等方面的经典英文文献（部分章节），涉及贝弗里奇报告，世界银行、国际劳工组织、世界卫生组织的经典与最新专题报告，带领大家了解劳动与社会保障领域的重要议题与国际前沿。导言部分，以公共管理学科“Big Question”为引子，分享 Rhodes 等人关于新公共管理和善治的经典文献，带领学生了解政府与市场、平等有效率等核心议题。通过经典英文文献原文（如《福利资本主义的三个世界》《美国 1935 年社会保障法案》《贝弗里奇报告》及德国《社会法典》）的回顾，让同学们在“social security”与“welfare state”“social insurance”“social assistance”“social protection”的比较中理解社会保障学科的起源与历史背景。这对于各位同学以后深入研究的开展有着重要的打基础和绘制学科谱系图的作用，在学生未来的某项研究中很有可能要回溯到现在所学的经典文献。有志于科研的同学，更需要深入理解学科的经典理论与现实前沿，培养问题意识。

第三，通过课堂互动提升学生的专业英语应用能力。在口语表达方面，每次课开始前计划安排 15~20 分钟与课程主题相关的 TED 演讲视频，并且提出 1~2 个问题，让学生带着问题观看视频资料，自主回答问题和讨论，带领学生剖析并模仿英语主题演讲的结构和要点。在写作表达方面，计划用 3~4 个课时的时间向学生展示英语学术写作的基本要点，并用案例进行说明，让同学们明确一篇规范的实证学术论文应该包含的基本要素——introduction，literature review，theoretical framework，data description & analysis，results & discussion，conclusion，以及相应的 language flow 规范。流利口语表达与规范写作对于学生未来在国际会议、论坛、暑期学校等国际平台进行有效的交流至关重要。另外，课程将设置学生自主汇报与课堂讨论环节。在每个专题的教师引领式阅读与讲授之外，还将提供若干篇延伸与拓展的选读材料，供学生课下自主阅读、小组讨论，然后以课堂汇报的形式展示对文献的理解。在此基础上，进行开放式讨论与教师点评。课程期望通过教师、学生互动式学习，增强学生的应用能力与获得感。

三、小结

总之，专业英语课程设计上旨在实现经典理论积累和方法应用两个目的，从而提升学生的英语理解与交流能力。尽管课程讲授时间是有限的，但课程期望带给学生的收获是长久可持续的。一方面，希望学生将课堂学到的文献搜索、阅读理解、分析、表达等方法技能运用到往后的学习与研究中，不断积累，锻炼自己的英语表达与写作技能，提升国际化交流水平。另一方面，希望学生将经典文献积累起来，形成自己的学科谱系图，随着时间推移不断丰富和发展成个性化文献库，为将来深化研究打下坚实基础。

下篇　人才培育与社会实践之行

个税优惠型健康保险的投保意愿及影响因素研究

——以武汉市为例

向运华　潘蓓蓓　姜　宁

作者简介：向运华，1972 年生于湖北宜昌，1993 年起在武汉大学任教，2009 年晋升教授，现任武汉大学社会保障研究中心研究员，武汉市人民政府第八届决策咨询委员会委员，民政部咨询委员会专家，人力资源和社会保障部国际行政科学专家委员会专家，全国审计信息化标准化技术委员会观察员，第十二届湖北省政协经济委员会应用型智库专家，湖北省财政厅财政资金绩效评价专家，湖北省人力资源和社会保障厅专家咨询委员会委员，湖北省退役军人事务厅咨询委员会专家，湖北省妇女儿童发展智库专家，湖北省残疾人事业发展智库专家，郑州市医疗保障特聘专家，劳动经济学会保险福利分会副会长，湖北省公共管理研究会会长。获中国高校人文社会科学研究优秀成果一等奖、高等教育国家级教学成果奖二等奖、湖北省优秀教学成果一等奖（主要成员）、武汉大学教学成果奖二等奖。

潘蓓蓓（1997—），女，汉族，武汉大学政治与公共管理学院2015级本科生，主要从事社会保险政策及医疗保险研究。

姜宁（1997—），女，汉族，武汉大学政治与公共管理学院本科生，主要从事社会保障政策研究。

一、绪论

（一）研究背景

1. 必要性

（1）完善多层次的社会保障体系的必然要求

党的十九大提出，要加强社会保障体系建设，按照兜底线、织密网、建机制的要求，全面建成覆盖全民、城乡统筹、权责清晰、保障适度、可持续的多层次社会保障体系。因此，鼓励发展商业健康保险，将第三层次作为“补充层”以满足不同社会成员的保障需求是完善我国多层次社会保障体系的必然要求。

（2）建立高效运行的全民医保体系的重要保障

2017 年国务院颁布的《“十三五”深化医药卫生体制改革规划》中提出，要加大改革力度，建立高效运行的全民医疗保障体系，其中特别提出要完善商业健康保险，我国医疗保障也提出要建设“三横三纵”体系。可见，商业健康保险已经成为我国医疗保障制度的重要组成和必要补充，商业健康保险的发展已经成为建立高效运行的全民医保体系的重要战略步骤。

（3）推动商业健康保险市场发展的现实需要

我国第一笔健康保险业务源于 20 世纪 80 年代。我国的健康保险拥有巨大的需求空间和市场潜力，但由于起步晚、市场不成熟、人民保险意识淡薄等诸多因素，健康保险的销售情况和覆盖面不容乐观。因此，通过对人民购买商业健康保险提供一定的个人所得税优惠，鼓励和刺激健康保险的需求和购买，增加健康保险的覆盖率，是撬动健康保险市场和拓展我国保险市场深度的现实需要。

2. 重要性

第一，对完善我国多层次的医疗保障体系具有重要作用。随着人口老龄化日益严重、居民人均寿命延长和医疗费用日益庞大，社会基本医疗保险越来越难以满足人民日益增长的健康需求。通过税收优惠鼓励购买商业健康保险，能够在社会医疗保险偿付之后增加一道安全网，有效补充基本医疗保险、化解居民健康风险和实现全民健康。

第二，有利于促进健康中国战略的实施，满足人民多样化的健康需求。党的十九大提出要实施健康中国战略，完善国民健康政策，为人民群众提供全方位、全周期的健康服务。以税收优惠促进商业健康保险的实施推广，一方面能够为居民提供更加全面充分的保障，另一方面能够在全社会形成主动参保、自我保障的良好风气，拓展商业健康保险市场，促进健康中国战略的实施。

第三，有利于减轻居民个人所得税的纳税负担，发挥税收杠杆的激励作用。个人所得税优惠型健康保险的核心在于税优政策，具体来说就是具有一定收入、连续缴纳个税一年以上且在投保政策适用范围内的纳税人，可享受每年最高 2400 元（每月 200 元）的个人所得税税前列支额度，相当于个税的免征额从 3500 元提升至 3700 元，这一举措显然一定程度减轻了居民的纳税负担，有利于发挥税收杠杆的激励作用，提升居民投保参保的主动性。

（二）研究意义

1. 理论意义

（1）有利于完善社会保障多层次体系理论建设

商业健康保险作为多层次医疗保障体系的重要组成部分，具有不可或缺的功能和作用。西方发达国家把税收优惠政策作为商业健康保险发展的“引擎”，虽然各国社会经济的背景不同，但值得肯定的是，在商业健康保险发展的初级阶段，实施税收优惠是必要的。因此，对个人税优型健康保险的研究有利于我们在理论层面丰富相关理论，促进多层次社会保障体系理论的建设和完善。

（2）有利于丰富政府在社会保障领域内税收激励政策理论的研究

近年来，学界对商业健康保险的研究热情日益高涨，但研究多为商业健康保险的发展方向和发展思路等，以税收作为切入点的研究还较少。因此，本研究着眼于我国商业健康保险的税收政策问题，力图研究如何构建适合我国国情的税收优惠政策，为我国出台相关税收优惠政策提供理论依据，具有一定理论意义。

（3）有利于完善“十三五”规划时期新医改相关政策

作为“新医改”的重要战略步骤，通过实践满足居民对商业健康保险的需求越来越成为医疗保障体系改革的必要举措。本研究致力于个人所得税优惠型健康保险政策对居民需求的实际影响、相关政策效果及其影响因素，对新医改后的政策方向及相关领域的理论的完善具有重要意义。

2. 实践意义

（1）有利于完善医疗卫生体制建设，构建多层次社会保障体系

商业健康保险具有与社会医疗保险协同发展的重要使命。我国的商业健康保险发展尚属于起步阶段，市场供需均呈现不足。税收具有调节社会经济发展的作用，税优型健康保险的试点和推广，不仅能够充分拓展我国商业健康保险市场，还能提升医疗资源的配置和使用效率，对医疗卫生体制完善、国民健康水平提升和多层次社会保障体系构建都有着积极的作用。

（2）有利于提高政府公信力，增加公民参与度，促进和推动社会发展

商业健康保险是一个国家医疗保障体系的重要组成部分，直接关系到人民群众的幸福安康和社会安定。通过进行政策宣传，能够提升居民对政策的理解程度，增加公民的参与度和参与感，进而防范和化解人民的健康风险，减轻医疗费用负担，同时提升保险行业的发展活力和政府的公信力，对经济发展和社会进步起到促进和推动作用。

（3）为递延型税收政策积累一定的实践经验

在税收优惠型健康险入市以后，随着产品和市场以及配套政策的逐步完善，其覆盖面和税收优惠额度将逐步放大，在对政策效果进行研究的同时，也能够为递延型养老保险的试点和推广积累丰富的经验。

（三）研究方法

1. 文献研究法

根据研究课题，通过调查文献来获得资料，从而全面正确地了解所要研究问题的一种方法。在进行调查研究之前，利用数据库进行资料的检索，对目前个税优惠型健康保险政策的实施情况、影响因素、实施效果等相关问题进行深入了解，并对常用调研方法进行一定设计。

2. 问卷调查法

调查问卷针对武汉常住人口中符合年龄要求和具有纳税义务的居民设计，目的在于了解武汉当地居民对个税优惠型健康保险的投保情况、投保意愿、了解程度、支持程度，影响居民投保需求的程度等，最终得出政策

实施后的政策效果。

3. 访谈法

访谈法是通过访员和受访人面对面地交谈来了解受访人的心理和行为的心理学基本研究方法。我们此次调研的访谈对象，主要有武汉市符合投保年龄要求的具有投保能力和纳税义务的居民以及具有个税优惠型健康保险保险产品的保险公司。目的在于详细了解政策的实施背景、政策推行、实施现状、相关影响因素等。

访谈法用于对各种统计数据和调查数据的科学分析，构建影响机制模型。通过问卷调查、访谈和网上搜集，得到一系列可靠真实的数据资料。在本课题中，数学方法的应用主要在于对从政府部门（如湖北省保监会、武汉市统计局等）收集到的数据进行整理分析，对直接获取的问卷进行统计学分析等。

（四）研究内容

（1）武汉市个税优惠型健康保险政策的实施情况

个人税优型健康保险在武汉市目前的实施情况，包括购买的人数、保险产品的种类、该产品在健康保险市场中所占据的份额和市场地位和税收优惠幅度所造成的具体政策效果等，从而一定程度上了解政策出台落地后的实际运行效果。

（2）武汉市个税优惠型健康保险的投保意愿

通过调查武汉市居民的投保意愿，探究人们对个税优惠型健康保险的需求程度及税收优惠额度对需求程度的影响、最终探讨个税优惠型健康保险的政策效果。

（3）武汉市个税优惠型健康保险的影响因素及其作用机制

调研总结影响个税优惠型健康保险投保意愿的因素，如个体因素、风险认知、保险认知、税收优惠额度等，探究其对政策实施效果的影响力度及作用机制。

(4) 武汉市个税优惠型健康保险实施过程中可能存在的问题

关于个税优惠型健康险出现的“叫好不叫座”情形，研究何种原因及除此之外还存在哪些与实际情况不相适应的问题，都将成为我们研究的内容。

(5) 武汉市个税优惠型健康保险实施后可能产生的影响

个税优惠型健康保险实施后，税收优惠对居民投保意愿和参保程度的影响、健康风险分散程度的影响及保险公司业务发展和结构改善的影响，由此向全国推广该政策的城市提供一定的借鉴。

(6) 商业保险机构的政策地位研究

如何理顺承保机构、患者、医疗机构和政府之间的关系，充分发挥市场机制的作用，摆正商业保险机构的政策地位，是我们此次研究的重要内容。

(7) 武汉市个税优惠型健康保险预期效果实现的政策建议

通过调研，我们将了解该政策实际实施效果与预期效果的偏差，包括投保人数、保费收入等方面是否符合政策预期，税收优惠额度是否对人们的投保意愿起到了预想的政策效果，税收杠杆对于健康保险的政策激励效果研究，该政策对居民、承保机构、医疗机构和政府取得的政策效果等，分析原因，并提出改进建议。

二、个税优惠型健康保险投保意愿及影响因素分析

(一) 投保意愿影响因素提取

1. 个体特征

个体特征是对样本个体情况的全面测度，由于样本之间必然存在差异性，这些人口学差异会导致其偏好和倾向不尽相同，进而对投保意愿产生相应影响。根据以往的研究与前期预调研结果，我们选择将个体特征操作化为性别、年龄、户籍、教育程度、婚姻、子女和月收入 7 个变量。性别和年龄是对于保险投保行为选择最为基础的考虑因素，户籍和教育程度反

映了其对于保险的认知和接受程度，婚姻、子女和月收入是其生活状态稳定与否的一种体现，与风险的发生和保险的投保亦具有相当的联系。

2. 健康状况

健康状况是保险投保时对投保人初期身体状况水平的确认，它与保费率、赔付金额等息息相关，是保险公司为保险产品定价、保险精算平衡计算所需考虑的重要因素。健康状况的不同必然会影响到个体的投保意愿。我们将健康状况操作化为健康状况自评、近 4 周内疾病次数和是否患有重大或慢性疾病 3 个变量。健康状况自评反映了居民个体对自身健康状况的主观了解，近 4 周内疾病次数是对居民身体健康水平的客观反映，是否患有重大或慢性疾病则是将部分具有重大潜在投保意愿的个体测量出来，该部分人群由于身体健康状况较差、发生风险的可能性较高而常常被保险公司拒保，而个税优惠型健康保险恰恰在保险产品设计指引框架中设置了“不得拒绝投保且保证续保”的条款，因此该类人群很可能会产生较高的投保意愿。

3. 风险认知

根据预期效用理论和传统的保险理论，相对于不确定性而言，大多数个体更加倾向于确定性，也就是风险厌恶。因此，其更愿意在此时支出一定的费用以避免后期风险发生带来的损失。对于风险的认知程度高低直接影响着其对于保险产品投保的态度和行为，也是影响投保意愿的重要因素。我们将风险认知操作化为风险了解自评、近 4 周使用医疗服务次数、购买商保必要性和每月保费率估计值 4 个变量。风险了解自评反映了对自身风险的了解程度，近 4 周使用医疗服务次数和购买商保必要性反映了个体的风险偏好，即在风险发生以至于带来损失时其倾向于被动承受还是主动化解；每月保费率估计值客观地反映了个体认为风险厌恶者为避免风险发生造成损失而应当支出的费用，这一费用的估计恰恰建立在其对于风险的真实认知程度上。

4. 个人经历

与常规想象不同的是，投保意愿的影响因素已经无法仅仅依靠客观因素来解释，例如传统的经济水平、健康状况等，个体的主观倾向和偏好在此起到了更加强大的作用。个人经历衡量的是个体对于保险产品的认可和需求，有过良好投保经历、曾经成功出险的个体显然会对保险产品持有更多主观的好感和倾向，与从未接触过保险产品的个体相比，其投保意愿无疑会相对较高。我们将个人经历操作化为是否投保过商业健康险、对基本医疗保险的满意程度、对商业健康保险的满意程度、通过亲朋邻居了解风险和亲朋邻居曾发生过投保行为 5 个变量。商业健康险的投保和生效衡量的是个体客观的经历和经验，对基本医保和商业健康险的满意程度则显示出个体未来可能的主观偏好和倾向。此外，基本医保满意程度的设置也能够测量出其与商业健康保险的投保是否具有替代性或互补性。另外，当社交网络能够提供更多有关风险的信息时，个体对风险的认知会进一步增强，进而产生更强的投保意愿。而当社交网络中发生了投保行为时，则更易通过社交情感的渠道向个体输送良好的感知和心理，增强个体对于保险产品的认知和接受程度，进而提升自身的投保意愿。

5. 税收优惠

现有文献中已有对于税收优惠对商业健康保险激励效果的研究，在大多数的研究中都认可税收优惠会对商业健康保险起到正向的拉动作用，而少数研究也表示此种激励作用不应一概而论，而应结合具体的社会环境和主观心理来综合确定。本研究将其作为核心变量之一，将之操作化为税收优惠激励性和合理的税优水平 2 个变量。税优激励性直接地测度了税收优惠究竟对商业健康保险起到的作用，而税优水平则能够在进一步的研究中，分析对于不同收入的人群而言合理的税优水平，以及当前的税优未来应当如何进行动态调整。

（二）投保意愿影响因素定量识别

1. 数据来源

本研究使用的数据全部来自项目组在武汉市内实际调研所得，为提高效率，项目组采用随机偶遇法与滚雪球法，通过线上与线下相结合的方式发放并回收问卷 535 份，其中线上发放并回收 335 份，线下发放并回收 200 份，剔除年龄小于 16 周岁和大于 60 周岁的样本后，得到有效样本 504 份，样本有效率达到 94.21%，相对较高。数据描述概览如表 2-1 所示。

表 2-1 数据描述概览

变量	选项类别	愿意		不愿意		变量	选项类别	愿意		不愿意	
		人数	占比	人数	占比			人数	占比	人数	占比
性别	A. 男	38	14%	225	86%	月收入	A. 3500 元以下	14	20%	56	80%
	B. 女	44	18%	197	82%		B. 3500~5000 元	39	20%	154	80%
年龄	A. 16 周岁以下	\					C. 5000~8000 元	17	10%	147	90%
	B. 16~24 周岁	13	9%	133	91%		D. 8000~12000 元	8	14%	49	86%
	C. 25~39 周岁	26	10%	229	90%		E. 12000 元以上	4	20%	16	80%
	D. 40~59 周岁	43	42%	60	58%	自评健康	A. 非常不健康	4	29%	10	71%
	E. 60 周岁以上	\					B. 比较不健康	20	26%	58	74%
户籍	A. 城镇	49	19%	212	81%		C. 一般	14	24%	45	76%
	B. 农村	33	14%	210	86%		D. 比较健康	23	15%	127	85%
教育	A. 小学及以下	2	40%	3	60%		E. 非常健康	21	10%	182	90%
	B. 初中	11	23%	36	77%	疾病次数	A. 1 次以下	25	9%	262	91%
	C. 中专或高中	21	19%	88	81%		B. 2~3 次	36	21%	134	79%
	D. 大专或本科	42	14%	266	86%		C. 4~5 次	19	43%	25	57%
	E. 本科以上	6	17%	29	83%		D. 6 次以上	2	67%	1	33%

续表

变量	选项类别	愿意		不愿意		变量	选项类别	愿意		不愿意	
		人数	占比	人数	占比			人数	占比	人数	占比
婚姻	A. 已婚	53	21%	195	79%	孩子数量	A. 0 个	17	10%	155	90%
	B. 未婚	29	11%	227	89%		B. 1 个	42	20%	164	80%
慢性病	A. 是	27	41%	39	59%		C. 2 个	13	13%	89	87%
	B. 否	55	13%	383	87%		D. 2 个以上	10	42%	14	58%

2. 描述性统计分析

为说明样本具体特征，本文通过多种统计图表和统计指标进行了描述性统计分析，分析了样本的集中趋势和离散趋势，现详细说明如下。

（1）您的性别

在抽取的 504 份样本中，男性占 52. 18%，女性占 47. 82%，男性比例略高于女性，总体比例较为均衡，数据结构良好，如图 2-1 所示。

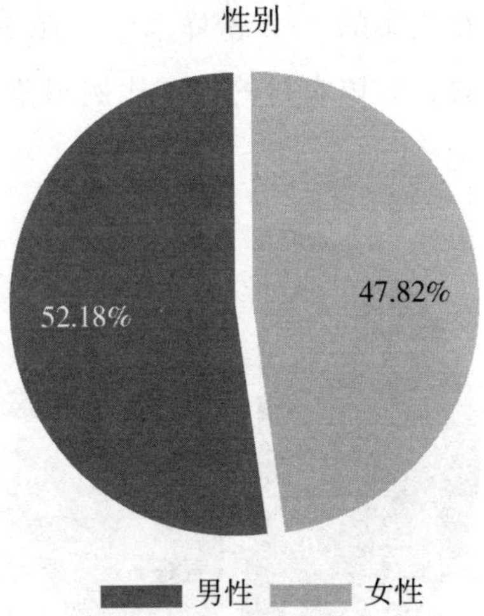

图 2-1

（2）您的年龄

根据样本分布，超过半数（50. 6%）的样本年龄在 25~39 周岁之间，其余另有 28. 97%的为 16~24 周岁，20. 44%的样本为 40~59 周岁，可见在本研究所及的年龄阶段（16~59 周岁），各年龄阶层均有分布，且基本呈现为正态分布，数据情况良好，如图 2-2 所示。

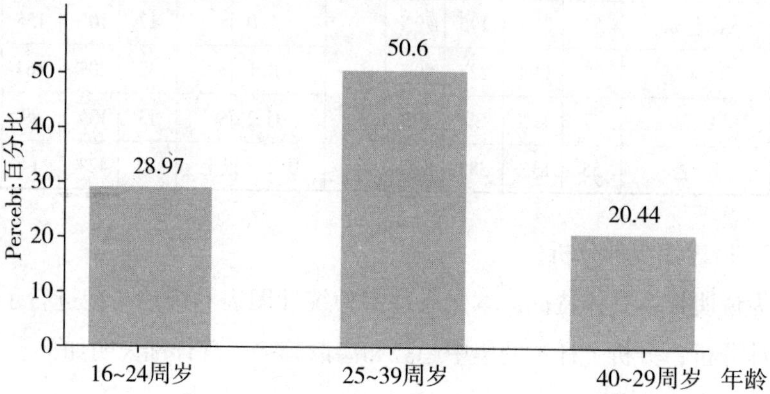

图 2-2

（3）您的户籍

由图 2-3 可见，在收集的 50 4 份样本中，51. 79%的样本来自城镇，48. 21%的样本来自农村，城镇农村的样本比例相差不大，基本呈现均衡分布。

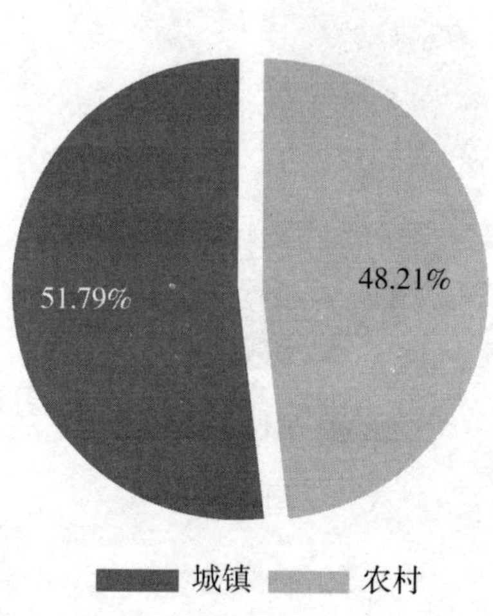

图 2-3

（4）您的受教育水平

从抽取的 504 份样本中可以看出，样本的受教育水平情况表现为 61.11%为大专或本科，中专或高中所占比例为 21.63%，初中为 9.33%，本科以上占 6.94%，小学及以下占 0.99%。可见，在样本人群中，超过半数的样本具有大专或本科的高等教育经历，这对于理解我们的研究主题、意义目的等具有很好的辅助作用。（图 2-4）

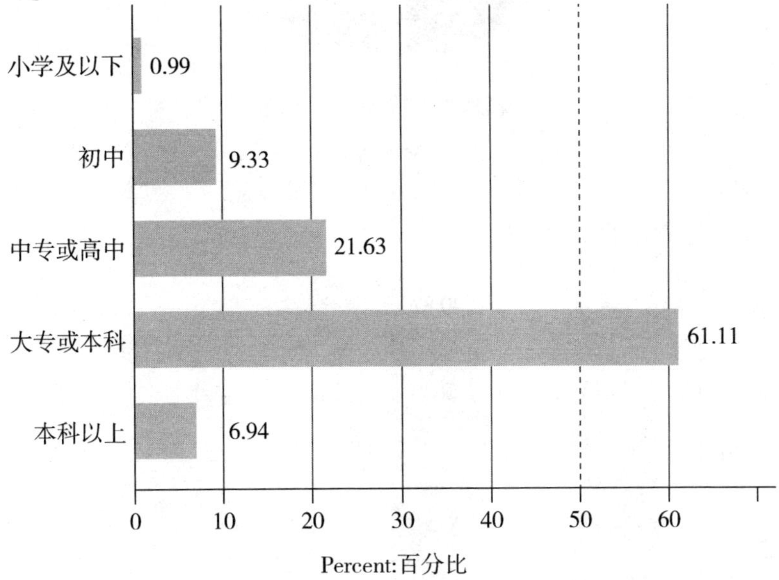

图 2-4

（5）您的婚姻状况

由图 2-5 可见，在抽取的 504 份样本中，50.79%的样本显示婚姻状态为已婚，49.21%的样本则为未婚，已婚与未婚的比例基本达到均衡，数据的基本情况较好。

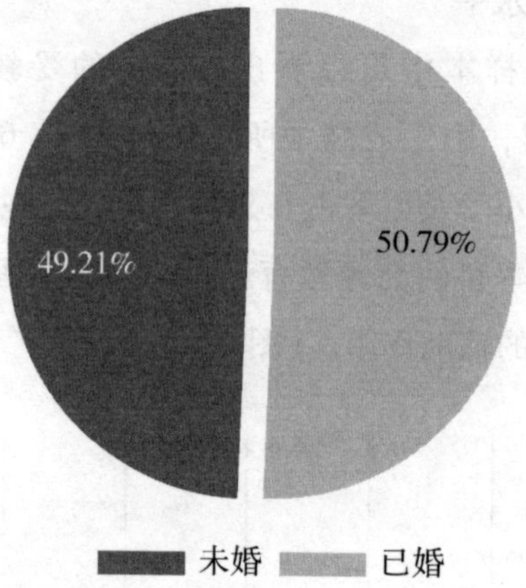

图 2-5

（6）您养育的子女数量

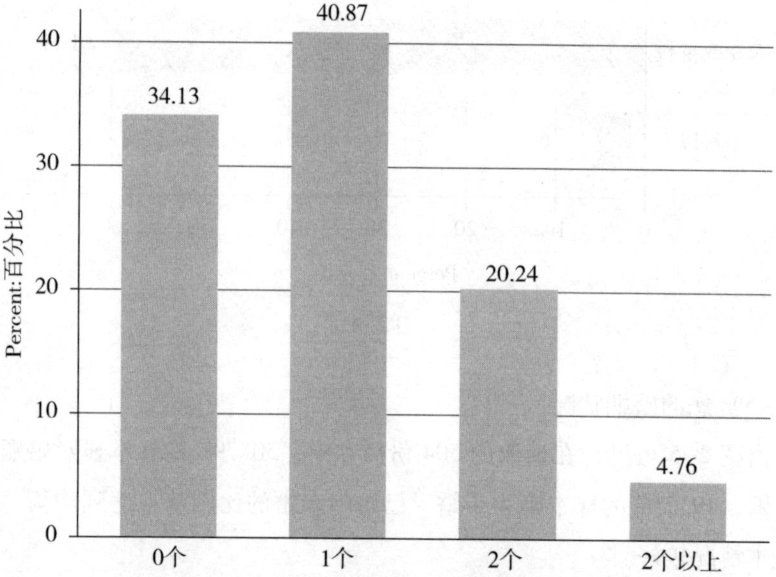

图 2-6

由图 2-6 可见，在生育情况中，65.87%的样本处于已生育状态，而 34.13%的样本未生育子女。在生育的子女数量中，40.87%的样本显示已生育1个子女，20.24%的样本显示生育了2个子女，4.76%的样本（约23人）显示生育了2个以上的子女。

（7）您的月收入

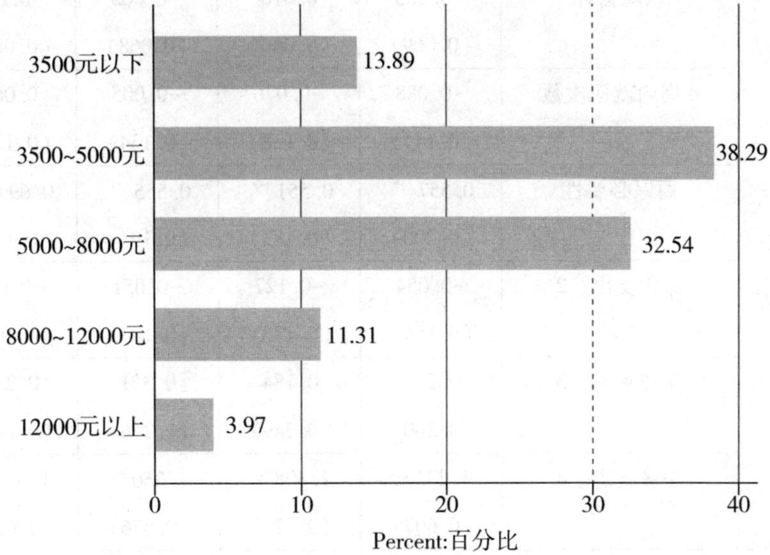

图 2-7

由图2-7可见，在抽取的504位武汉市居民中，38.29%的居民月收入在3500~5000元，32.54%的居民月收入为5000~8000元，13.89%的居民月收入为3500元以下，11.31%的居民月收入为8000~12000元，3.97%的居民月收入达到了12000元以上。值得注意的是，当前国内个税免征额已经达到5000元，而在本调查中，月收入5000元以下的居民达到了52.18%，略微高于月收入5000元以上的居民。

3. 推断统计分析：Probit模型回归结果

首先，我们运用Probit回归模型对已建立的计量模型进行估计，并估计了模型各变量的平均边际效用，估计结果如表2-2和表2-3所示。

表 2-2　个人税优型健康保险投保意愿 Probit 模型回归结果

解释变量		估计方程			
		（1）	（2）	（3）	（4）
风险偏好	风险自评	-0.003	0.010	-0.003	-0.003
		（0.069）	（0.066）	（0.068）	（0.064）
	4周内就医次数	-0.088	-0.076	-0.005	0.061
		（0.141）	（0.128）	（0.134）	（0.121）
	商保必要性	0.557***	0.551***	0.555***	0.699***
		（0.200）	（0.183）	（0.194）	（0.171）
	保费支出_ 2	-0.054	-0.127	-0.051	-0.073
		（0.184）	（0.172）	（0.183）	（0.168）
	保费支出_ 3	0.275	0.184	0.321	0.250
		（0.260）	（0.249）	（0.256）	（0.243）
	保费支出_ 4	1.232*	1.308*	1.350**	1.613**
		（0.697）	（0.677）	（0.676）	（0.653）
个人经历	是否曾购商保	0.404**	0.446**	0.440**	0.495***
		（0.195）	（0.182）	（0.192）	（0.178）
	基本医保满意度	0.042	0.040	0.038	0.020
		（0.074）	（0.069）	（0.073）	（0.067）
	商保满意度	0.052	0.048	0.066	0.065
		（0.066）	（0.063）	（0.066）	（0.062）
	亲友信息了解	0.093	0.079	0.122*	0.104
		（0.069）	（0.066）	（0.067）	（0.064）
	亲友投保影响	-0.019	-0.006	-0.026	-0.008
		（0.063）	（0.059）	（0.062）	（0.057）

续表

解释变量		估计方程			
		(1)	(2)	(3)	(4)
税收政策	税收优惠	0.185 **	0.148 **	0.179 **	0.126 *
		(0.072)	(0.068)	(0.070)	(0.065)
	税优额度	0.142	0.128	0.113	0.053
		(0.101)	(0.094)	(0.098)	(0.088)
交互项	曾购商保 * 税收优惠	-0.292 *	-0.396 **	-0.297 *	-0.406 ***
		(0.166)	(0.156)	(0.165)	(0.152)
_ cons		-4.051 ***	-2.761 ***	-4.052 ***	-2.534 ***
		(0.924)	(0.612)	(0.860)	(0.525)
控制变量组 Zi		YES	NO	YES	NO
控制变量组 Hi		YES	YES	NO	NO
N		504	504	504	504
R-squared		0.2417	0.1891	0.2298	0.1566
LR chi2		108.18	84.68	102.87	70.08

注：* 表示 $p<0.1$，** 表示 $p<0.05$，*** 表示 $p<0.01$；括号内为标准误差。

其中，第（1）列是将全部变量纳入后的估计结果，第（2）（3）列依次去掉了个体特征变量和健康风险变量，第（4）列去掉了全部的控制变量。在增减控制变量的过程中，核心解释变量始终保持显著水平，且方向保持一致，这一定程度上说明了模型的稳健性，模型设定较为合理。

接下来我们以第（1）列回归结果为例进行详细说明。

风险偏好方面，商保必要性这一指标在 1%的显著性水平下显著为正（表 2-2），说明其他条件不变的情况下，认为购买商保有必要的居民较无必要的居民投保意愿增加 10.4%（表 2-3），可见投保意愿随着对商保必要性的认可增加而显著提升。原因是对投保商业健康保险必要性的态度和观念展现了个人风险分担的偏好，这种偏好建立在期望效用上。如果态度和观念上认为投保商保没有必要，说明个体对投保商保的期望效用低于自担风险，也就是说，可能有相当一部分人低估了健康风险造成收入损失的严重性，同时也意味着商业健康保险的价值和地位被严重低估了。表2-2中，保费支出作为虚拟变量回归后，结果显示第4组花费在2000元以上的个体相对其他组别具有接近10%的显著水平，但这一结果在加减控制变量过程中不十分稳定，说明保费支出本身会受到个体特征和健康风险的影响。但是仍能看出较高水平的保费支出对投保意愿具有正向作用，这可能是由于保费支出本身代表着个体的支付能力和对保险产品的认可程度，因此较高水平的保费支出有助于投保意愿的提升；风险自评和4周内就医次数未通过显著性检验，推测原因可能是风险自评仅代表个人对自身风险的主观看法，而4周内就医次数可能受到实际健康的影响，因此二者与个体是否投保之间不具有直接关系。

个人经历方面，是否曾购商保在5%的显著性水平下显著为正（表2-2），说明其他条件不变的情况下，有过曾经购买商保经历的居民较无经历的居民投保意愿增加7.51%（表2-3），可见投保意愿随着曾购商保经历增加而提升。这意味着投保经历在一定程度上消除了信息不对称，居民对保险一贯的刻板印象有所弱化而信任感强化，进而促进其投保意愿的提升。表2-2中，亲友信息了解在第（3）列去除了控制变量健康风险组后在10%的显著性水平下显著为正，而其他三列接近10%的显著性水平，且符号方向同正，尽管这一影响不够稳定，但方向上依然显示出亲友信息了解对个体投保意愿具有正向影响的趋势。原因有两个方面。一方面，当个体人际环境中出现正在承受健康风险甚至已因此遭受严重损失的案例时，亲友保险信息了解及其投保经历对个体的警示作用和行为影响将大大增强；另一方面，中国保险市场管理混乱、保险代理资质良莠不齐和保险产品条款众多难以理解等因素共同造成保险市场上的严重信息不对称，个体信息获取困难重重，出险理赔等后续服务更是雪上加霜。因此，从自己的人际环境入手向亲友咨询保险相关信息、了解亲友的投保情况，几乎是实际生活中个体投保时的普遍选择。关于亲友投保影响未通过显著性检验，可能是亲友投保影响这一变量主要通过信息渠道产生作用，在已控制亲友信息了解这一变量的情况下自然不显著了。基本医保满意度和商保满意度未通过显著性检验，可能原因是，对两类保险的满意度仅为个人对保险满足自身需求程度上的主观评价，但投保意愿的取舍更多还会结合自身实际需要，因此满意与否不能够完全构成对投保意愿的影响。

税收政策方面，税收优惠在1%的显著性水平下显著为正（表2-2），说明其他条件不变的情况下，随着税收优惠对于居民的吸引力增加，投保意愿显著提升。这一结果与理论和有关研究一致，即商业健康保险通过税收优惠的杠杆作用能够有效提升居民投保意愿。另外，可能由于样本容量问题，税优额度没有通过显著性检验，但其已十分接近10%的显著性水平且符号方向为正（表2-2），一定程度上说明税优额度对居民投保意愿仍有正向影响，即随着税优额度提升，居民所享受的个税免税额度相应增加，个体用于投保的保费负担进一步减轻，因而投保意愿有所提升。

交互项方面纳入了是否曾购商保 * 税收优惠这一变量，旨在研究税收优惠对是否曾购商保的调节作用。交互项在10%的显著性水平下显著为负（表2-2），说明其他条件不变的情况下，税收优惠的吸引力对无投保经历的居民来说投保正向影响更强，其较有投保经历的增加5.43%（表2-3）。原因是，有过投保经历的居民较无经历的居民拥有更多经验和更强的信息甄别能力，面对保险市场上林林总总的保险产品，其更有能力结合自身的实际需要，对保险产品的保费、保障内容及赔付等诸多款项进行对比、筛选和选择，具有税收优惠仅仅作为其选择的诸多标准之一，且极有可能因为税优力度不够高而影响力进一步降低。而对于无投保经历的居民来说，税收优惠是个人税优型健康保险区别于其他健康保险的最大特征之一，那么会被这一大亮点吸引就在情理之中了，当其投保经历逐渐丰富之后，理解、判断和选择保险的标准也会随之丰富化和多元化，税收优惠的影响就会随之有所降低。

总体而言，实证结果表明，在控制个体特征和健康风险的前提下，风险偏好维度中，商保必要性、保费支出（>2000 元），均对投保意愿具有正向影响；个人经历维度中，曾购商保、认同向亲友了解保险有关信息有助于自身投保，对投保意愿具有正向影响；税收政策维度中，税收优惠和税优额度越高，投保意愿将越强；交互项曾购商保 * 税收优惠显示，税收优惠对于没有过商保购买经历的居民投保吸引力更强。据此我们认为：健康风险及其潜在损失与商业健康保险的价值和作用均受到个人的严重低估；保险市场混乱及信息不对称成为个人投保经历中的重大障碍；税收优惠力度较低抑制了潜在投保意愿的释放。

表 2-3　个人税优型健康保险投保意愿 Probit 模型边际效用

解释变量		估计方程			
		(1)	(2)	(3)	(4)
风险偏好	风险自评	-0.0006	0.0019	-0.0005	-0.0006
		(0.0129)	(0.0130)	(0.0129)	(0.0132)
	4 周内就医次数	-0.0164	-0.0151	-0.0009	0.0126
		(0.0262)	(0.0254)	(0.0254)	(0.0249)
	商保必要性	0.104***	0.109***	0.105***	0.145***
		(0.0367)	(0.0357)	(0.0361)	(0.0343)
	保费支出_ 2	-0.0098	-0.0245	-0.0093	-0.0147
		(0.0333)	(0.0326)	(0.0333)	(0.0334)
	保费支出_ 3	0.0567	0.0401	0.0679	0.0573
		(0.0570)	(0.0569)	(0.0580)	(0.0595)
	保费支出_ 4	0.325	0.379*	0.367*	0.497**
		(0.219)	(0.226)	(0.216)	(0.212)

续表

解释变量		估计方程			
		(1)	(2)	(3)	(4)
个人经历	是否曾购商保	0.0751**	0.0883**	0.0832**	0.102***
		(0.0358)	(0.0357)	(0.0358)	(0.0363)
	基本医保满意度	0.0079	0.0079	0.0072	0.0042
		(0.0138)	(0.0137)	(0.0138)	(0.0138)
	商保满意度	0.0097	0.0095	0.0124	0.0134
		(0.0123)	(0.0126)	(0.0124)	(0.0127)
	亲友信息了解	0.0173	0.0156	0.0231*	0.0216
		(0.0128)	(0.0131)	(0.0126)	(0.0132)
	亲友投保影响	−0.0035	−0.0012	−0.0048	−0.0017
		(0.0117)	(0.0117)	(0.0117)	(0.0119)
税收政策	税收优惠	0.0343***	0.0293**	0.0339***	0.0260*
		(0.0133)	(0.0135)	(0.0131)	(0.0134)
	税优额度	0.0264	0.0254	0.0213	0.0110
		(0.0187)	(0.0186)	(0.0185)	(0.0182)
交互项	曾购商保＊税收优惠	−0.0543*	−0.0784**	−0.0562*	−0.0840***
		(0.0308)	(0.0307)	(0.0309)	(0.0310)
控制变量组 Zi		YES	NO	YES	NO
控制变量组 Hi		YES	YES	NO	NO
N		504	504	504	504

注：＊表示 $p<0.1$，＊＊表示 $p<0.05$，＊＊＊表示 $p<0.01$；括号内为标准误差。

4. 稳健性检验

本文选取了个体特征和健康风险 2 组控制变量，在增减控制变量的过程中，模型的核心解释变量显著性水平和方向并没有发生剧烈变动，这一定程度上说明了模型的稳健性。

模型估计时采取的方法是极大似然估计，极大似然估计可以采取稳健标准误进行回归，回归后的结果与估计结果基本一致，一定程度上说明模型设置的合理性。

表 2-4 个人税优型健康保险投保意愿 OLS 模型回归结果

解释变量		估计方程			
		(1)	(2)	(3)	(4)
风险偏好	风险自评	-0.0003	0.0163	0.0006	0.0004
		(0.0129)	(0.0126)	(0.0129)	(0.0126)
	4 周内就医次数	-0.0190	-0.0205	0.0015	0.0163
		(0.0348)	(0.0357)	(0.0336)	(0.0337)
	商保必要性	0.125***	0.132***	0.132***	0.172***
		(0.0424)	(0.0440)	(0.0411)	(0.0438)
	保费支出_ 2	-0.0104	-0.0221	-0.0062	-0.0094
		(0.0338)	(0.0338)	(0.0336)	(0.0337)
	保费支出_ 3	0.0587	0.0534	0.0667	0.0680
		(0.0636)	(0.0623)	(0.0634)	(0.0621)
	保费支出_ 4	0.422**	0.453**	0.470**	0.553**
		(0.211)	(0.229)	(0.216)	(0.226)
个人经历	是否曾购商保	0.0945*	0.107**	0.107**	0.128**
		(0.0509)	(0.0537)	(0.0506)	(0.0535)
	基本医保满意度	0.0047	0.0085	0.0041	0.0057
		(0.0120)	(0.0121)	(0.0116)	(0.0117)
	商保满意度	0.0058	0.0090	0.0094	0.0134
		(0.0127)	(0.0132)	(0.0127)	(0.0134)
	亲友信息了解	0.0178	0.0136	0.0239*	0.0201
		(0.0146)	(0.0145)	(0.0144)	(0.0146)
	亲友投保影响	-0.0033	-0.0017	-0.0047	-0.0017
		(0.0122)	(0.0122)	(0.0122)	(0.0124)

续表

解释变量		估计方程			
		(1)	(2)	(3)	(4)
税收政策	税收优惠	0.0220*	0.0187	0.0230*	0.0171
		(0.0131)	(0.0132)	(0.0132)	(0.0137)
	税优额度	0.0153	0.0154	0.0123	0.0038
		(0.0175)	(0.0166)	(0.0172)	(0.0164)
交互项	曾购商保 * 税收优惠	-0.0497	-0.0722*	-0.0534	-0.0793*
		(0.0409)	(0.0429)	(0.0409)	(0.0439)
_ cons		-0.353**	-0.117	-0.366**	-0.109
		(0.164)	(0.105)	(0.149)	(0.0930)
控制变量组 Zi		YES	NO	YES	NO
控制变量组 Hi		YES	YES	NO	NO
N		504	504	504	504
R-squared		0.215	0.176	0.204	0.147

注：*** 表示 $p<0.01$，** 表示 $p<0.05$，* 表示 $p<0.1$，括号内为稳健标准误。

此外，本文还通过变换模型的方法进行稳健性检验，采取线性概率模型进行估计，表 2-4 中结果显示，曾购商保、税收优惠及其与个人经历交互项的显著性水平有所下降而方向不变，这可能是样本容量略低造成的，而其余核心变量的系数方向与显著性水平均无大变化，说明本文模型具备相对稳健性。

三、结论与展望

（一）主要研究结论

本文通过实证分析有效证实了商保必要性、曾购商保、税收优惠及曾购商保 * 税收优惠的交互作用均对个人税优型健康保险的投保意愿具有显著正向影响。据此我们认为，个体健康风险及其损失与商业健康保险价值均受到严重低估、保险市场混乱及信息不对称、税收优惠力度较低是抑制个人税优型健康保险投保意愿进一步提升的主要障碍。具体研究结论如下：

（1）从政策实施现状来看，税优健康险在供需两端均有不足，人群整体投保意愿不强，政策效果亟待提升。

其中，供端在供给主体、产品种类、推广力度上均较为保守，其中产品市场竞争力不强对整体投保意愿不高具有较大影响，需端则对产品及相关政策了解程度不高，税优敏感度较差，投保意愿偏弱，且税优对于不同收入阶层的人群均无明显激励作用，患病人群具有明显的投保倾向及可能引起逆向选择和道德风险，政策效果有待提升。

（2）实证结果表明，商保必要性、曾购商保、税收优惠及曾购商保 * 税收优惠的交互作用均对个人税优型健康保险的投保意愿具有显著正向影响。

具体来说，在控制个体特征和健康风险的前提下，风险偏好维度中，商保必要性、保费支出（>2000 元），个人经历维度中，曾购商保、认同向亲友了解保险有关信息有助于自身投保，税收政策维度中，税收优惠和税优额度，均对投保意愿具有正向影响；交互项曾购商保 * 税收优惠显示，税收优惠对于没有过商保购买经历的居民投保吸引力更强。

（3）据此我们认为，影响税优健康险进一步发展的症结在于以下三方面：健康风险及其潜在损失与商业健康保险的价值和作用均受到个人的严重低估；保险市场混乱及信息不对称成为个人投保经历中的重大障碍；税收优惠力度较低抑制了潜在投保意愿的释放。

（二）政策建议

通过国外经验，我们认为实施税优健康险所必需的条件在于：完善的税收制度带来广大的消费群体、根据收入和年龄制定的针对性税优、税优合理且具备吸引力、便捷的投保渠道与退税流程、丰富的团体与个人健康险产品等。

结合国内实际情况，我们提出了增强商保示范效应以提升居民风险感知力、增加商保产品以发挥补充保障作用、通过第三方提供服务以提升市场环境与行业服务质量、梯度税优标准及适度提升税优额度等政策建议。

首先，针对个体健康风险及其可能造成的损失与商业健康保险的价值和作用均受到的严重低估，本文认为应当自个体生命周期早期即开始进行针对性教育，使得大众风险意识、风险了解和风险损失估计与实际生活直接挂钩，以克服投保和出险之间天然具有的时间差所造成的负面心态，培养未雨绸缪的积极心理。加强政府宣传与社会氛围培育，提升商业健康保险的公信力，强化商业健康保险的示范效应，引导居民将商业健康保险逐渐作为风险分散的良好途径。此外，还应当注重商业健康保险对基本医疗保险的补充和协同作用，合理分担医疗保障责任，适当给予其更大的发展空间和相应的政策辅助。

其次，针对保险市场混乱及信息不对称成为个人投保经历中重大障碍的问题，应当逐步肃清保险市场，提升对保险代理人的资质要求，考核上岗，严格把控、保证保险公司、保险产品和保险代理三方的质量水平。通过第三方提供专业化的保险服务，有效避免保险销售者与消费者之间存在的利益拉扯。逐步培养和发展一批可信赖的保险经纪公司和保险经纪人，为居民提供专业可靠的投保信息获取渠道。此外，还可以考虑建立专业化的保险供需网络服务平台，将有资质的保险公司及保险代理人与具有保险需求的居民进行对接，解决保险市场实质是“员工市场”、保险代理人流动性大、保险只管卖不管赔等问题。

最后，针对税收优惠力度较低抑制了潜在投保意愿的释放，应当跟随我国个税免征额进一步提升和居民各项税前扣除项目增加的脚步，进一步提升该保险的税优额度，以激发个人投保意愿的释放。由于该保险重点开发渠道还包括团险，未来可考虑对企业为员工购置的员工福利性保险支出也给予企业所得税优惠，结合降低企业社保缴费率的措施，鼓励企业为员工购置补充保险，扩大团险渠道的投保份额，以进一步促进税优激励效果提升。

（三）进一步研究的问题

由于样本容量和数据本身限制，一些我们关注的变量没有通过显著性检验，未来我们在设计问卷的过程中将更加注重指标的有效测度，并在研究过程中尽可能地扩大样本容量，避免样本同质性，进而对影响个人税优型健康保险的因素做出更深层次的理论和实证分析。

参考文献

1. 唐金成，张杰. 商业健康保险需求研究分析与对策建议［J］. 西南金融，2017（04）：57-61.

2. 朱铭来，王美娇. 税收优惠政策对商业健康险激励效应研究［J］. 保险研究，2016（02）：47-58.

3. 孙正成. 商业健康保险税收优惠效应：争议与展望［J］. 西部论坛，2016，26（01）：74-81+89.

4. 朱铭来，于新亮. 税收优惠对商业健康保险购买意愿影响研究［J］. 保险研究，2015（02）：71-81.

5. 李俊. 新医改背景下我国商业健康保险税收优惠政策研究［J］. 劳动保障世界（理论版），2011（08）：38-41.

6. 吕锽芹. 我国商业健康保险税收优惠政策研究［D］. 西南财经大学，2009.

7. 江才，叶小兰. 税收优惠制度对商业健康保险需求的影响［J］. 金融与经济，2008（11）：86-87+44.

8. 朱铭来，丁继红. 健康保险税收优惠政策的国际比较研究［J］. 经济社会体制比较，2008（02）：77-83.

9. 沈鸿. 我国商业健康保险的税收政策问题研究［D］. 广西大学，2014.

10. 杨艺帆. 我国税优健康险的发展困境及对策初探［J］. 经营者，

2016, 30 (9): 133-133. DOI: 10. 3969/j. issn. 1672-2507. 2016. 09. 109.

11. 冯鹏程. 我国个人税优健康险试点实施及完善政策的探讨 [J]. 中国医疗保险, 2017, (6): 62-67. DOI: 10. 19546/j. issn. 1674-3830. 2017 (6): 15.

12. 薛强. 国人健康险参与情况调查 [J]. 金融博览, 2015, (18): 26-29.

13. 朱俊生, 刘晓丽, 安领娟, 等. 健康险, 迎政策"推手" [J]. 金融博览, 2015, (18): 36-41.

14. 刘刚. 税收优惠型健康保险分析与研究 [J]. 中国市场, 2017 (27): 52-53.

15. 朱铭来, 万禹. 完善健康保险税收优惠政策的若干思考 [J]. 中国医疗保险, 2017 (08): 65-68.

16. 王稳, 张扬. 发展商业健康保险的对策建议 [J]. 经济研究参考, 2017 (36): 26-27.

17. 马丽丽. 我国商业健康保险需求影响因素的实证分析 [D]. 东北财经大学, 2016.

18. 乔宇星. 我国商业健康保险需求地区差异及其影响因素研究 [D]. 西北大学, 2016.

19. 谢洋. 我国商业健康保险在国民健康保障体系中的角色和定位研究 [D]. 西南财经大学, 2010.

20. Gmber Jonathan. Tax Pofiey for Health Insmncefal. NBER Working Paper, No. 10977. 2004

21. 张仲芳. 制度定位、税收激励与商业健康保险发展: 国际经验及启示 [J]. 江西财经大学学报, 2012 (01): 52-59.

22. 许敏敏, 团体保险税收政策的国际借鉴及启示 [J]. 会计之友, 2007 (11).

23. 刘刚. 税收优惠型健康保险分析与研究 [J]. 中国市场, 2017,

(27)：52-53. DOI：10. 13939/j. cnki. zgsc. 2017. 27. 052.

24. 李艳珍. 社会互动、个体特征对商业健康保险参保行为的影响研究［D］. 西北大学，2017.

25. 霍亮. 我国税优健康险销售状况分析与对策研究［D］. 天津财经大学，2017.

26. 孙东雅. 国际商业健康险税优政策［J］. 中国金融，2015（22）：73-75.

27. 魏思博. 我国商业健康保险发展对策研究［D］. 河北经贸大学，2012.

28. 税优健康险如何做实做大（政策解读·聚焦）［EB/OL］财经—人民网［2018-7-12］http：//finance. people. com. cn/n1/2018/0712/c1004-30141632. htm.

江西省灵活就业群体的养老保险参保情况调查分析报告

殷　俊　郭元元　李越美　叶　晗　段亚男

作者简介：殷俊，男，毕业于武汉大学，管理学博士，武汉大学社会保障研究中心（国家人文社会科学重点研究基地）专职研究员，教授，博士生导师，国家“985工程”科技创新平台和哲学社会科学创新基地核心成员，美国康奈尔大学访问学者。多年来一直从事金融投资与商业保险、社会保险与社会保障等相关领域的研究、教学，具有理学、经济学和管理学等多学科背景，对保险基金投资和管理有较好的基础。公开发表学术论文50多篇，出版社会保障领域专著4本，主编出版教材2部（《工伤保险》《公共事业管理概论》），主持负责多项重大课题。

郭元元，女，1998年生。武汉大学政治与公共管理学院社会保障专业2020级博士研究生。在《社会保障研究》《江汉论坛》等期刊上发表学术论文4篇，2018、2019、2021年撰写的咨询报告分别被湖北省政协、全国政协、湖北省委采用。

叶晗，男，1996年生。武汉大学政治与公共管理学院社会保障专业2019级硕士研究生。2022年撰写的咨询报告被武汉市人大常委会副主任批示。

李越美，女，管理学硕士，2000年生。武汉大学政治与公共管理学院社会保障2020级硕士在读。2021年撰写的咨询报告获国务院办公厅采纳。

段亚男，女，1999年生。武汉大学政治与公共管理学院社会保障专业2021级博士研究生。以通讯作者身份在 *Social Science and Medicine*（SCI/SSCI 一区，五年 IF = 4.241）期刊发表学术论文1篇，在国内期刊发表学术论文1篇，2021年撰写的2篇咨询报告获全国人大财经委批示，长期担任 *International Journal of Environment Research and Public Health*，*International Journal for Equity in health*，*Archives of Gerontology and Geriatrics* 等SSCI期刊的匿名审稿人。

一、引言

近年来，各种新型就业形式蓬勃兴起，深刻改变了传统劳动用工形式，并对传统的社会保险制度模式提出挑战。一般认为，灵活就业是指在劳动时间、劳动报酬、工作场地、保险福利、劳动关系等方面（至少有一方面）不同于建立在工业化和现代企业制度基础上的传统的主流就业方式的各种就业形式的总称。灵活就业形式主要包括自营劳动者、家庭帮工、其他灵活就业人员（如临时工、劳务派遣工、非全日制工和家庭小时工等）三类人员，随着互联网技术的发展，“互联网+灵活就业”平台就业劳动者在其中所占比例越来越高。引入和使用灵活就业者是帮助企业组织实现降本增效、优化人力资源配置的重要策略，因此，灵活就业已成为我国重要的就业形式，并显示出巨大的价值和强劲的发展潜力。截至2020年第二季度，我国的灵活就业群体总量累计已经达到2亿左右，占城镇就业人员总量的40%以上。①灵活就业群体中，新业态劳动者数量迅猛增长，《中国共享经济发展报告（2020）》数据显示，2020年我国为共享经济提供服务的平台就业者约为7800万人，预计到2025年，中国国内灵活用工市场的经济规模将超过1600亿元。

随着灵活就业群体的不断扩大，党和国家对该群体的关注度也在不断提高。近20年来我国政府不断出台政策扶持灵活就业的发展，2001年出台的第一份有关灵活就业的政策文件提出，“要解决好灵活就业劳动者关系处理、合法权益保障、劳动争议仲裁等问题”；2003年和2005年，国务院办公厅先后发布《关于加快推进再就业工作的通知》《关于进一步加强就业再就业工作的通知》，提出“要鼓励劳动者通过多种形式就业，并加快完善和实施与灵活就业相适应的劳动关系”。2014年，国务院出台《关于进一步做好为农民工服务工作的意见》，强调“要完善灵活就业农民工

① 全国政协委员戴红兵．建议完善灵活就业人员社会保障．人民政协报，2021-03-03．

参加基本养老保险政策”。2017 年，国家发改委等 8 个部门联合发布了《关于促进分享经济发展的指导性意见》，提出“要研究完善适应分享经济特点的灵活就业人员社会保险参保缴费措施，切实加强劳动者权益保障”的任务。2020 年国家发展改革委等 13 个部门发布《关于支持新业态新模式健康发展 激活消费市场带动扩大就业的意见》，提出“完善劳动保障政策，促进新业态新模式从业人员参加社会保险，提高参保率”。2021 年 3 月，国务院印发《关于落实〈政府工作报告〉重点工作分工的意见》，特别强调支持和规范发展新就业形态，加快推进职业伤害保障试点。2021 年 8 月，人社部等六部委联合发布《关于巩固拓展社会保险扶贫成果助力全面实施乡村振兴战略的通知》，明确提出“要减轻困难群体参保缴费负担、推进社会保险法定人员全覆盖、提高社会保险待遇水平”。

然而，灵活就业者社会保险实际参保率离政策要求仍有很大差距。全国两会公开数据显示，2018 年全国参加城镇职工基本养老保险 4.1 亿人，灵活就业人员参保仅 8000 余万人。可见，我国仍有大量灵活就业者游离于养老保险制度之外。

让广大的灵活就业群体更好地享受改革开放的发展成果，更充分地享受政策红利，厘清灵活就业群体劳动用工、社会保障方面面临的现实问题，探索有针对性的解决办法，拓宽灵活就业群体的社会保险覆盖面，意义重大，影响深远。

二、调研说明及数据分析

（一）调研情况说明

1. 调研情况与数据来源

2021 年 10—11 月，课题组采用问卷调查、个案访谈、集体座谈等相结合的方式，在江西省赣南、赣北抽取了 3 市共 16 县（区）开展调研。调研重点是灵活就业人员的参保现状、收入水平、参保行为影响因素、参保政策了解渠道，以及未来参保意愿等。问卷由江西省社会保险管理中心、武汉大学社会保障研究中心联合课题组专家团队共同商定，并结合预调研结果完成了问卷题项修正等工作，问卷内容效度良好。本次调研共获得5108份有效问卷数据，样本量较为充足。同时，样本覆盖面较广，涉及快递、外卖骑手、网约车司机、电商直播员、家教老师、个体工商户等10余种工作类型，以及制造业、建筑业、交通运输邮政业、信息技术服务业、批发和零售业、住宿和餐饮业等20余种行业，样本代表性强。通过社会科学统计软件（SPSS）进行测量得到的α系数高于0.7，信度良好。此外，课题组实地调研团队组织和参与了3次座谈会，并分别与21位不同行业、性别、年龄段的灵活就业人员进行了深度访谈，以期尽可能全面深入了解江西省灵活就业人员参加养老保险相关情况。

2. 调研对象基本特征描述

从性别结构看，本次调查对象中男性占比48.2%；女性占比51.8%，样本性别均衡性良好。从年龄结构看，调研对象主体是中年人，35岁及以上占比63.7%；其中，44岁及以下女性占比明显高于男性，显示女性灵活就业者整体年龄相对男性偏低。从受教育水平看，62.4%的调查对象学历水平是高中及以下，整体的文化素质偏低。从收入水平看，调查对象月收入大多在1501~5000元之间，其中51.7%的人口月收入在3500元及以下，整体收入水平不高，灵活就业群体的较低收入对其参加养老保险起到一定的抑制作用。（参见表2-1、图2-1）

表2-1　样本基本统计变量一览表

类别	分组	百分比
性别	男	48.2%
	女	51.8%

续表

类别	分组	百分比
年龄	16~24 岁	8.1%
	25~34 岁	28.2%
	35~44 岁	33.9%
	45~59 岁	28.5%
	60 岁及以上	1.3%
学历	初中及以下	27.2%
	高中/中专/技校/职高	35.2%
	大专	23.8%
	大学本科	13.0%
	研究生及以上	0.7%
月收入	1500 元以下	2.6%
	1501~3500 元	49.1%
	3501~5000 元	26.6%
	5001~10000 元	18.3%
	10000 元以上	3.4%

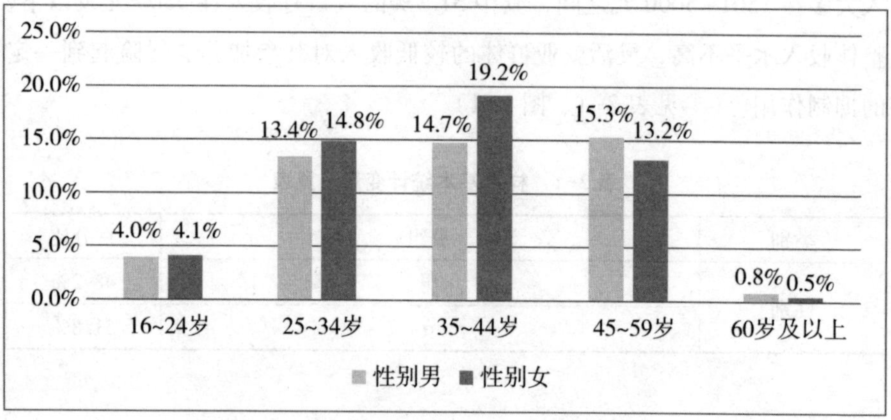

图 2-1　各年龄段灵活就业人员性别分布情况

（二）参保情况数据分析

1. 灵活就业人员样本整体参加基本养老保险情况统计分析

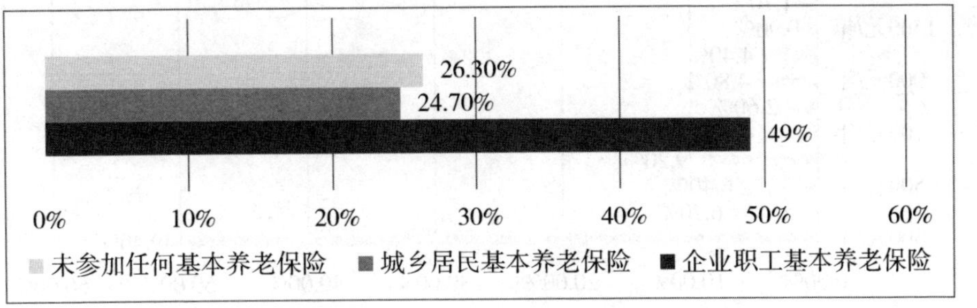

图 2-2　灵活就业人员参加基本养老保险整体情况

如图 2-2 所示，样本中 24.7%参加了城乡居民养老保险，49.0%参加了企业职工基本养老保险，灵活就业合计参保率为 73.7%，明显低于人社部公布的我国基本养老保险参保率（90%①）数据，可见江西省灵活就业人员参保率相对偏低。

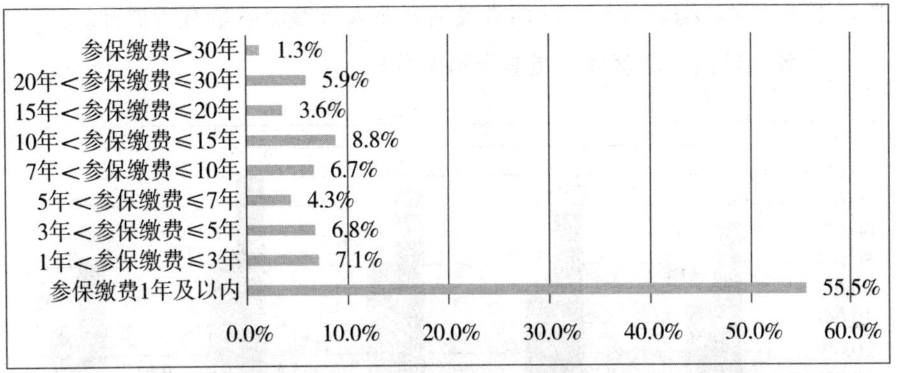

图 2-3　灵活就业人员参加企业职工养老保险缴费年限分布情况

如图 2-3 所示，灵活就业人员参保缴费年限较短，参保缴费在 10 年及以内的共计 80.4%，而在 1 年及以内的占总参保人数比重高达 55.5%。

① http：//www. gov. cn/zhengce/2021-07/13/content_ 5624486. htm.

可见江西省灵活就业人员参保年限相对较短。

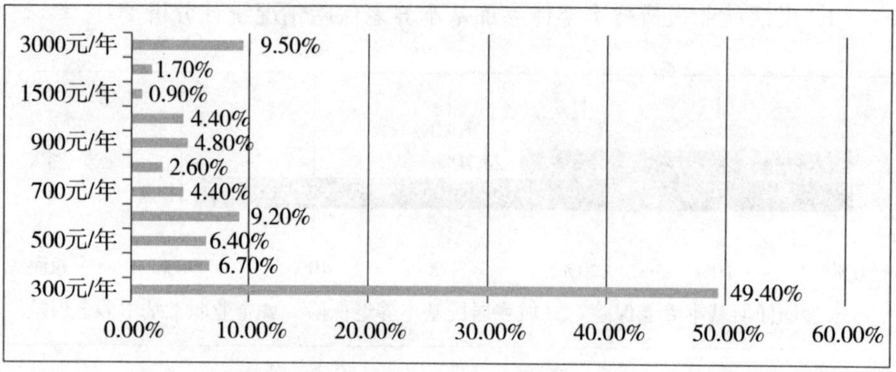

图 2-4 灵活就业人员参加城乡居民养老保险缴费档次分布情况

如图 2-4 所示，参加城乡居民养老保险的灵活就业人员大部分参加的都是最低缴费档次（300 元/年）。结合访谈反馈信息可知，参加城镇职工养老保险的灵活就业人员绝大部分参加的也是最低档次（7260 元/年）。同时，访谈过程中较多灵活就业人员表示自己有断保现象，且由于各种原因选择不再续保。综合分析，江西省灵活就业人员参保质量有待提升。

2. 各年龄段灵活就业人员参保情况分析

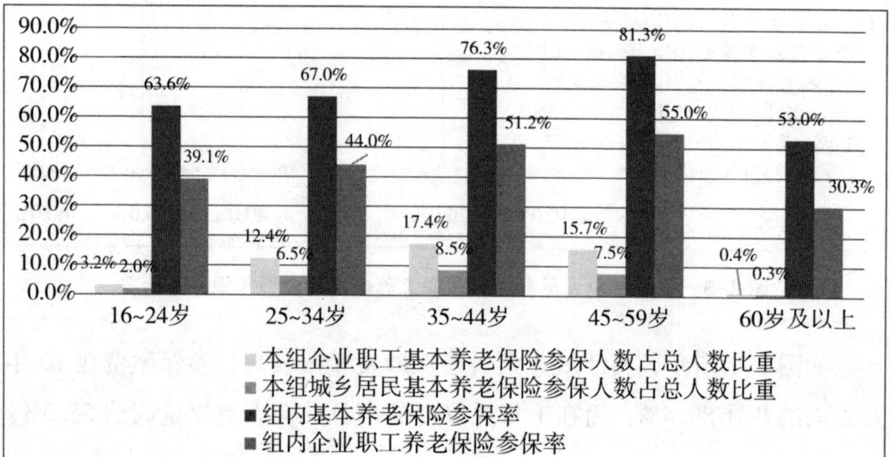

图 2-5 各年龄段参加养老保险情况

如图 2-5 所示，调研对象从 16 岁到 59 岁，随着年龄的增长，基本养老保险参保率逐渐增加。同时，组内企业职工基本养老保险参保率也在相应增加。可知，已参保灵活就业人员年龄相对偏大。

3. 灵活就业人员参保情况性别对比分析

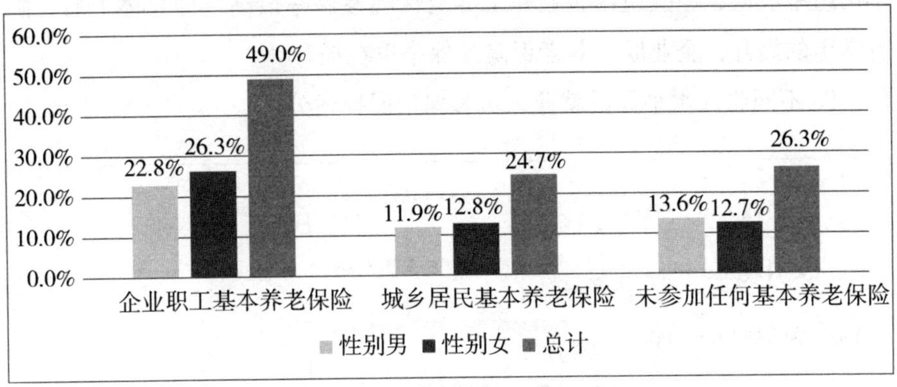

图 2-6 参保情况性别分布对比

如图 2-6 所示，女性两类基本养老保险参保率均高于男性，其中参加企业职工养老保险女性占比为 26. 3%，男性占比为 22. 8%。由此可见，女性相对更注重养老保障。

4. 各受教育程度灵活就业人员参保情况描述分析

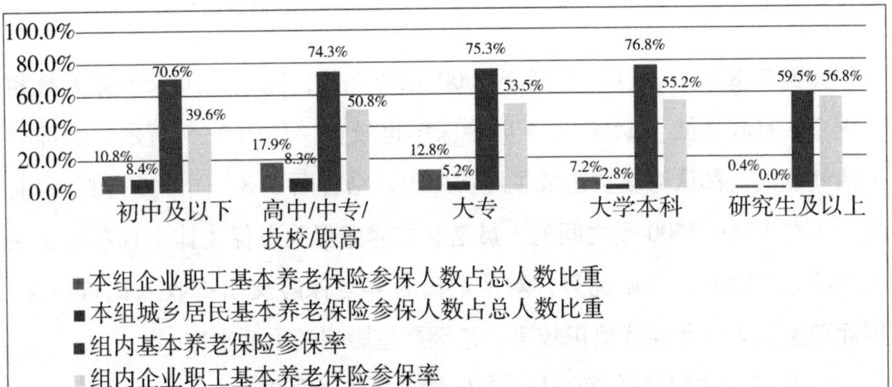

图 2-7 各学历灵活就业人员参保情况

如图 2-7 所示，受教育程度不同的灵活就业人员，随着学历的提升基本养老保险参保率有所增加，大学本科组基本养老保险参保率最高，达到 76.8%。初中及以下组基本养老保险参保率较低，组内企业职工养老保险参保率相对其他组也最低。研究生及以上组尽管基本养老保险参保率在各学历组中最低，但其组内企业职工养老保险参保率最高，即总体上看，随着学历的提升，企业职工养老保险参保率也在提升。

5. 不同收入水平灵活就业人员参保情况描述分析

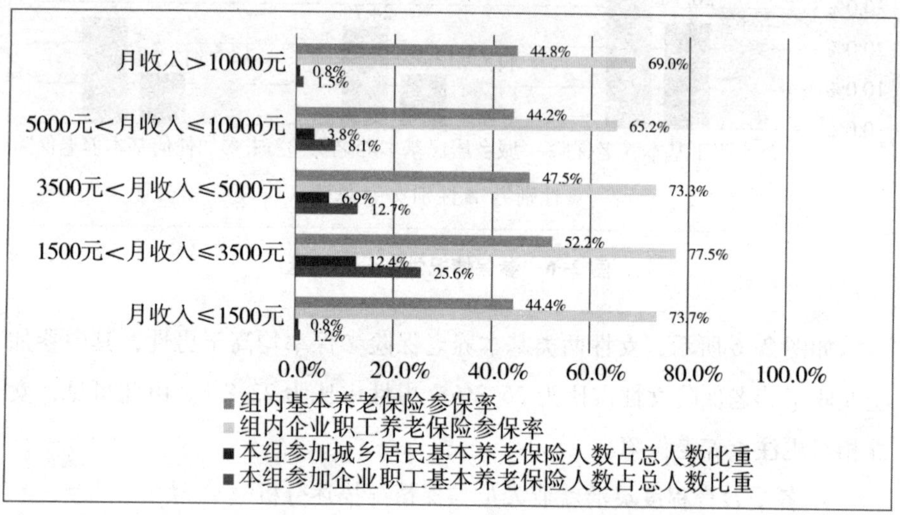

图 2-8　各收入水平灵活就业人员参保情况

如图 2-8 所示，月收入高于 5000 元的人员，同收入组未参保人数相对更多。月收入低于 1500 元人员参保率也较低。如图 2-9 所示，大部分灵活就业人员都认为缴费造成了经济压力。结合图 2-8、图 2-9 分析可知，月收入在 1500~3500 元之间的人员是基本养老保险参保主体；且参加企业职工养老保险人数占据优势，对他们而言养老保险支出占收入比重较高，因此普遍认为缴费经济负担较重，甚至严重影响其生活水准。

6. 各就业类型灵活就业人员参保情况描述性分析

如图 2-10 所示，不同就业类型参保情况存在一定差距，其中平台就

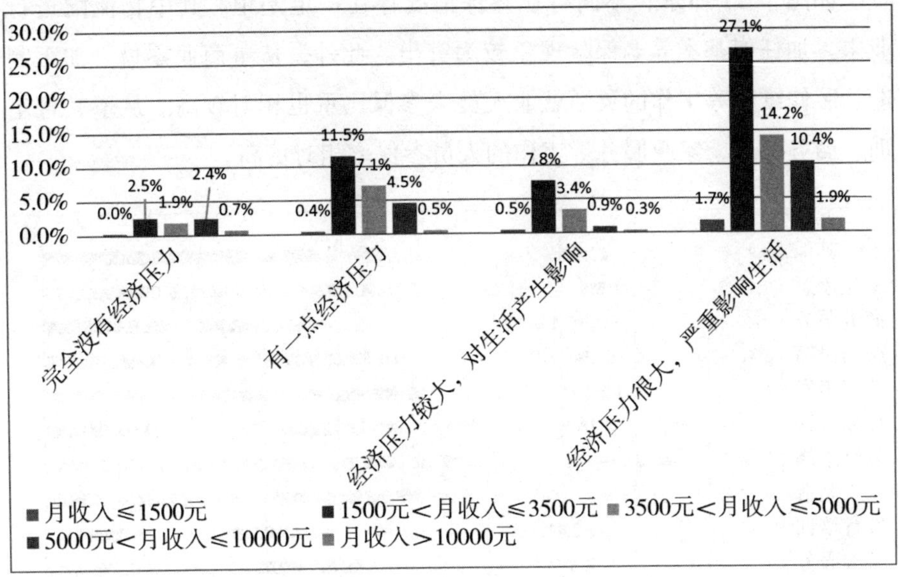

图 2-9 各收入水平灵活就业人员反馈的缴费负担情况

业未参加任何基本养老保险现象较为突出。这或与劳动关系认定模糊，社会保障责任主体缺位有关。

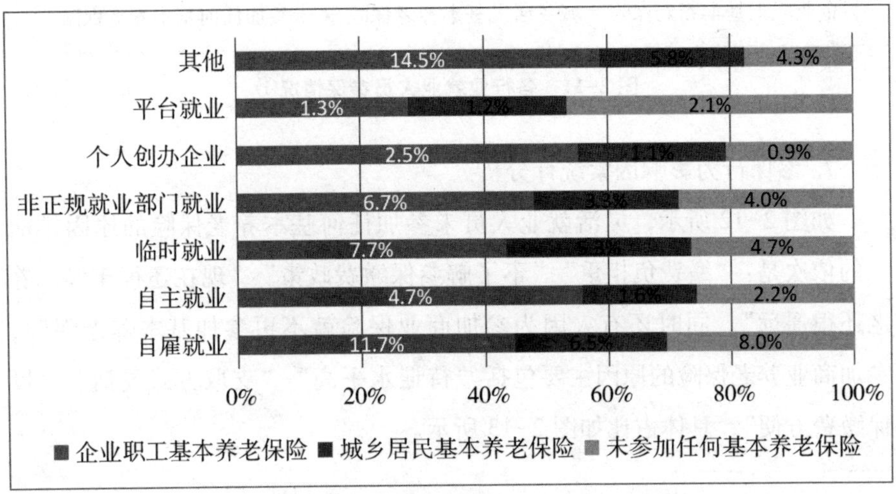

图 2-10 各就业类型灵活就业人员参保情况

如图 2-11 所示，不同行业参保情况存在一定差距，其中物流配送行业未参加任何基本养老保险现象较为突出。此外，从事商业零售、加工制造、装修维修等工作的灵活就业人员未参保比重也相对较高。从事教育培训、商务服务、家政服务等工作的人员参保率相对更高。

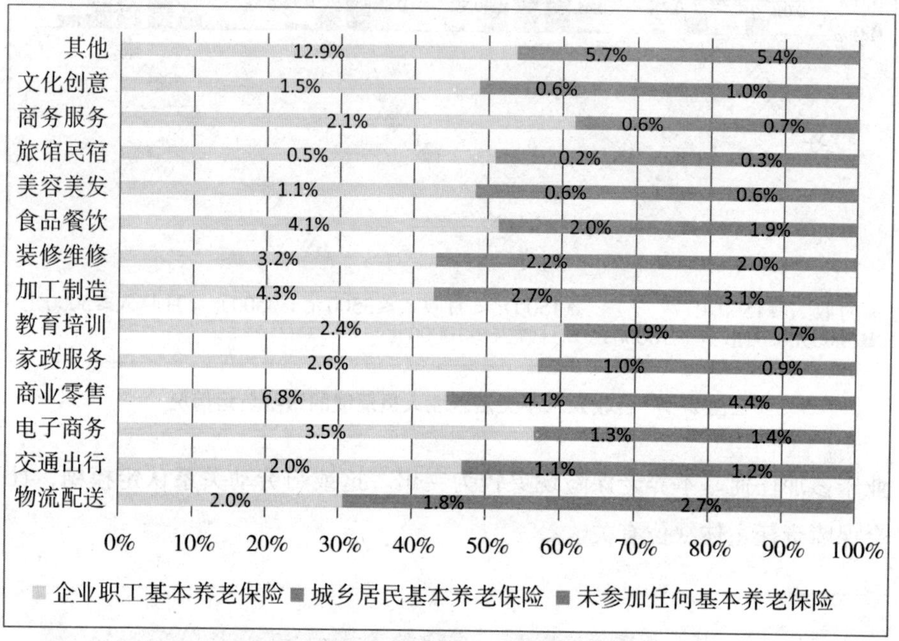

图 2-11　各行业就业人员参保情况①

7. 参保行为影响因素统计分析

如图 2-12 所示，灵活就业人员未参加任何基本养老保险的原因排前三的依次是："缴费负担重""不了解参保缴费政策""现在还很年轻，养老还很遥远"。同时还有人因为参加商业保险就不再参加基本养老保险，参加商业养老保险的原因主要包括"待遇水平高""支取方式灵活""投保缴费方便"，具体占比如图 2-13 所示。

① 景德镇市调研主要地点之一，"其他"项主要指陶瓷相关工作，也包含少数不便分类的工作。

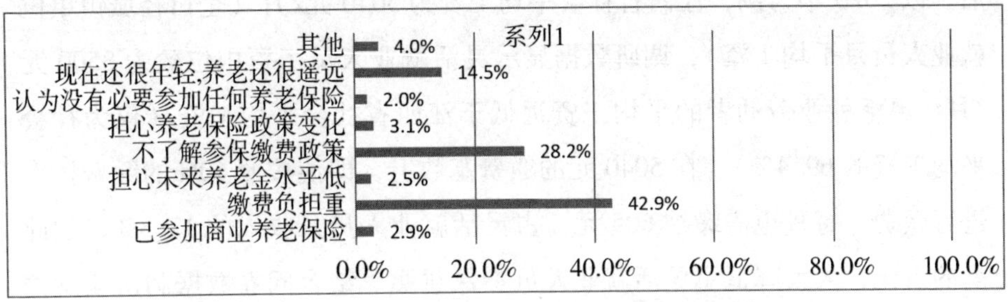

图 2-12　未参加任何基本养老保险原因统计

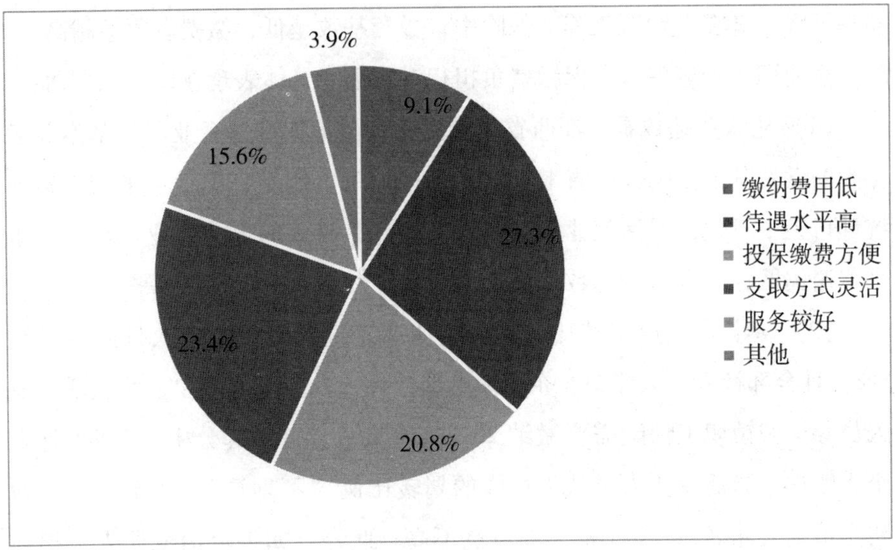

图 2-13　选择参加商业保险原因统计

三、面临问题及原因分析

（一）灵活就业人员基本养老保险参保意愿和参保质量较低

1. 灵活就业人员参保意愿低下

调研样本主观缴费负担统计表显示，有 68.2%的受访者认为参保缴费造成了较大经济压力，其中 55.4%的人认为这种经济压力已经严重影响生活。以2020年为例，江西省社会平均工资为5040元/月（全口径城镇单位就业人员月平均工资），调研数据显示灵活就业人员工资中位数为3500元/月，灵活就业劳动者的平均工资远低于江西省社会平均工资（仅为社会平均工资的69.4%）。在5040元的缴费基数上，即使按照60%的缴费档次进行缴费，每月也需缴纳605元，占灵活就业人员月收入的17.3%，如此高的占比，大大降低了灵活就业人员参保意愿。结合问卷数据和访谈反馈信息分析，主要原因是制度设计存在负激励作用。负激励作用主要表现为两点：①在城乡居民养老保险中，随着缴费档次的提升，缴费者个人的收益率下降；②在城镇职工养老保险中，缴费基数越低，缴费者收益越高。

企业职工养老保险参保缴费负担相对较重。具体表现在以下几方面：

（1）从缴费基数看。江西省灵活就业人员参加城镇企业职工基本养老保险的缴费基数依据江西省上年度社会平均工资制定，但社会平均工资的统计口径中不包括灵活就业人员收入，统计口径外的灵活就业人员工资水平普遍偏低，导致缴费基数远高于灵活就业人员的实际收入水平。

（2）从个人账户划转比例看。企业职工选择参保，个人只需要缴纳8%，且全部计入个人账户，企业缴纳部分计入社会统筹账户，而灵活就业人员参加城镇职工保险需要缴纳20%的保险费，自付部分中只有8%计入个人账户。灵活就业人员认为这样的划转比例“不划算”，甚至认为“缴费是给别人养老”，参保积极性自然不高。此外，如果灵活就业人员提前死亡，其法定继承人只能继承个人账户余额，灵活就业人员缴纳的进入社会统筹基金中的部分（缴费工资的12%）则不能继承。

（3）从缴费方式看。一方面灵活就业人员参保缴费方式政策设定为按月缴费，现实中执行采取按年缴费的方式，最低档次的缴费标准是7260元/年，客观上增加了其参保的经济压力。另一方面，灵活就业人员收入不稳定，可能随时面临失业的风险。当其收入较高时，选择较高档次进行缴费，但如随后发生变故，经济条件不再宽裕，无力再负担高档次缴费，而当年缴费已经完成，会进一步加剧其生计脆弱性。

2. 已参保人员年龄偏大，断保现象频发

调研访谈发现，目前政策规定灵活就业人员领取养老金的最低缴费年限为15年，故许多灵活就业人员认为“只要能缴满15年，等快退休再缴纳也不迟”，这就导致参保的灵活就业人员年龄偏大。问卷数据（见图5）也印证了这一现象。访谈记录还显示，7.8%的灵活就业人员因为流动性强、转移接续程序复杂、经济压力大等多种原因出现“断保”，后续也没有及时采取措施续缴。其中，2.6%的受访者曾在江苏省、浙江省、深圳市等经济发达省份务工时有缴纳社会保险，返回江西省后中止参保；5.2%的受访者曾在用人单位参加城镇职工养老保险，转换为灵活就业人员身份后中止参保。

多数受访者虽然知道“断保”会影响到养老金的领取，但仍然选择不再续保。结合问卷数据和访谈反馈信息分析，主要原因在于现行养老保险缴费的激励作用不明显，具体表现在：

（1）现行缴费年限政策正向激励作用微弱。现行基础养老金是在缴满最低年限的基础上，按每多缴1年多发1%的基础养老金这一标准计算的，该标准一定程度上将缴费年限与待遇相联系，但对灵活就业人员而言，如果按交满15年后每月领取100元基础养老金计算，1%的比例仅能使灵活就业人员每月多领1元，吸引力并不大。

（2）灵活就业人员社保补贴覆盖面较窄。江西省出台了灵活就业社会保险补贴政策，针对就业困难人员发放社会保险（包括养老和医疗）补贴，实际上这部分困难群体经济压力重，多是未参保人员，而补贴发放的前提条件是缴纳保费，所以最终能享受到补贴的人很少。同时，调研访谈中，不少已经参保的非就业困难的其他灵活就业人员反馈，尽管他们经济压力也相对较大，但并不属于社保补贴范围，因此无法享受相应补贴待遇。

（二）灵活就业人员劳动关系认定模糊，劳动权益实现路径缺乏保障

调研中发现，未签订正式劳动合同或协议的灵活就业人员占其总数的

比重为38.7%（见表2-2），其中平台就业组内未签订任何劳动合同或协议的比重为43.48%（见图2-14）。在未能确定劳动关系的情况下，大多数灵活就业人员的最低工资的合法权益也是难以切实得到保障的。通过分析平台灵活就业人员实际情况发现：平台公司（如货拉拉、美团等）往往将自己定位为信息提供服务方，通过网络平台的中介作用，将“雇主”与“雇工”分离开来，加快了短期雇佣的效率，也使得劳动关系更加模糊。灵活就业群体相对正规就业的职工而言，更加缺少用工单位的保障，因此，灵活就业群体更需要社会保障。

表2-2　各就业类型灵活就业人员劳动合同或协议签订情况

就业类型	固定期限劳动合同	无固定期限劳动合同	计件劳动协议	计时劳动协议	其他类型的劳动合同或协议	没签订任何合同或协议
自雇就业，如个体经营或合伙经营	2.9%	5.1%	0.4%	0.3%	6.0%	11.5%
自主就业，如自由职业者、律师、自由撰稿人、歌手、模特、中介服务工作者等	1.6%	2.1%	0.5%	0.4%	1.3%	2.4%
临时就业，如临时工、钟点工、街头小商贩等，以及其他类型的零散工作	2.3%	3.5%	1.0%	0.9%	1.6%	8.3%
非正规就业部门就业，如小型企业、微型企业或家庭作坊式的生产服务单位等	3.2%	2.9%	0.8%	0.4%	0.7%	6.1%
个人创办企业	1.1%	0.9%	0.1%	0.1%	1.0%	1.4%
未与企业建立劳动关系的电商、网约车、外卖、快递等平台型就业	0.6%	0.5%	1.0%	0.3%	0.2%	2.0%
其他	6.3%	2.9%	0.3%	0.3%	7.9%	6.9%
总计	18.0%	17.8%	4.1%	2.6%	18.8%	38.7%

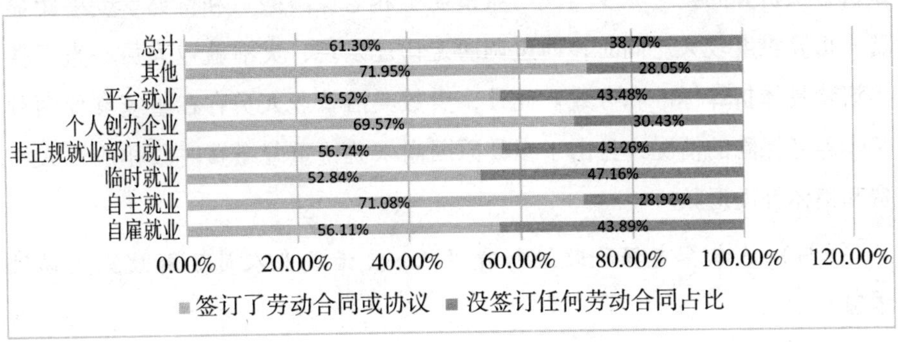

图 2-14 各就业类型组内劳动合同或协议签订情况

(三) 灵活就业人员养老保险关系转移接续存在现实障碍

1. 不同统筹区域待遇存在较大差别、经办协调联动水平有待提升

地区之间基本养老保险的缴费基数、缴费率及参保人待遇水平各不相同，这不仅使各地区的养老保险基金储备呈现出差异，也使参保人在跨城乡、跨统筹地区流动时可享有的权益并不均衡。调研中有 8.9%的灵活就业人员明确表示不愿意把养老保险关系从东部省份转回江西。此外，由于目前基本养老保险暂未实现全国统筹，全国统一的养老保险信息服务系统仍未建成，依据《城乡养老保险制度衔接暂行办法》（人社部发〔2014〕17 号），当前区域间养老保险转接工作程序相对烦琐，办结周期最长可达 45 天。因此，工作岗位、工作地点变动性强的灵活就业人员出于时间和经济成本考虑，可能会放弃转移接续自己的养老保险，出现断保。若其缴费年限不足 15 年，退休后便失去按月领取养老金资格。转移接续问题对灵活就业人员享受养老保险待遇和养老保险基金可持续发展，都产生了不利影响。

2. 城镇职工养老保险与城乡居民养老保险衔接制度存在障碍

衔接障碍具体体现在以下两方面：第一，缴费年限折算问题。灵活就业人员从城乡居民养老保险转入城镇职工养老保险的，之前的城乡居民养老保险缴费年限不合并计算或折算为城镇职工养老保险缴费年限。第二，缴费金额折算问题。城乡居民与城镇职工养老保险缴费和待遇享受差距显著，折算难度较大。同时，通过调研走访还发现，灵活就业人员一直反映不清楚具体折算标准和方式。此外，少数灵活就业人员存在重复参保两种基本养老保险的情况，且由于多种原因尚未获得重复缴费时段相应个人缴费和集体补助退款。

（四）基本养老保险政策知晓度低，灵活就业人员了解政策主动性不强

调研发现，26.3%的灵活就业人员未参加基本养老保险，很大程度上是因为不了解基本养老保险参保缴费政策，这一现象一方面，反映了当前社保部门和广大灵活就业人员之间明显的信息不对称问题。主要原因有二：第一，宣传方式处于转型升级中，短期内新方式的宣传效果还没有显现出来。传统的宣传渠道信息传播力相对较弱，互联网时代网络已成为人们获取信息的主要方式，仅通过传统媒体宣传社保政策信息，已无法满足新形势下灵活就业人员多元化的需求和社保经办服务的需要。第二，少数社保经办机构服务人员服务意识差、脱离群众，造成了灵活就业人员对相关政策的心理排斥，甚至“不愿意再去管这事”。

另一方面，灵活就业人员了解政策的主动性也有待提升。第一，受教育水平相对偏低、收入稳定性较弱，无暇顾及养老保险问题。调研中，86.2%的灵活就业人员的文化程度为大专以下，导致其在劳动力市场中竞争力较弱，这个群体在非正规部门就业居多，在调研中我们发现38.7%的灵活就业人群没有签订任何劳动合同和协议。非正规部门工作收入的不稳定性和自身受教育水平低下的双重影响，导致他们更多地关注当下的生活质量，无暇顾及工作之外的事情。第二，灵活就业人员获取相关政策信息的渠道相对狭窄。通过调研发现，14%的受访人员表示是从亲戚朋友处“听说过”养老政策。虽然有35%的受访人员会通过电视报纸等传统媒介获取相关信息，但是由于自身文化素质有限，其了解和获取相关信息的质量不高，对基本养老保险政策只是大概了解，并不能真正懂得和正确选择

参与基本养老保险。第三，灵活就业人员养老观念相对局限。调研发现，部分年轻的受访者认为现在自己还很年轻，养老对他还很遥远；部分年老的受访人员则还秉持传统的“养儿防老”的观念，对基本养老保险政策的了解意向较低。

四、对策建议

（一）适当降低缴费负担，强化参保缴费激励机制

1. 降低企业职工养老保险参保负担

（1）改进灵活就业人员缴费基数标准设计。参考灵活就业人员的实际收入情况设置合适的、有针对性的缴费基数，降低灵活就业人员缴费负担。

（2）适当提升个人账户中可提存比例。目前江西省灵活就业人员基本养老保险缴费比例与城镇企业职工相比多缴纳了12%，但个人账户划转比例一致。为调动灵活就业人员的参保积极性，可以适当提高个人账户中可提存的比例，缩小与企业职工参保之间的缴费差距，提升公平性，提高灵活就业人员的参保积极性。

（3）构建养老保险动态缴费方式。针对不同时期不同对象的需求，为灵活就业人员建立动态缴费方案，使所有灵活就业人员能根据自身情况获得公平、合理的养老保障。目前江西省灵活就业人员的缴费方式是一年一缴，可改为根据灵活就业人员实际情况，实行月度、季度缴费模式。考虑到灵活就业人员工作类型复杂、收入不稳定，应允许灵活就业人员在收入短缺时暂缓缴费，在收入良好时预缴保费；收入高时可以选择较高的缴费档次，收入低时则选择较低的缴费档次。允许在一定时期内补缴中断的保费，从根本上方便灵活就业人员缴纳社保，尽量避免断保情况的发生。到法定退休年龄时，可将实际缴费年限换算成标准缴费年限，将实际缴费基数核定为最终的标准缴费基数。

2. 增强补贴力度，形成正向参保缴费激励机制

（1）进一步强化“长缴长得、多缴多得”的激励机制。政策规定缴纳养老保险累计满 15 年才能领取养老金，但参保人员缴费年限越长，既有利于维持社会养老保险资金的长期平衡，也有利于灵活就业人员获得更高的养老待遇水平。可采取具体措施建立激励机制，如分段设置基础养老金计发比例，规定缴费满 15 年后，每多缴 5 年，基础养老金在原计发办法的基础上再增发 1 个百分点；在达到 15 年缴费年限后适当增大养老保险费划入个人账户的比例。

（2）扩大灵活就业人员社保补贴覆盖面，增加财政养老保险的补贴力度。符合代缴条件的灵活就业困难人员，由地方政府代缴最低标准的城乡居民基本养老保险费。此外，为年轻的灵活就业人员提供一定的缴费补贴，建议对 35 岁及以下以个人身份首次参保的灵活就业人员给予 3 年的缴费补贴，鼓励和引导年轻人参保。

（二）探索共享经济下新型劳动关系，适度增加灵活就业人员参加社会保险“强制性”

1. 探索共享经济下新型劳动关系的认定方法

解决共享经济平台劳动争议问题的关键就是解决劳动关系认定问题。建议以经济从属性原则建立中间类型劳动法保护主体，考虑以工作时间的长短和平台收入占个人总收入比例的高低来判断是否存在经济从属性，从而划分中间类型劳动法主体。在网络共享经济条件下，雇主与雇工之间的劳动关系不确定性增加，可将劳资纠纷中的雇主责任转移至社会保障责任，而雇主需承担一部分的经济缴费责任，中间类型劳动法主体（如网络平台）承担最终的社会保险缴费责任，资金来源由雇主、雇工和中间类型劳动法主体共同承担。

2. 适度增加灵活就业人员参加社会保险“强制性”

（1）增加社会保险参与政策的“强制性”。采用具有一定强制性的政策工具，以更快地推进灵活就业人员参加基本社会保险。相对于基于劳动

关系的传统正规就业劳动者参与社会保险的高强制性，灵活就业人员的社会保险属于自愿参加，制度设计有很大的“偏向性”，对于灵活就业人员而言，他们更需要社会保障的保护和帮助。应通过“强制性”尽快将灵活就业者纳入社会保险覆盖范围，加大对灵活就业者劳动权益的保护。

（2）鼓励企业灵活用工，引导个人灵活就业。目前需求型政策工具多作用于灵活就业者数量增长，且仅停留在政策呼吁层面，实质性政策数量远远不够，应先从市场需求处入手，增加企业的灵活用工岗位，引导劳动者参与灵活就业。首先，应从政策层面对企业灵活用工给予更大的扶持力度，对灵活用工企业给予更大的补贴或税收优惠等；其次，制度设计上降低灵活就业人员参保门槛，满足劳动力市场逐渐灵活化的内在要求。

（三）进一步做好养老保险区域间、险种间衔接工作

1. 加快信息化建设，适度降低灵活就业人员参保缴费负担

加快信息化建设，一要充分做好省内社保信息查询服务系统和人社部社保关系转接平台对接工作，同时还要加强与其他省份社保经办机构之间的交流配合，从而提升省内省际养老保险关系转移接续的管理和服务效率。二要进一步完善江西省线下柜台服务和网上服务一体化的社保经办体系，增加能线上服务的事项，简化网上经办服务受理流程，在为灵活就业人员提供便利的同时，也方便经办服务人员开展工作。

降低江西省灵活就业人员缴费负担，一方面，可尝试调低针对灵活就业人员的缴费基数。江西省现行的灵活就业人员参加城镇企业职工基本养老保险使用的缴费基数，是依据上年度全口径城镇单位就业人员月平均工资制定的，但是，该统计口径中并不包括灵活就业人员收入，由于灵活就业人员的工资水平普遍偏低，且未纳入社会平均工资的计算，导致缴费基数对灵活就业人员而言相对偏高。另一方面，可以在江西先行先试灵活的缴费方式，缓解灵活就业人员的参保缴费经济压力，如落实按月缴费、提供灵活缴费档次供灵活就业人员选择等。

2. 明确公布两类养老保险的衔接标准，制定落实地方衔接管理办法

建议制定配套的养老保险地方管理办法，明确城乡居民养老保险和城镇职工养老保险衔接转换的规则，尤其是要明确缴费年限、缴费档次和金额折算标准。依据调研数据和访谈信息反馈可知，有28.2%的未参保灵活就业人员不参保的原因是“不了解参保缴费政策”。实际上灵活就业人员最关心的问题就是“退休后每月能领多少养老金”，而这个问题通常难以得到社保经办服务人员的明确答复。建议将计算标准和公式明确公布出来，同时在社保信息查询服务系统、人社部门官方网站、赣服通APP、“江西人社”微信公众号等各个平台上都设置“养老金一键查询”模块，让包含灵活就业群体在内的广大人民群众对养老待遇水平有一个直观的认识和明确的预期，在参保并选择缴费档次时能够做到“心中有数”理性选择。

（四）进一步加强政策宣传力度，提升基层社保经办机构服务质量

建议社会保险相关部门按期开展针对养老保险的宣传科普活动，让灵活就业人员认识到参保的必要性。重点发挥基层自治组织的能动性，以社区居委会为政策宣传阵地，及时明晰社保动态、开展普及基本养老保险的相关讲座，宣传社会养老保险防范老年风险的作用。同时，在灵活就业人群密集的场所张贴政策宣传海报，普及养老保险的缴费比例、缴费年限及待遇领取等知识信息，使更多的灵活就业人群能够随时随地领会政策，主动参保。

建议进一步用好新兴媒体平台，拓宽宣传渠道，充分利用网站、微信、微博、手机APP等新媒体平台，通过开辟专栏、网络直播、播放动漫、网络知识竞赛等可视性强、通俗易懂、能够覆盖各年龄群体的新形式，切实提高其在各个年龄段的灵活就业人员中宣传的覆盖面和精准度。同时，可加强与通信运营商合作，借助通信平台向广大手机用户推送基本养老保险政策信息。最后，社保部门宣传工作必须坚持以人民为中心的思想，综合应用传统媒介和新兴媒介，接地气地做到“三个必须”：必须“宣传准”社保政策；必须“掌握全”群众需求；必须“回应细”百姓疑惑。

老年人医疗服务满意度影响因素研究

——基于charls数据的实证分析

李运华　宋美瑾

作者简介：李运华，民商法学博士，现任武汉大学社会保障研究中心研究员，武汉大学政治与公共管理学院教授，卫生法和卫生政策研究所所长，社会法和卫生法方向博士研究生导师。主要从事劳动与社会保障法、卫生法、行政法和社会立法政策等领域的教学和研究工作。作为项目负责人主持完成国家级、省部级课题研究10余项；著有《就业权研究》《卫生法学》及法学研究论文50多篇；多次受邀参与国家及省、市在劳动和社会保障方面的立法调研和立法论证工作，向国家人力资源和社会保障部、湖北省民政厅、湖北省人社厅等政府部门提交政策研究咨询报告近10篇，均获采纳。

宋美瑾（1999—），女，辽宁大连人，武汉大学社会保障研究中心硕士研究生。研究方向：社会保障理论与政策。

摘要：了解老年人医疗服务满意度有助于提升医疗服务质量，使老年人更加健康长寿。本文以安德森医疗服务利用模型为理论基础，运用2018年中国健康与养老追踪调查数据库，构建个人特征、保险制度、医疗环境资源3个分析维度，12个影响因素的分析框架，之后本文利用stata构建多元回归模型进行实证分析，研究发现，地域、医疗保险报销程度、就医机构级别、医疗机构距家距离程度是影响老年人医疗服务满意度的重要因素。最后针对分析结果提出相应对策，如增强基层医疗服务体系建设、适度提升老年人医疗保险报销比例、建立建全分级诊疗机制、构建“互联网+”医疗服务体系等。

关键词：医疗服务；满意度；影响因素

一、引言

由于人体机能的发展法则，老年人成为就医群体中的重要一部分，老年人健康问题相比于年轻人发生频率也较高，而多样化、差异化的医疗服务有助于解决老年人的健康问题，保证老年人的医疗需要，进而提升老年人生活品质。因此，调查老年人医疗服务满意度及其影响因素可以为老年人相关医疗服务政策提供决策依据，有助于完善医疗服务体系，使老年人晚年更加幸福安康。

我国学者从医疗服务满意度的研究方法、满意度具体情况等方面进行探索，还有部分学者研究某些特定方面对医疗服务满意度的影响。在医疗服务满意度的研究方法方面，王晓燕和杭丹（2016）在“医保、医疗、医药”三医联动的基础上，建立医疗服务的满意度模型，发现就医感官、就医质量、价格联动和医保制度4要素对医疗服务满意度都有正向直接的影响。王延中和江翠萍（2010）构建了初始变量和中间变量，发现医疗机构评估、药品评估、医护人员评估作为中间变量也能够影响农村居民的医疗工作满意度。张琪和王德永（2019）构建了5种指标，发现5种指标都显著影响医疗效能满意度，但影响效果不同，检查用药是否过多和基层用药范围效果有限，就诊习惯类指标和自评健康状况效果适中，就医体验类指标作用效果巨大。王晓燕和张建华（2015）从制度与个人两方面特点分析了医疗工作满意度影响因素，发现在制度特点方面，患者对医保制度整合与按病种付费的满意度较高。在个人特征方面，在低级医院接受治疗且工资较低的老龄病人满意度较低；在医疗服务满意度具体情况方面，郭林、管理定（2020）调查城市与农村中老年中慢性病患者的满意度，发现城市相比于农村中老年病人对医疗服务满意度更高，正常群体对医疗服务的满意度显著高于患病群体。李梅香和李凤丽（2013）考察了浙江省居民的满意度，结果显示，对于不同级别的医院，居民对医疗服务的不满意和满意的程度差距较大，且居民对于高级医院的满意度更大程度上影响了整体满意度。李志建和马进（2012）对上海居民的医疗服务满意水平进行调查，发现居民在各个维度中的满意情况并不一致，在医疗保险和药物制度维度中，居民满意度较低，但是居民整体满意度较往年有所提升；还有部分学者研究某特定方面对医疗服务满意度的影响，如徐超和孙文平（2016）发现“省管县”财政体制没能按预期提升居民满意度的医疗服务，反而降低了居民的期待。徐广路和沈惠璋（2015）发现基本医保政策显著影响医疗工作满意度，新农合、城镇职工基本医疗保险、城镇居民医疗保险对医疗工作满意度的提升程度依次递减。高琳（2012）采取微观与宏观的嵌套数据，挖掘出地方财政自主权能够有效提升居民医疗服务满意度。

国外学者较早就对医疗服务满意度有所关注，一些学者对患者满意度进行了界定：Pascoe 和 Gregory C（1993）认为病人满意度应该定义为病人基于生命健康等各方面对医疗服务产生的某种期望的基础上对经历的医疗服务的一种评价。Newsome PR 与 Wright G（1999）定义病人满意度为医疗机构为患者提供的服务满足病人需求的程度。部分学者研究了个体特征是否会对医疗服务满意度有所影响，Netta Bentur et al.（2004）剖析了以色列中患有慢性病的病人的满意度，认为正常患者与慢性病患者的满意度基本一致。Wilde B（1995）得出年龄会影响患者满意度，年龄越大，满意度越高，这或许与老年人较少表达对医疗服务的期望有关。还有部分学者研究外部因素对病人医疗服务满意度的影响：Sara N Bleich et al.（2009）根据部分欧盟国度调查出的数据，辨明外部因素对医患满意度的影响远大于医疗服务本身的影响。Kaja Polluste et al.（2004）通过分析罗马尼亚的医疗改革，发觉人们的医疗服务满意度在政府执行家庭医生制度后显著提高。Judith RP 与 Ann HB（1994）认为医生护士的态度、公共交通和医疗设施均会对患者满意度产生影响。Crow R（2003）得出当病人可以选择的医疗机构数量较少时，医疗服务满意度会下降。Young GJ 等人（2000）表明病人的医疗服务满意度会受到医院的科室设置和医院所在地理位置的影响。

综合来看，国内外学者关于医疗服务满意度的研究主要集中在满意度具体情况、从某方面考察对满意度的影响效果及影响满意度的具体因素上，多数都对接受过医疗服务的所有居民进行调研，但是对特定人群（如老年人群体）关于医疗服务满意度的研究相对不足，且多数文章在影响因素的选择过程中缺乏合理的分析框架。为此，本文针对老年人群体进行调查，运用安德森的医疗服务利用模型，借鉴相关学者研究经验，构建个人特征、保险制度、医疗环境资源 3 个分析框架，利用 2018 年中国健康与养老追踪调查数据库（CHARLS）建立多元回归模型，确定影响老年人医疗服务满意度的关键要素，并依此提出医疗服务改进的相关对策建议。

二、老年人医疗服务满意度基本情况

本文分析数据来自 2018 年“中国健康与养老追踪调查”（CHARLS）微观数据库①。此调查的对象为中国年龄≥45 岁的居民。CHARLS 通过县—村—家— 个人 4 个阶段进行抽样，且在县—村两级抽样中，均采用

① “中国健康与养老追踪调查”（CHARLS）项目承办于北京大学，其收集了一套有全国代表性的高质量长期跟踪调查数据，可用于全面、准确地描述中国 45 岁及以上居民的生活健康状况及其所处的家庭、社会、政策和自然环境，免费提供给学术界使用。

PPS 抽样，也就是按人口规模比例抽样，因此抽样过程具有科学性。样本范围覆盖我国 28 个省区市，现已公布 5 次全国追踪调查数据，CHARLS 的问卷调查范围较广，样本涵盖量大，因此具备较高代表性。同时调查问卷的目标对象是中老年群体，而此类人群所需医疗服务数量较多，因而选取 CHARLS 数据库的样本数据进行本文的研究具有针对性。此外，数据涵盖了居民身体素质情况、参与社保情况等信息，本文所需要的个人特征、保险制度与医疗环境资源数据均可在此数据库中查询到。

本文研究对象为年龄≥60 周岁的老年人，对数据进行筛选，共有 10795 组数据保留，继续筛选回答了医疗服务满意度问题的老年人，共有 2283 组数据保留，令 1=非常满意、2=比较满意、3=一般满意、4=较不满意、5=非常不满意，从数据中可得出老年人整体医疗服务满意度均值为 2.78，标准差为 1.252，非常满意程度占比 17.73%，比较满意程度比例为 25.35%，一般满意程度比例为 41.87%，较不满意程度占据 6.99%，非常不满意程度比例为 8.07%，可以看出老年人整体满意度较低，因为满意度越靠近 1 即非常满意程度，证明满意度越高，但满意度整体均值为 2.78，可见老年人医疗服务满意度距离非常满意程度还有进步空间。老年人医疗服务满意度可以部分反映我国老年人医疗服务体系完整程度，因而我国还需不断改善老年人医疗服务体系，打造多样化、多层次的医养康“一站式”服务体系。

（一）不同年龄老人满意度情况

如图 2-15 所示，柱形图表示不同年龄段老年人对于医疗服务的不同满意程度的选择比例，折线表示不同年龄段老年人的满意度的平均值。从选择比例来看，处于不同阶段的老年人对医疗服务满意程度的偏好较为一致，可见，不同年龄段的老年人对于医疗服务满意程度差异较小；从满意度均值来看，代表满意度均值的折线也较为平缓，60~65 岁的老年人的满意度均值略大于其他年龄段的老年人，即年龄处于 60~65 之间的老人满意度最低，而满意度最高的是年龄段处于 80 岁以上的老年人。

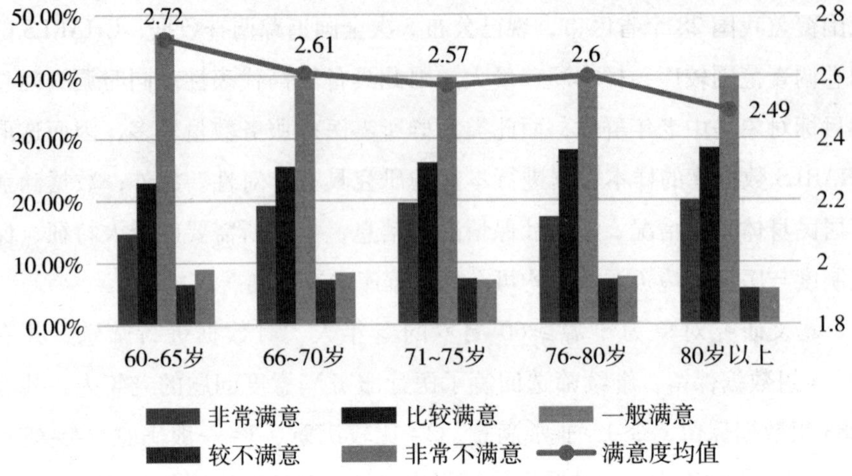

图 2-15　不同年龄段老人的医疗服务满意度差异

数据来源：2018 年中国健康与养老追踪调查数据库。

相对年轻的老年人满意度却较低，可见我国医疗服务缺乏对相对年轻的老年人的关怀，较年轻的老年人虽然较 80 岁左右的老年人身体情况较为硬朗，较少需要养老护理员或社工的照顾，但其也需要综合性的医疗服务，因此我国医疗服务应制定相应政策，关注开始步入老年行列的人群的医疗服务体系与模式。

（二）不同性别老人满意度情况

如图 2-16 所示，柱形图表示不同性别老年人对于医疗服务不同满意度的选择比例，折线表示男性与女性老年人对于医疗服务满意度的平均值。老年男性与老年女性在医疗服务满意度分布情况上较为一致，其中一般满意程度均占比最多，但是男性医疗服务满意度均值略高于女性医疗服务满意度，两者相差 0. 19，然而满意度均值越高代表满意度越低，可见老年女性满意度较高。

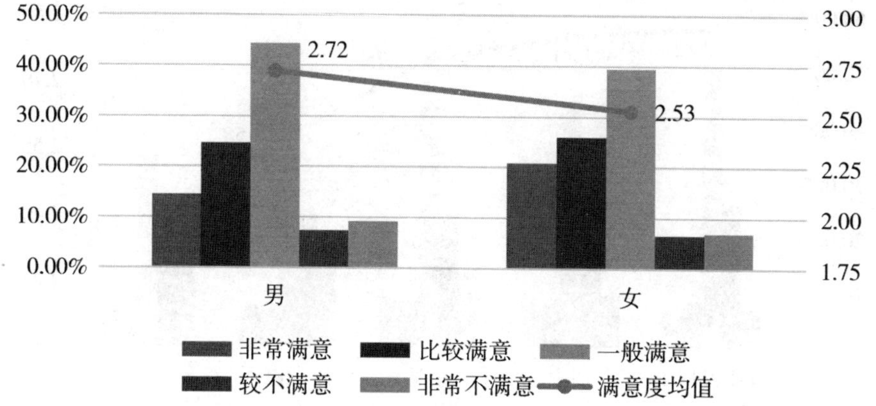

图 2-16 不同性别老人的医疗服务满意度差异

数据来源：2018 年中国健康与养老追踪调查数据库。

（三）不同文化程度老人满意度情况

从图 2-17 可以看出，不同文化程度的老年人的满意度有一定差别。绿色折线均值越高证明满意水平越低，医疗服务满意度最低的是学历在高中及以上的老年人，满意度均值达到 2.82，文盲文化程度的老年人对医疗服务满意度最高，满意度均值为 2.38，二者相差 0.44。

整体来看，老年人医疗服务满意程度随文化程度升高而降低，这与常规现象略有不符。一般来说，文化程度越高，越能够理解医疗服务流程，遵守医嘱，痊愈效果越好，进而满意度越高。但是调查显示，满意度最低的老年人的学历为高中及以上，这可能是因为老年人的文化程度越高，对服务质量的要求也就越高，而文化水平较低的老年人对医疗服务的批评意识还不足，要求也就较低。

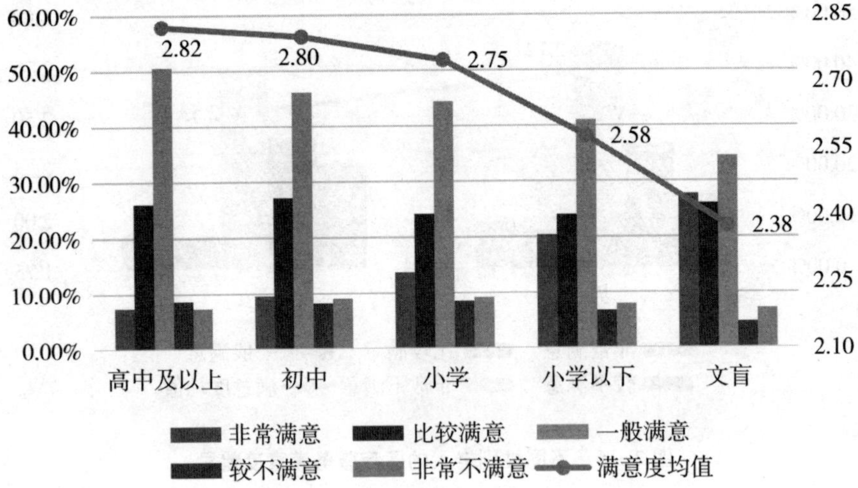

图 2-17　不同文化程度老人的医疗服务满意度差异

数据来源：2018 年中国健康与养老追踪调查数据库。

（四）不同地域老人满意度情况

由图 2-18 可知，不同地区的老年人对医疗服务满意水平有一定差异。从选择比例来看，不同地域老年人对于医疗服务满意度的选择较为一致，其中选择一般满意的人在各个地域均占比最多；从满意度均值来看，处于特殊地区和城乡或镇乡接合区老年人的满意度较低，满意度均值分别为 2. 88 和 2. 87。最高满意度均值属于农村地区的老年人，为 2. 53。

城乡老年人的满意度出现“倒挂”现象，城市医疗服务资源相比于农村更加丰富，医疗机构也相比于农村更加高级，但城市老年人的医疗服务满意度相比于农村老年人却较低，这与常规假设相违背，或许是因为乡村医疗资源缺乏，进而农村老年人大多前往城市医疗机构治病，导致城市医疗资源过于拥挤，消耗了城市中的老年人对城市中医疗服务的原始期望。因此应增强农村的医疗服务资源建设，为乡村贡献更加完善的医疗服务。

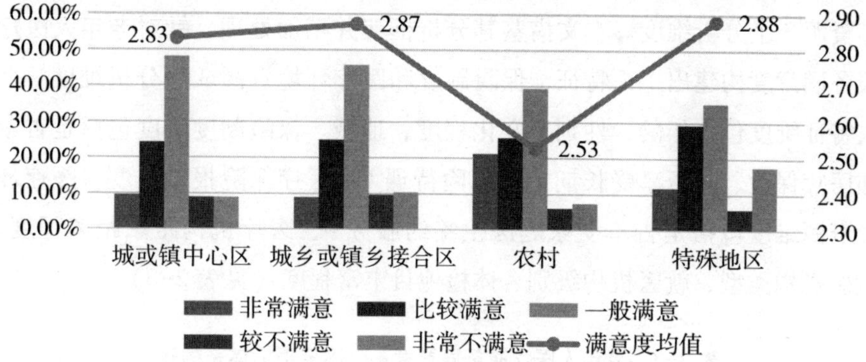

图 2-18 不同地域老人的医疗服务满意度差异

数据来源：2018 年中国健康与养老追踪调查数据库。

三、老年人医疗服务满意度影响因素实证分析

（一）分析框架及变量选择

1. 分析框架

安德森的医疗服务利用模型①最初被用于家庭医疗服务利用的影响因素的分析，主要包含“倾向特征”“需求”与“使能资源”。倾向特征指人们日常生活中尤其是疾病发生前是否倾向于使用各项医疗服务，倾向特征中又包含 3 类：社会结构、健康与人口特点。需求指人们对医疗服务的需要，主要包括感知需要和评估需要。使能资源指医疗服务对于人们的可获得性以及人们获取医疗服务的能力，主要包含家庭资源和社区资源。安德森对其模型经过 5 次修改后，形成了个体特征、医疗行为和情境特征 3 个变量，该模型现被广泛应用于探索个体对医疗服务的利用行为的影响因素等方面。

本文借鉴雷咸胜的分析框架，并加以适当修改，雷咸胜把安德森的医

① 安德森模型是一个概念模型，1968 年由美国芝加哥大学教授安德森博士创建，旨在阐释为什么家庭利用卫生服务界定和衡量卫生服务的公平可及性。

疗服务利用模型和中国具体国情相融合，构建了个体特征、政策环境与医疗资源 3 个分析维度。本文借鉴其分析框架并稍加处理，针对老年人医疗服务满意度构建出个人特征、保险制度和医疗环境资源 3 个分析维度。个人特征维度包含年龄、性别、文化程度、地域。保险制度维度包括是否参加医疗保险、是否享受长期护理保险待遇①、医疗保险报销程度。医疗环境资源维度包括是否享受家庭医生签约服务②、医疗机构距家距离程度、就医机构类型、就医机构级别、体检项目丰富程度（见表 2-3）。

表 2-3　老年人医疗服务满意度影响因素指标体系构建

<table>
<tr><th>被解释变量</th><th>维度</th><th>解释变量</th></tr>
<tr><td rowspan="12">老年人医疗服务满意度</td><td rowspan="4">个人特征</td><td>年龄</td></tr>
<tr><td>性别</td></tr>
<tr><td>文化程度</td></tr>
<tr><td>地域</td></tr>
<tr><td rowspan="3">保险制度</td><td>是否参加医疗保险</td></tr>
<tr><td>是否享受长期护理保险待遇</td></tr>
<tr><td>医疗保险报销程度</td></tr>
<tr><td rowspan="5">医疗环境资源</td><td>是否享受家庭医生签约服务</td></tr>
<tr><td>医疗机构距家距离程度</td></tr>
<tr><td>就医机构类型</td></tr>
<tr><td>就医机构级别</td></tr>
<tr><td>体检项目丰富程度</td></tr>
</table>

2. 研究假设

基于上述分析框架的建立，首先假定第二层次的 3 种维度会对医疗服务

① 长期护理险主要是被保险人在丧失日常生活能力、年老患病或身故时，为其提供护理保障和经济补偿的制度安排。

② 指家庭与就近医疗服务机构中的医疗团队签约后，医疗团队为家庭成员提供健康评估、康复指导、家庭护理、远程健康监测等一系列医疗服务。

满意度产生影响，但由于这三种维度中又包含多种因素，不能草率地直接全部确定其对医疗服务满意度的影响方向，因此本文列出以下 3 个研究假设：

假设 1：老年人的个人特征对医疗服务满意度的影响显著。个体特征不一致，满意度会有差别。

假设 2：保险制度对医疗服务满意度的影响显著。老年人参与保险制度越积极，医保报销程度越高，医疗服务的满意度越高。

假设 3：医疗环境资源对医疗服务满意度有显著性影响。医疗资源越丰富，医疗机构越高端，老年人的满意度就越高。

3. 变量分析

由表 2-4 可看到各个变量的名称、定义与占比、均值与标准差。

表 2-4　变量描述性分析

变量名称	变量	定义与占比	均值	标准差
年龄	x_1	60～65 岁 = 1（23.38%），66～70 岁 = 2（23.55%），71～75 岁 = 3（14.83%），76～80 岁 = 4（9.27%），80 岁以上 = 5（28.97%）	2.97	1.556
性别	x_2	男 = 1（48.59），女 = 2（51.41）	1.51	0.499
文化程度	x_3	高中及以上 = 1（11.38%），初中 = 2（15.82%），小学 = 3（22.20%），小学以下 = 4（22.65%），文盲 = 5（27.94%）	3.39	1.341
地域	x_4	城或镇中心区 = 1（22.48%），城乡或镇乡接合区 = 2（7.37%），农村 = 3（69.85%），特殊地区 = 4（0.30%）	2.48	0.839
是否参加医疗保险	x_5	是 = 1（97.96%），否 = 2（2.04%）	1.02	0.141
是否享受长期护理保险待遇	x_6	是 = 1（0.15%），否 = 2（99.85%），	1.99	0.038
医疗保险报销程度	x_7	非常高 = 1（5.66%），较好 = 2（9.05%），一般 = 3（13.12%），较低 = 4（6.33%），非常低 = 5（65.84%）	4.17	1.277

续表

变量名称	变量	定义与占比	均值	标准差
是否享受家庭医生签约服务	x_8	是=1（6.25%），否=2（93.75%），	1.94	0.242
医疗机构距家距离程度	x_9	距离非常近=1（29.55%），距离较近=2（48.91%），距离一般=3（7.91%），距离较远=4（11.86%），距离非常远=5（1.77%）	2.02	0.929
就医机构类型	x_{10}	公立=1（18.86%），私立=2（81.14%）	1.81	0.391
就医机构级别	x_{11}	军队=1（0.78%），省/部属=2（7.41%），地/市=3（17.74%），县/市/区级=4（68.23%），其他=5（5.85%）	3.70	0.720
体检项目丰富程度	x_{12}	很丰富=1（13.26%），较丰富=2（19.44%），一般=3（23.47%），较不丰富=4（20.73%），非常少=5（23.10%）	3.21	1.346

（二）模型构建与实证检验

1. 信度与效度检验

为证实实证结果的科学性，需要首先对数据实施信度与效度检验。信度即测量的可靠性，由样本数据计算出克朗巴赫系数是0.78，可得数据的可靠性较高。效度指测量的准确性，stata计算出KMO值为0.821，显著性水平为0.000，证明样本数据效度较好。

2. 相关性分析

回归分析之前需要对变量进行相关关系检验，本文运用stata进行相关性分析，如表2-5所示，变量（1）到（13）分别代表年龄、性别、文化程度、地域、是否参加医疗保险、是否享受长期护理保险待遇、医疗保险报销程度、享受家庭医生签约服务、医疗机构距家距离程度、就医机构类型、就医机构级别、体检项目丰富程度、医疗服务满意度。由表2-5可见因变量与部分自变量相关，能够进行回归分析。

表 2-5 变量相关系数矩阵

变量	(1)	(2)	(3)	(4)	(5)	(6)	(7)	(8)	(9)	(10)	(11)	(12)	(13)
(1)	1.000												
(2)	-0.003	1.000											
(3)	0.123***	0.370***	1.000										
(4)	0.023	0.037	0.451***	1.000									
(5)	0.018	-0.010	0.067**	0.067**	1.000								
(6)	-0.031	0.048	-0.033	0.019	0.008	1.000							
(7)	0.089*	0.135***	0.217***	0.198***	0.011	-0.044	1.000						
(8)	-0.008	0.069**	-0.150***	-0.004	0.006	-0.021	0.198***	1.000					
(9)	-0.094***	-0.030	0.062*	0.209***	0.030	0.069**	-0.057	-0.030	1.000				
(10)	-0.024	-0.108***	-0.109***	-0.122***	-0.008	0.037	-0.272***	-0.113***	0.129***	1.000			
(11)	0.093**	0.035	0.247***	0.267***	-0.042	-0.018	0.070	-0.087*	0.029	-0.163***	1.000		
(12)	-0.063**	-0.107***	-0.253***	-0.293***	-0.014	0.005	-0.193***	-0.055*	-0.071**	0.128***	-0.159***	1.000	
(13)	-0.039	0.048	-0.024	-0.143***	-0.028	0.031	0.113**	0.025	0.146***	-0.157***	0.005	0.019	1.000

*** 为 $p<0.01$，** 为 $p<0.05$，* 为 $p<0.1$。

3. 模型构建

基于分析框架及变量选择，构建医疗服务满意度线性回归模型，见式（3.1）。

$$y = \beta_0 + \sum_{i=1}^{j} \beta_i x_i + \varepsilon \tag{3.1}$$

其中，y 为医疗服务满意度，x_1 指年龄，x_2 指性别，x_3 指文化程度，x_4 为地域，x_5 为是否参加医疗保险，x_6 为是否享受长期护理保险待遇，x_7 为医疗保险报销程度，x_8 为是否享受家庭医生签约服务，x_9 为医疗机构距家距离程度，x_{10}为就医机构类型，x_{11}为就医机构级别，x_{12}为体检项目丰富程度，β_0为回归线的截距，β_i 为模型中各变量回归系数，j 表示变量个数，ε 为随机误差扰动项。

4. 实证检验

本文运用 stata 得到回归模型结果。如表 2-6 所示，自变量年龄、性别、文化程度、是否参加医疗保险、是否享受长期护理保险待遇、是否享受家庭医生签约服务、就医机构类型、体检项目丰富程度所对应的 p 值均大于 0.05，对医疗服务满意度的影响不显著。另一部分自变量所对应的 p 值在表中均小于 0.05，对医疗服务满意度的影响大小排序如下：就医机构级别>医疗机构距家距离程度>地域>医疗保险报销程度，因此得到以下模型：

$$y = 0.484\, x_{11} + 0.337\, x_9 - 0.234\, x_4 + 0.202\, x_7 - 1.041 \tag{3.2}$$

表 2-6　老年人医疗服务满意度回归结果

Source	SS	df	MS	Number of obs = 2，282 Number of obs = 13
Modle	1165.861	12	97.155	F（1，11）= 138.11
				Prob > F = 0.000 Sig.

续表

Residual	1596.183	2，269	0.703	R-squared = 0.422		
				Adj R-squared = 0.419		
Total	2762.044	2，281	1.211	Root MSE = 0.839		
满意度	Coef.	Std. Err.	t	P>|t|	[95% Conf. Interval]	
年龄	0.031	0.035	0.90	0.368	−0.037	0.099
性别	−0.103	0.086	−1.19	0.234	−0.272	0.067
文化程度	0.028	0.035	0.79	0.432	−0.042	0.097
地域	−0.234	0.054	−4.30	0.000	−0.341	−0.127
是否参加医疗保险	−0.182	0.523	−0.35	0.728	−1.211	0.847
是否享受长期护理保险待遇	0.310	0.735	0.42	0.673	−1.136	1.756
医疗保险报销程度	0.202	0.034	5.98	0.000	0.135	0.268
是否享受家庭医生签约服务	0.262	0.166	1.58	0.115	−0.064	0.589
医疗机构距家距离程度	0.337	0.038	8.79	0.000	0.261	0.412
就医机构类型	0.149	0.119	1.25	0.213	−0.086	0.384
就医机构级别	0.484	0.039	12.14	0.000	0.406	0.563
体检项目丰富程度	0.028	0.036	0.78	0.434	−0.043	0.099
_cons	−1.041	1.613	−0.65	0.519	−4.216	2.133

由表4可得，模型整体的p值为0.000证明本文回归模型整体显著；各个自变量的p值都低于0.05，因此可得回归方程中的4个自变量与医疗服务满意度这一因变量均有显著的线性关系。从模型回归结果可以发现，个人特征、保险制度、医疗环境资源这三个维度对因变量影响有所差异。

（三）结果分析

由上述回归结果可知不同变量对医疗服务满意度的影响并不相同，接下来本文将从个人特征、保险制度、医疗环境资源三方面对回归结果进行分析。

在个人特征因素中，年龄、性别、文化程度这三种因素对医疗服务满意度的影响不显著。地域对医疗服务满意度显著，且呈负相关。该结果与预期假设局部符合，因此假设2可以得到部分支持。医疗服务满意度显示较高的为农村地域的老年人，而满意度较低的为城市地域的老年人。但是城市医疗条件高于农村，为何医疗服务满意度却与之相反？为调查其中原因，本文把地域作为控制变量，将城或镇中心区与城乡或镇乡接合区变量为所在样本作为一组，农村与特殊地区所在样本作为另一组，以满意度作为因变量，把其余变量设置为自变量，分别采用线性回归方法，探查不同地域老年人对医疗服务满意程度不同的原因，结果如表2-7所示，其中（1）代表城市与城乡接合区所得结果，（2）代表农村与特殊地区所得结果。

表2-7 不同地域样本线性回归系数

VARIABLES	（1）y	（2）y
年龄	0.058 （1.13）	0.006 （0.15）
性别	-0.203 （-1.63）	-0.039 （-0.35）
文化程度	0.073 （1.38）	0.015 （0.34）
地域	-0.157 （-1.08）	0.031 （0.90）
是否参加医疗保险	-0.181 （-0.35）	-0.238 （-0.52）
是否享受长期护理保险待遇	0.315 （0.40）	0.310 （0.42）
医疗保险报销程度	0.341*** （6.58）	0.094 （2.19）
是否享受家庭医生签约服务	0.785 （2.62）	-0.069 （-0.40）

续表

VARIABLES	(1) y	(2) y
医疗机构距家距离程度	0.299*** (5.36)	0.275*** (5.35)
就医机构类型	0.359 (1.57)	-0.067 (-0.54)
就医机构级别	0.282*** (4.54)	0.647*** (12.44)
体检项目丰富程度	0.056 (0.89)	0.006 (0.17)
Constant	-2.612 (-1.51)	0.163 (0.23)
Observations	681	1601
R-squared	0.5598	0.7122

由结果可知，医疗机构距家距离程度、就医机构级别对农村和城市老年人的医疗服务满意度的影响都较为显著，而医疗保险报销程度只对城市老年人的满意度影响显著。农村医疗制度主要的表现形式是农村合作医疗制度，此制度与城镇医保的差异在于报销范围和报销比例上。在农村，新农合能够报销的范围相对较窄，较高级医院的门诊费用难以报销，只有病情严重到需要住院时才给予报销，大多数情况下只能报销县城低级医院和乡镇卫生所的门诊费用。在城镇，高级医院的住院费用和门诊费用多数可以由相关社会保险机构报销，但随着就医所在医院等级的升高，能够得到的报销比例会降低。城市老年人满意度高于农村老年人的原因可以从以下两方面解释：一方面，由回归结果可知，城市老年人相比于农村老年人，对于医疗服务满意度评估的侧重因素中更加注重报销程度，并且即使城市老年人能够得到的医疗保险报销水平较高，他们对报销程度也十分不满意，这甚至还拉低了整体城市老年人对医疗服务的满意程度。另一方面，农村医保虽然报销比例较低，但是农村老年人对此的关注同样较低，他们

更加重视就医机构级别与医疗机构距家距离程度这两个因素，并且对这两个因素较为满意，这可能导致农村老年人对医疗服务满意度比城市老年人较高。

在保险制度因素中，是否参加医疗保险、是否享受长期护理保险待遇对医疗服务满意度的影响不显著。而医疗保险报销程度对医疗服务满意度显著，且呈正相关。该结论与预期假设只有部分符合，因此可以说之前设置的假设 2 部分正确。目前我国医疗保险种类众多，并且医疗保险参保人数已达到约 97%，老年人参加医疗保险的比例达到 97.96%，因此可以说，目前我国的医疗保险覆盖率相对较高，大多数老年人具有医保，而医疗保险在成为几乎每位老年人必需品的情况下，对医疗服务满意度的影响自然较小。而长期护理保险的情况正与医疗保险相反，2016 年才于我国 15 个城市进行试点，参保率低，享受该险的老年人相对较少，因此，对医疗服务满意度影响效果不大。医疗保险的重要功能之一是对被保险人因疾病风险而导致的经济损失进行赔偿，医疗保险报销程度便能够有效反映医疗保险的补偿力度，由回归结果可见医疗保险报销程度越高，老年人对医疗服务越满意。我国医保报销范畴较为复杂，不同类型药品报销程度不同，报销起付线也因医院的级别而异，报销模板多数情况下为报销金额=（治疗总费用-起付线-自费部分）×报销比例（70%~90%），起付线因地区而异，一般从 1000 元~2000 元不等，参加医疗保险的老年人期望生病时其可以报销自己的医疗费用，尤其老年人疾病发生率较高，前往医院的频率较多，医疗消费占据日常总消费也就较多，因此如果医疗保险报销程度越大，老年人因疾病而导致的经济损失就会越少，他们对医疗工作的满意程度便越高。

在医疗环境资源因素中，是否享受家庭医生签约服务、就医机构类型、体检项目丰富程度对医疗服务满意度的影响不显著。而就医机构级别、医疗机构距家距离程度对医疗服务满意度显著，且呈正相关。该结论与预期假设只有部分符合，因此可以说之前假定的假设 3 部分正确。医疗机构距家越近，满意度越高，说明就医便利程度影响着老年人的满意程度：一方面，老年人体力较差，若是距医疗机构遥远，在患病时还需奔波于长远路途，难免身心俱疲；另一方面，路途用时过长，甚至可能影响急病医治的最佳时间，导致病情加重。因此政府应根据居民居住密度合理选择各个医院的建设地理位置，尤其应在老年人居住密集区域加强医疗机构的构建，方可缩短老年人居住地与医疗机构之间的距离，同时能够减少老年人奔波的时间，也能够提高老年人的满意度。老年人医疗服务满意度随着就医机构的级别升高而增加，我国的医疗机构按照医院规模、硬件设备、人员编制等分为三个等级，在每个等级之中又可以分为甲乙两等。一级医院包括城市中的小规模街道医院和农村多数卫生站，二级医院包括省级城市的区级、县级、市级医院以及企事业单位对应医院，三级医院包含各地区直属的重点市级医院和医学学校的从属病院。可见级数越高，所在地域范围越大，医疗设施与人员配备越健全，老年人能够在此得到的医疗救治越高超，疾病救助成功可能性越大，进而满意程度越高。

四、提升老年人医疗服务满意度相关对策

（一）加强基层医疗卫生服务体系建设，加快医疗保险制度的整合步伐

目前城乡医疗服务资源丰富程度还有一定差距，因此要增强农村地区的医疗服务供给，尤其是偏远贫困的农村地区。可以从资源、人员、老年人需求三方面入手。首先应注重基础设施建设，如乡村社区卫生站等。对乡村医疗事业给予更多财政方面的投入，增强农村地区及基层的高级医疗机构力量，使老年人能够就近前往高级医院进行治疗。各地政府需要适当调整现有的财政投入比例，让更多的资金流入老年群体医疗服务系统的建设，提升落后地区的医疗服务水平。其次应提升医疗服务人员的能力，对他们进行适度培训。同时，允许医生自由行医，许可医生在职位间自由流动，吸引更多优质专业服务人员入农村医疗机构，提高乡村医疗办事水

平，使农村老年人能够就医。另外，目前老年人对医疗效能的需要也在逐渐提升，因此，有必要进一步调查乡村老人的医疗服务需要，同时供应方应大力生产相应医疗服务产品并丰富产品种类，从不同方面使不同体质的农村老年人的需要得到满足，进而提高农村老年人的满意程度。

在制度方面，以往碎片化的医保制度导致群体间得到的待遇差异较大，目前城镇居民基本医保与新农合①这两项制度已经基本合并，为全民医保的实现迈出了坚实一步，之后应继续巩固城乡居民基本医保制度，提升多种医保制度的统一速度，缩小不同制度间的差距，形成全民统一的医保体系。因为我国不同地区经济发展水平具有显著差距，故而各地经济社会推进程度应被纳入医保一体化发展应考虑的因素中，要做到逐步分阶段推动合并，进而缩减城市和农村老年人在获得医疗服务方面的差异，令城乡老年人能够平等地获得各项服务。同时需要注意参保的公平性和待遇的平等性问题，增强制度的公平性，确保制度发展的续航能力。

（二）适度提升老年人医保报销比例，增大政府补贴力度

提升医疗报销比例能够给予老年人物质补偿，减轻老年人医疗费用负担，进而提升老年人对于服务的满意度。一般来说，报销比例随医院级别升高而降低，三级医院的报销比例最低，社区卫生服务中心和村卫生室门诊报销比例最高。因此，应鼓励老年人根据自己病情的严重程度前往相应级别的医疗机构，如此能够最大限度为老年人减少个人负担的医疗费用比例。同时，一些级别较高的医院也应针对高龄老年人适度降低起付线的标准，为老年人提供质量高端、价格亲民的服务。另外，对于参保高龄老人，由于其体质较弱、发病率高的特点，他们的医疗保险报销比例可以相对于参保年轻人提升 3~5 个百分点，尤其是住院医疗费用，老年人手术过后需住院观察并康复，对于老年人的住院费用报销比例可以提升 5~8 个百分点，经费充足的地区应摸索对于较为贫困的老年人取消封顶线，使贫困

① 新型农村合作医疗（简称“新农合”）是指由政府组织，农民自愿参加，个人、政府等多方筹资，以大病统筹为主的农民医疗互助共济制度。

老年人因疾病住院有所保障。最后，应加大政府对于老年人医疗保险的补贴力度，中央政府可以制定相关政策文件并下达给各地方政府，增强政府对老年人医疗服务的帮助，保障老年人医保基金充足。

（三）建立建全分级诊疗机制，大幅度增强基层医疗服务水平

老年人的满意度随医疗机构级别上升而增高，原因在于各地区优质人力资源和顶级医疗服务资源大部分集中在高级别医疗机构，因此需要推进医疗体系革新，如增加设施采购，加速医务人员队伍构建，平均分配就医机构级别，适当增加高级就医机构数量，推进分级诊疗。首先，要培养养老护理员及护工等人才，增强基层医疗服务水平。可以在各个高校开展相关课程，激发学生兴趣。各级政府应加强政策引导，动员各毕业生自医学院校毕业后前往乡镇基层卫生院或城市社区街道卫生站工作，激励医生护士到基层、农村和边远地区提供医疗服务。其次是进一步增强乡镇医院、区县医院等基层医疗机构的设备建造，如增加卫生室数量，扩大医疗机构规模，明确各级医院的规划及职能，还应逐步提升基层医疗技术。最后需推进分级诊疗，一方面对于老年人要纠正他们的就医惯性，引导老年人前往基层就医，提升基层医疗就诊频率，形成“小病于基层，大病于医院，康复于社区”的就诊习惯。另一方面对于大医院要进行改革，许多高级医院为了创收，来者不拒，造成了基层诊所门可罗雀，大医院人满为患。因此，有必要探索一种转院制度，对于小的疾病，高级医院皆不予受理，并由附近的卫生室或社区保健中心负担。在特殊状况下，再转移至高级医院。这将促进分级诊疗体系的发展。

（四）提升老年人就医便利程度，实现“互联网+”医疗服务体系

积极发展“互联网+”医疗服务，加强医疗服务供给的多样性。老年人的满意度随医疗机构距离变近而升高，因此需提高就医机构便利程度，“互联网+”医疗服务便能够避免医疗服务地理位置分布不均的局面。政府应提供政策导向引导医疗环境资源向老年人聚集区域倾斜，同时，相关部门应对“互联网+”医疗服务进行相应的宣传，派遣专人前往老年社区，

引领老年人学会网上问诊，如此老年人可以拥有更多的医疗服务选择权，同时也可以使医疗服务的获得更加方便。

参考文献

[1] 王晓燕，杭丹. 基于结构方程模型的新医改背景下医疗服务满意度影响因素分析 [J]. 数学的实践与认识，2016，46 (22)：82-89.

[2] 王延中，江翠萍. 农村居民医疗服务满意度影响因素分析 [J]. 中国农村经济，2010 (08)：80-87.

[3] 张琪，王德永. 医疗服务满意度影响因素实证研究 [J]. 卫生经济研究，2019，36 (07)：63-66.

[4] 王晓燕，张建华. 新医改背景下医疗服务满意度影响因素实证研究：基于13省、直辖市的22个市（县）调查数据 [J]. 江西财经大学学报，2015 (04)：59-67.

[5] 郭林，管理定. 健康中国建设背景下医疗服务满意度的实证评价与政策优化 [J]. 中山大学学报（社会科学版），2020，60 (01)：188-197.

[6] 李梅香，李凤丽. 浙江省居民医疗服务满意度研究：基于对大医院、私人门诊和社区医院的调查 [J]. 社会保障研究，2013 (03)：73-80.

[7] 李志建，马进. 居民对基层医疗服务满意度的实证研究：基于上海市居民问卷调查的数据分析 [J]. 调研世界，2012 (08)：15-19.

[8] 徐超，孙文平. 分权的"悖论"："省管县"改革对居民医疗服务满意度的影响 [J]. 财经研究，2016，42 (04)：38-48.

[9] 徐广路，沈惠璋. 基本医疗保险对基本医疗服务满意度及社会冲突感的影响 [J]. 保险研究，2015 (02)：117-127.

[10] 高琳. 分权与民生：财政自主权影响公共服务满意度的经验研究 [J]. 经济研究，2012，47 (534)：87-99.

[11] Pascoe，Gregory C. Patient satisfaction in primary health care：A literature review and analysis [J]. Evaluation and Program Planning. 1993，16

(6): 185-210.

[12] Newsome PR, Wright G. Patient management: A review of patient satisfaction: 2. Dental patient satisfaction: an appraisal of recent literature [J]. British Dental Journal, 1999, 186 (4): 166-170.

[13] Netta Bentur, et al. Satisfaction with and access to community care of the chronically ill in Israel's health system [J]. Health Policy 2004, 67: 129-136.

[14] Wilde B, Larsson G, Larsson M, et al. Quality of care from the elderly person's perspective: subjective importance and perceived reality [J]. Aging, 1995, 7 (2): 140-149.

[15] Sara N Bleich, et al. How does satisfaction with the health -care system relate to patient experience [J]. Bull World Health Organ, 2009, 87: 271-278.

[16] Kaja Polluste, et al. Evaluation of Primary Health Care Reform in Estonia from Patients' Perspective: Acceptability and Satisfaction [J]. Croat Med, 2004, 45: 582-587.

[17] Judith RP, Ann HB. The effect of a racially consonant medical context on adjustment of African-A m erican pa tierts to py sical di sahi lity [J]. Medical Anthropology, 1994, 16 (1-4): 1-16.

[18] Crow R, Page H. The measurement of patient satisfaction: implications for health service delivery through a systematic review of the conceptual, methodological, and empirical literature [J]. Health technology Assessment, 2003, 6 (32).

[19] Young GJ, Meterko M, Desai KR. Patient satisfaction with hospital care: effects of demographic and institutional characteristics [J]. Medical Care, 2000, 38 (3): 325-334.

[20] 雷咸胜. 城乡居民医疗服务满意度比较研究: 基于 CGSS

（2015）数据的实证分析［J］. 农业技术经济，2019（04）：16–28.

A study on the influencing factors of medical service satisfaction of the aged Empirical analysis based on CHARLS data

Social Security School of Political Science and Public Administration, Wuhan University, Wuhan 430072, Hubei, China

Abstract: Understanding the degree of satisfaction of medical service for the elderly is helpful to improve the quality of medical service and make the elderly live longer and healthier. Based on Andson's medical service utilization model and using the 2018 China Health and old-age tracking survey database, this paper constructs three analysis dimensions: Personal Characteristics, insurance system, and medical environmental resources, the analysis framework of 12 influencing factors, and then this paper uses stata to construct multiple regression model to carry on the empirical analysis, region, degree of reimbursement of medical insurance, level of medical institution and distance from home are the important factors that affect the satisfaction of medical service. Finally, according to the analysis results, some countermeasures are put forward, such as strengthening the construction of primary medical service system, appropriately increasing the proportion of medical insurance reimbursement for the elderly, establishing a full-grade diagnosis and treatment mechanism, and constructing the "Internet plus" medical service system.

Key words: Medical service; Satisfaction; Influencing factors

荆门市人口老龄化与养老服务体系建设调研报告

杨红燕　马兴基

作者简介：杨红燕，女，教授，博导，教育部重点研究基地武大社保中心“健康老龄化研究所”所长，国家社科、国家自科、教育部及多个CSSCI \ CSCD \ SSCI 等机构（期刊）评审专家，注册会计师，英国牛津大学访问学者。主持国家级、省部级等多项科研项目，出版专著2部，论文集1本、教材1部，在权威、核心刊物发表论文60多篇，部分论文被《新华文摘》、人大报刊复印资料等全文转载。主要从事社会保障与公共财政、医疗保障与卫生应急管理等领域的研究。

马兴基（1998—），男，河北保定人，武汉大学社会保障专业硕士研究生，本科毕业于武汉大学劳动与社会保障专业。研究方向：社会保障理论与政策。

截至 2018 年年末，中国 60 岁及以上人口为 24949 万人，占总人口的比值为 17.9%，而 65 岁及以上人口数为 16658 万人，占比为 11.9%①，老龄化程度进一步加深。根据联合国经济和社会事务部人口司的预测数据，到 2030 年 65 岁及以上老年人口数量将达到 2.46 亿，未来 30 年内的老龄化程度将会加快，并在一个长时间内保持高位水平。在老龄化程度加深、老年人口数量以及老年抚养比日渐提高的情况下，完善我国的养老服务体系对于应对人口老龄化危机、提高老年人的生活质量显得十分必要。

2019 年 4 月国务院发布《国务院办公厅关于推进养老服务发展的意见》中明确深化放管服改革，破除养老服务发展的障碍，以推动养老服务高质量发展。荆门市作为人社部（国家医保局）推行的长期护理保险湖北省唯一的试点城市，以及民政部推行的第 4 批居家和社区养老服务改革试点城市②，在养老服务及“长护险”方面取得了突出的成就，具有很高的典型性及代表性。

基于此，课题主持人杨红燕教授率领“人口老龄化与养老服务体系建设研究”课题组于 2019 年 6 月前往湖北省荆门市进行养老服务体系与长期护理保险制度建设的调研③。调研过程中，课题组与荆门市民政局、财政局、医保局、卫健委等养老服务与长护险相关职能部门开展了座谈，并走访了荆门市区及下辖的钟祥市、京山市、沙洋县的浏河社区、白石坡、白龙等 10 多个城市社区，福寿居和千福园等 10 多个城市养老机构，马良镇邓集村和马岭村老年人互助照料中心等近 10 个农村养老机构，与社区、养老机构工作人员，以及享受社区、机构养老服务或接受长护险的居民开展了访谈。课题组希望通过调研，能够深入了解荆门市养老服务以及长期护理保险开展情况，总结养老服务体系和长期护理保险制度的有益经验，为

---

① 资料来源：国家统计局，《2018 年国民经济和社会发展统计公报》，2019 年 2 月 28 日，http：//www. stats. gov. cn/tjsj/zxfb/201902/t20190228_ 1651265. html.

② 在课题组调研时，荆门市民政局已经积极申报了全国第 4 批居家和社区养老服务改革试点城市，并于调研结束后获批。

③ 教育部人文社会科学重点研究基地重大项目“人口老龄化与养老服务体系建设研究”（项目批准号：16JJD840009）。

进一步完善相关制度提供政策建议。

一、荆门市社会经济与人口老龄化的基本情况

（一）荆门市的经济发展和人均收入水平

荆门市位于湖北省中部，有2个市辖区、1个县，代管2个县级市，总面积1.24万平方千米，截至2018年年底，全市户籍人口292.85万人，户籍人口城镇化率40.08%①。荆门市有着源远流长的“孝”文化与“长寿”文化。荆门市的钟祥县古称长寿县，存在众多以长寿命名的地区，如长寿店、长寿村、长寿河等，同时民间养猫养龟，多种植松竹、桃林，以动植物作为长寿的象征，祈求长寿，并在历史上形成了为长者祝寿的习惯及礼仪系统。

2018年荆门市GDP达1847.89亿元，在湖北省13个地级市中，排名第7②，处于中游水平。从居民收入方面来看，全市居民人均可支配收入26073元，其中城镇常住居民人均可支配收入为33779元，农村常住居民人均可支配收入为18776元③。

（二）荆门市的人口结构与老龄化程度

荆门市的老龄化程度比较高，老年人口绝对数量大且增长速度快，高龄化现象明显，失能、半失能老人较多，凸显出完善养老服务体系、建设“长护险”的急迫性。2018年年底，荆门市60周岁及以上老年人口数为54.17万人，老龄化率达18%，80周岁以上老年人7.09万，占人口总数的2.36%，即全市100位人中就有2位超过80岁的老人；失能（伤残）老年人1.03万，占人口总数的0.34%，呈现出老龄人口基数大，增长快，高龄、失能、半失能老人大幅增加的特点。同时，根据荆门市第六次全国人口普查数据显示，2010年荆门市常住人口家庭户数为818567户，家庭户

---

① 荆门统计摘要，荆门市统计局。

② 荆楚网. 2018湖北各地级市GDP出炉：全省人均跨入1万美元大关，中部领先[EB/OL]. http://bbs.cnhubei.com/forum.php?mod=viewthread&tid=4618017.

③ 荆门市统计局. 荆门市2018年国民经济和社会发展统计公报[EB/OL]. http://www.tjcn.org/tjgb/17hb/35802_2.html.

人口为2649504人，平均每个家庭户的人口数为3.24人，比2000年第五次全国人口普查减少0.28人①。

二、荆门市养老服务体系的基本情况

荆门市制定了不少养老服务、长期护理保险领域的政策文件，如《荆门市养老服务体系三年行动计划（2016—2018年）》《荆门市长期护理保险办法（试行）》等，构建了比较健全的居家和社区养老服务政策支撑体系。在此基础上，荆门市积极开展社区和居家养老服务实践，并在医养结合、智慧养老等方面进行了有益的探索，形成了具有荆门特色的养老服务模式。同时，还稳步推进“长护险”建设，长护险与养老服务体系相互衔接、相辅相成，共同促进了荆门市居民养老服务筹资与服务供给需求的满足。

在调研中，我们就荆门市养老服务体系内容、“长护险”试点的政策机制与进展情况，以及养老服务体系中各方主体的关系等问题进行了深入了解。

（一）荆门市养老服务体系的内容

根据养老服务的提供方式，我们将荆门市养老服务分为社区—居家养老和机构养老两类。

1. 社区—居家养老

（1）服务内容

借鉴《全国第四次城乡老年人生活状况调查报告》中的分类，荆门市社区居家养老服务供给内容可分为3类，包括生活服务类、医疗健康类和精神文化类。

①生活服务类。生活服务类服务是指为老年人提供的基本生活照料服务，以浏河社区为例（见表2-8），该社区根据老人的行为能力及医学观察结果，将老人分为自理、半护理、全护理3个等级，因地制宜地为老人提供生活服务。

---

① 数据来源：2018年荆门市统计年鉴。

表 2-8 荆门市浏河社区养老院按失能程度划分的生活服务类内容

	自理老人	半护理老人	护理老人
日常生活服务内容	1. 打扫房间卫生； 2. 洗床单、被子； 3. 打开水、送饭； 4. 清洗、消毒餐具； 5. 组织各类文体活动	含自理等服务内容外，另增加： 1. 送洗脸水、洗脚水； 2. 刮胡须、剪指甲、帮助老人洗澡； 3. 局部帮助型，老人其他个性化需求项目由服务人员帮助完成	在介助的基础上，另增加： 1. 送饭到屋； 2. 消毒、穿衣、脱衣； 3. 洗脸、洗脚、洗头、擦身； 4. 倒便盆

资料来源：根据 2019 年 6 月课题组访谈整理。

②医疗健康类服务。医疗健康类服务是指以维持并改善老年人的身体健康状况为目的的服务，这类服务含有较强的医学专业性，对护理人员的职业素质要求较高，主要包括上门看病、心理咨询、陪同看病、康复辅具租赁/出售、开展健康讲座及临终关怀等。以荆门市白石坡社区养老院为例，该院内设“医疗服务室”“健康档案室”“心理咨询室”，配备了专业的医护人员和医疗设备，健全的规章制度与应急预案，重点开展老年人慢性病防治，日常护理和心理辅导工作，以满足老年人的医疗服务需求①。

③精神文化类服务。精神文化类服务指具有社区娱乐供给、文化传播和老年人精神慰藉功能的服务。老年人通过参加老年人协会、老年人活动中心、老年大学、老年人社团等组织聚在一起享受老年生活、丰富自己的眼界。以荆门市官堰社区为例，该社区先后开展以“尊老、爱老、助老”为主题的“慈孝”文化系列特色品牌活动，“孝行天下、爱满官堰”及“十佳慈孝家庭”“十佳好媳妇”评选等活动，受到居民一致好评。社区内设有专门的图书阅览室、舞蹈室、书画室、棋牌室和园艺棚，为不同爱好的老年人提供了娱乐的空间。为了排遣留守老人的寂寞，社区每月为当月生辰的老人集中举办生日宴，老人们聚在一起做饭、包饺子，共同度过自己的生日。

（2）基础设施与护理人员队伍建设

2018 年起，市财政局每年列支可支配福利彩票公益金用于新型综合社

---

① 白石坡社区养老院官网［EB/OL］. http：//www. jmbsp. com/about/？59. html.

区建设、社区居家养老服务中心的建设补贴、设施设备改善和人员培养补贴等。2019年出台了社区居家养老服务中心社会化运营补贴政策，对采取社会化运营的社区居家养老服务中心，按照实际使用面积每平方米每月10元的标准给予运营补贴。2019年荆门市社区居家养老服务中心和农村老年人互助照料中心分别增加到了179个和846个，覆盖80.63%的城镇社区和64.09%的行政村①。

如表2-9所示，截至2016年年底，荆门市有社区养老护理人员802位，每千名老人拥有1.52名护理人员，其中女性393位，占比约为49%；男性409位，占比约为51%。大专学历的护理员有154位，占总职工人数的19.2%，大学本科及以上的占到3.9%；年龄结构中，36~55岁之间的护理员比重占80%以上；到2019年，荆门市社区助理社工师、社工师就从17人增长到532人，持证率达40%，专业护理员队伍2.3万人；注册社区志愿者28万多人，占常住人口总数的9.7%。

同时，市“三社联动”工作在全省领先，专业社会组织、社工人才进驻社区，开展居家和社区养老服务。全市开展“三社联动”试点社区达到126个，占社区总数的56.77%；发展社区社会组织936家，其中养老服务类组织占1/3以上。目前荆门市“三社联动”“两工互动”（社工、义工）工作机制已初步形成。

表2-9　荆门市护理人员情况

类别		人数	占总护理人员比例（%）
合计		802	100
职工性别	女性	393	49
	男性	409	51
受教育程度	大学专科	123	15.3
	大学本科及以上	31	3.9
	合计	154	19.2

① 根据笔者2019年6月调研资料整理。

续表

类别		人数	占总护理人员比例（%）
职业资格水平	助理社会工作师	14	1.7
	社会工作师	3	0.4
	合计	17	2.1
年龄结构	35岁及以下	92	11.5
	36~45岁	418	52.1
	46~55岁	238	29.7
	56岁及以上	54	7.7

数据来源：2017年中国民政统计年鉴。

（3）运营情况

近年来，荆门市各区县围绕大力发展康养产业，结合实际推进居家和社区养老服务工作，形成了各具特色的工作局面，如东宝区、掇刀区的社区养老模式，京山市的农村互助养老模式，漳河新区的康养产业，沙洋县的社区上门服务模式，钟祥市邻里互助模式等。同时还打造了“乐养荆门”的系列品牌，期间涌现出了“夕阳暖心社”、“双金工程”（金色夕阳金色朝阳）、“幸福来敲门”等康养产业，打造了“乐养荆门”系列养老服务品牌，走出了一条具有荆门特色的居家和社区养老服务新路，为荆门市居家和社区养老服务品牌带来了规模、连锁效应。

以京山市马岭村的老年人互助照料中心为例，马岭村养老服务互助中心，最早是2013年由村民协同发起的。资金方面主要是集体筹资，村民通过土地、资金等形式加入，资金多的达100多万，总计陆续投入在1亿元左右。后期政府给予了每年3万元的农村互助养老服务中心示范点费用。目前马岭村老年人互助照料活动中心配有1名所长、1名炊事员、2名照护服务员。老年互助服务中心共建老年人房66间，可住供养老人110人，建筑面积2200平方米，有集体食堂、饭厅、老年人健身康复室、图书学习室、琴棋娱乐室。互助服务中心内，还有活动健身林园3500平方米，并配置了多种老人健身休闲活动设施，建立了QQ视频交流平台，让留守老人定期与在外打工的子女视频联系。入住58位老人，中心提供基本生活服务、基本医疗服务，居养结合，满60岁的老人经过申请可以获得中心的免费居所①。通过村卫生室以及各级医院实现医养结合。

荆门市在农村地区重点推行农村互助养老，一是可以通过村级自治组织和老年人间的相互帮助，实现互助养老；二是满足了老年人不离家的养老意愿；三是可以降低老年人养老费用。这种农村互助养老形式为类似的农村地区发展养老服务提供了借鉴思路。

2. 机构养老

（1）服务内容

养老机构依据其服务提供的水平可以分为高端、中端和低端三种形式，依据其开办目的和开办要求又可分为营利性和非营利性。一般来说，营利性的高端养老机构为了在竞争中获得优势，争取更多的分红，提供的服务内容更丰富、服务质量更好；公办福利院由于规模有限和自身福利性，以提供兜底性服务为主。与社区养老中心最大的区别在于，机构养老服务内容包括日常生活照料、康复治疗、精神慰藉、文体娱乐等全方位的专业服务，侧重于专业性。下面将选取千福园和福寿居分别作为荆门市有代表性的公办养老机构和民营养老机构来进行服务内容的介绍。

荆门市千福园老年公寓属于公办养老机构，占地40亩，建筑面积18000平方米，设有床位200张。先后投资建成了“三无”老人供养楼、失能半失能老人托养中心。公寓房间内设有卫生间和阳台，楼内设有开水房、洗衣房、图书室、书画室、音乐室、棋牌室、活动室、医务室、室外门球场、室外健身场所等设施设备②，可以看出该机构投入的大多为维持基本生活的设施，尤其缺少针对老年人文化娱乐高端设施。由于规模有

① 根据2019年6月课题组访谈资料整理。

② 千福园老年公寓介绍［EB/OL］. http：//www. jingmen. gov. cn/col/col5652/index. html.

限、资金投入有限，该机构的服务对象多为社会救助群体，服务内容多为“保基本”的生活照料服务。

福寿居老年公寓是荆门市东宝区一家大型的民办综合型养老机构，机构占地120亩，投资达3.8亿元，建筑面积15万平方千米，总床位3000张，是荆门市首家民营企业投资的大型养老机构。该机构在注重老年人吃、穿、住、行等基本生活需求的同时，重视丰富老年人的精神生活。建有老年公寓、老年活动中心、营养配餐中心和配套设施。老年活动中心建筑面积近6000平方米①，内设多功能厅、练功房、台球室、健身室、图书室、手工制作室、电脑室、棋牌室、乒乓球室、书法室。公寓园区根据区域配设门球场、网球场、供老年人跳舞的休闲广场、健身器材等。同时根据老年人的不同兴趣和爱好，组建了老年人书法协会、老年人棋艺协会、老年人文体协会、老年人钓鱼协会、老年人门球协会、老年人太极协会、老年人麻将协会等，并将拟建荆门市老年大学福寿居分校。通过各项联谊活动丰富、活跃老年人的精神文化生活。福寿居老年公寓形成了比较成熟完善的经营管理模式，先后被评为“中国社会福利协会理事单位”“省级敬老文明号”称号。

（2）基础设施与护理人员队伍建设

荆门市预算内基本建设投资将老年人和残疾人服务机构与其他社会服务机构区分开来，按照不同项目分别提供建设资金。

2016年荆门市养老机构总数87家，年末床位数14054张，多数机构床位数在300张以内。其中城市养老机构有17家、农村养老机构56家。到2019年，全市养老床位数达18506张，增长率达31.68%，全市每千名老年人拥有养老床位34张②。

如表2-10所示，2016年，荆门全市收养性养老机构年末收养人员按

① 福寿居老年公寓介绍，https：//www. yanglao. com. cn/resthome/41708. html？ly = yanglao.

② 根据笔者2019年6月调研资料整理。

性质划分最多为特困人员，占总人数的 38.9%，其次为自费人员 2523 人，占总人数的 36.5%。总人数中只有极少数非老年人，完全自理的占总人数的 56%，需要长期照护的老人总数为 2993 人，总地来说以自理人员为主。

表 2-10　荆门市养老服务机构入住老年人情况

服务老人情况		年末在院人数（人）
性质	优抚对象	256
	特困人员	2686
	自费人员	2523
	其他	1445
	合计	6910
年龄	老人	6474
	青壮年	206
	少年儿童	121
	合计	6801
自理能力	自理（完全自理）	3808
	介助（半自理）	1342
	介护（不能自理）	1651
	合计	6801

数据来源：2017 年中国民政统计年鉴。

（3）运营状况

表 2-11 为荆门市 2016 年度养老机构运营状况。执行企业会计制度填报中，全市养老机构营业收入与支出持平；执行事业单位会计制度填报中，机构年度收入 5615.2 万元，支出 5274.4 万元，营业利润 340.8 万元；执行民间非营利组织单位会计制度填报中，年度收入 160.9 万少于支出 178.9 万，处于亏损状态。总体而言，在不考虑固定资产折旧率的情况下，荆门市 2016 年度养老机构营业利润为 322.8 万，营业状态保持盈利。

表 2-11 荆门市养老服务机构运营情况

地区	执行企业会计制度单位填报（万元）				执行事业单位会计制度填报（万元）			执行民间非营利组织单位会计制度填报（万元）		
	固定资产原价	营业收入	费用合计	营业利润	固定资产原价	本年收入合计	本年支出合计	固定资产原价	本年收入合计	本年费用合计
荆门市	2446.0	50.0	50.0	—	14317.7	5615.2	5274.4	773.8	160.9	178.9
东宝区	59.0	—	—	—	342.0	180.0	120.0	118.0	60.0	40.0
掇刀区	—	—	—	—	114.0	40.0	40.0	500.0	20.0	61.0
京山县	587.0	50.0	50.0	—	1679.8	1231.8	965.2	—	—	—
沙洋县	—	—	—	—	6125.0	1307.4	1287.2	—	—	—
钟祥市	—	—	—	—		397.0	397.0	60.0	40.0	40.0
屈家岭管理区	—	—	—	—	38.2	24.9	24.9	45.8	22.9	22.9
漳河新区	—	—	—	—	410.0	30.0	36.0	50.0	18.0	15.0

数据来源：2017 年中国民政统计年鉴。

（二）荆门市长期护理保险的内容

长期护理保险是荆门市养老服务筹资的重要渠道。长期护理保险是指对参保人由于年老、疾病或伤残而遭遇失能或半失能风险时，提供身体照护、康复护理，或者对护理费用提供经济补偿的保险。长期护理保障主要是支付老年人的日常照顾费用，或者由于疾病或伤残引起的医疗康复护理费用。一般分为社区—居家照护和机构照护。

荆门市80周岁以上老年人7.09万，占人口总数的2.36%。高龄、失能老人基数大，单纯依靠城镇职工养老保险和城乡居民养老保险不足以满足失能老人的养老需求，对此，荆门市开展了长期护理保险的试点工作。

1. 长期护理保险的资金来源

荆门市作为湖北省第一个长护险试点城市，市人民政府于2016年11月出台了《关于印发荆门市长期护理保险办法（试行）的通知》，规定制度参保对象为荆门市辖区基本医疗保险参保人员。保险采取三方筹资，按上年度人均可支配收入的0.4%（个人0.15%+基金0.1%+财政0.15%）进行筹资①。从三方筹资责任分担来看，个人和财政补助承担37.5%，医保统筹基金划拨25%，其中，低保、重残、特困对象财政全额兜底。参保居民累计缴满15年、30年、45年、60年，待遇分别提高4%、6%、8%、10%，鼓励早参保、连续缴费。

2. 长期护理保险的资格认定

长期护理保险保障对象为长期处于失能状态的参保人员。对参保对象享受长护保障前需由医保经办机构按照《日常生活活动能力评定量表》对其进行评定，日常生活活动能力量表包含大小便、活动、穿衣等10项评定标准，按照老人的实际完成情况进行打分再加总，评定低于40分（不含40分），且符合规定条件的，可申请长期护理保险待遇。

---

① 姚虹．老龄危机背景下我国长期护理保险制度试点方案的比较与思考［J］．社会保障研究，2020（01）：48-56.

3. 长期护理保险的内容

如表 2-12 所示，根据保障对象的护理需求，提供 3 种护理方式，包括居家护理、养老机构护理和医院护理，护理服务项目包括但不限于清洁照料、睡眠照料、饮食照料等日常生活照料。

表 2-12　荆门市长期护理保险保障内容

护理方式	服务提供方	护理地点	护理内容	护理项目
居家护理	社区、机构护理人员等定点护理服务机构	保障对象家中	不低于 2 小时的非全日护理	日常生活照料、病情观察、心理安慰、康复照护、临床医用管路照护等
			24 小时连续护理	
养老机构护理	养老院、福利院等定点护理服务机构	本机构内	长期 24 小时连续护理	
医院护理	基本医疗保险定点医疗机构或医养融合定点护理服务机构	医疗专护病房		

资料来源：根据笔者 2019 年 6 月调研资料整理。

保障对象在接受护理服务期间发生的限额以内的费用，由长期护理保险基金和个人按比例分担，实行按床日或按月结算。每种护理方式的限额费用和给付水平如表 2-13 所示。

表 2-13　荆门市长期护理保险给付水平

护理方式	限额费用（人/日/床）	给付水平（元）
居家护理	全日护理 100 元	基金负担 80
		个人负担 20
	非全日护理 40 元	基金全额负担
养老机构护理	100 元	基金负担 75
		个人负担 25

续表

护理方式	限额费用（人/日/床）	给付水平（元）
医院护理	150元	基金负担105
		个人负担45

资料来源：根据课题组2019年6月调研资料整理。

2017—2018年，荆门市长护保险待遇月人均2380元，全年可达28560元，群众赞誉该保险为“可依靠的大树”①。截至2019年6月，荆门全市已参保247万人，参保率已超过95%，受理失能人员长护待遇申请1.35万人，已评定1.11万人，符合条件并正在享受长护保险待遇的有7162人②，初步形成了“覆盖全民、待遇均等、服务便捷”的长护险基本政策体系和服务经办机制，取得了不俗的成绩。

除了长护险外，养老保险、医疗保险、社会救助等制度也是荆门市养老服务的重要筹资渠道。荆门市社会养老保险分为城镇职工养老保险、机关事业单位养老保险和城乡居民养老保险三类。按照荆门市《关于确定全市2017年度社会保险缴费标准的通知》，2018年度荆门市共发放各类形式的养老金648702万元，基础养老金由原来的每人每月70元提高到每人每月80元。

2018年荆门市城市低保救济2.5万人，保障了约1.7万个家庭，发放最低生活保障金12969万元；农村低保救济3.7万人，保障了1.7万个家庭，发放最低生活保障金11743万元；城市特困人员供养292人，救助资金345万元，农村特困人员供养6926人，供养资金6802万元；民政部门资助了7.6万人参加基本医疗保险，直接救助人次达47229人，其中住院救助42882人、门诊救助4347人③。

---

① 楚汉网. 2019荆门长期护理保险办法，失能人群每月可享2380元护理费［EB/OL］，http：//www. hubei88. com/shenghuo/jmsh/85462. html.

② 我市调整完善长期护理保险制度试行办法［EB/OL］，http：//www. jingmen. gov. cn/art/2019/8/27/art_ 438_ 233873. html.

③ 2019年荆门市统计年鉴。

（三）荆门市养老服务体系中各方主体的关系

中等经济发展水平及较高的人口老龄化程度，使得荆门市的养老服务一方面无法参照经济较发达地区的城市，积极通过社会力量弥补政府养老不足；另一方面也不能参考经济欠发达、老龄化程度一般的城市，仅维持基本公共养老服务供给。从荆门市养老服务的供给的特点来看，充分体现出强政府、弱社会的特点，即荆门市养老服务供给主要是政府主体的推动、家庭个人主体支撑、社会力量助力。

1. 政府

政府是承担养老服务供给的首要责任主体，需要承担完善制度设计、优化财政支持、强化统筹监督等方面的职能。荆门市作为一个中等发展水平的中小城市，从其养老服务开展情况来看，除在编制养老服务规划、制定优惠政策和提供资金支持、完善监督管理评估等政府职能外，荆门市政府还重点围绕加强基本公共养老服务供给布局，完善基本养老服务供给，主要的服务内容有特困老年人基本生活照料服务、老年人健康保健服务等。

（1）基本生活照料服务

为确保荆门市特困老年人享受养老服务，维护社会公平正义，荆门市将城市“三无”、农村“五保”等纳入特困范围的老年人群体提供基本生活照料服务。服务的提供方式主要有集中供养和分散供养两种。集中供养老年人在养老机构可享受生活照料、医疗护理、文娱活动等养老服务，而分散供养老年人主要享受现金救助。

（2）健康保健服务

为推进荆门市养老服务体系的建设，荆门市围绕老年人群体的健康保健服务，积极推进家庭签约医生和老年人健康咨询、体检服务。在家庭签约医生方面：一是积极出台政策，加强考核评价，督促优先做好老年人等重点人群签约服务。二是建立家庭医生签约服务费预付制度。按实际签约服务人口及服务质量结算，多退少补。三是实施个性化签约服务经费。针对高血压、糖尿病、严重精神障碍、肺结核4类特殊慢性病患者，其家庭医生签约个性化服务包项目费用。同时还积极提升服务质量，确保每个家庭医生团队均有二级及以上医院专科医生参与，较好地促进了荆门市老年人的健康管理，能有效提升老年人健康状况。在老年人健康咨询、体检服务方面，极推动医疗队伍深入社区开展定期健康教育讲座活动和免费体检活动。通过社区平台，发布讲座和体检的日期，免费为社区老年人进行健康知识普及和体检服务，并对老人进行用药、饮食方面的指导。同时，逐步建立65岁及以上老年人的电子健康档案，促进老年人健康管理标准化；加强老年人免费体检和常见慢性疾病定期检查，提高老年性痴呆、抑郁等精神疾病的早期识别率①。

2. 社会

（1）基层自治组织

社区（村）是我国基层治理的基本单元，基层自治组织可以充分动员社区中的财力、物力和人力资源，在社区内为老年人提供养老服务具有重要的作用。

从荆门市基层自治组织提供的养老服务来看，主要集中在基本养老服务方面，一是积极落实上级的安排，组织实施养老服务设施的建设，包括社区日间照料中心建设和农村互助养老中心建设及老年人活动设施等，建有城市社区日间照料中心179个、农村互助中心846个。二是推动老年人协会组织建设。基层自治组织积极鼓励、推动辖区内老年人协会组织的建设，推动各种老年人活动的开展。目前居委会层面有养老协会数量222个，村级养老协会1320个②。三是推广“积分制”管理。通过鼓励老年人积极在社区、村内参与养老服务志愿活动换取积分，并开通了积分兑换平台，使积分制管理在养老服务上进一步聚焦提能，推动了养老服务社会动员长

① 荆门市老龄事业发展和养老体系建设“十三五”规划［EB/OL］. http://www.jingmen.gov.cn/art/2018/1/11/art_5827_248299.html.

② 根据课题组2019年6月调研资料整理，下文如果不做特殊说明均来源于此。

效发展。目前荆门市参与积分制管理的社区（村）占比 92%，参与养老服务积分为 230 多万分。

(2) 企业与非营利组织

企业是社会主体中的重要主体之一，是社会化养老的主要参与者。

从荆门市养老服务企业的状况来看，民办养老机构参与养老服务，一方面增加了荆门市养老服务的供给，一定程度上缓解了养老服务供需矛盾；另一方面弥补了政府供给的不足，可以为有能力、有需求的老年人提供养老服务。

非营利组织是养老服务的重要参与主体，与其他组织相比，非营利组织的独特性在于民间性、自治性、志愿性和非营利性。2013 年，荆门市引入了第一家社会工作服务机构——蓝天社工服务中心，通过承接省民政厅“爱满荆楚”项目，为荆门市辖区内的失能老人及其家庭、贫困老人及其家庭等有需要的老年人提供生活照料、健康监护、心理慰藉、社区活动、外出旅游等多项服务，在提升老年人生活信心的同时使老人们感受到来自政府和社会的温暖。蓝天社工服务中心，通过更灵活的方式，为老年人群体提供多元化的养老服务，推动了荆门地区的养老服务发展。

3. 家庭与个人

在中国，家庭是养老的第一责任人，是基础；社会化养老是补充，不可能取代家庭养老。家庭提供的生活照料、精神慰藉、亲情关爱等是其他养老方式难以替代的，因而与养老服务呈现出一种强关系。荆门市在确保老年人权益的同时，大力弘扬孝老、敬老文化，通过推选孝老爱亲典型、评选孝星榜等活动大力弘扬孝老文化，形成典型示范，激励家庭积极履行养老服务责任，但鉴于有限财力，政府对家庭养老的支持力度不大，政策难以有效落实。

应对年老风险，家庭和个人都需要承担一定的责任，家庭养老不仅是代际之间经济上的互惠互助，更重要的是体现了代际间精神上的互相慰藉。建立在亲情基础上的亲人照顾和亲情慰藉是任何其他主体提供的养老服务都不能替代的。家庭和个人要积极营造和睦、融洽的家庭氛围，树立尊老、敬老的榜样，传承孝顺家风等积极发挥家庭和个人的养老作用。而与此同时限于经济因素，子女外出，家庭养老的服务功能逐渐弱化，因而呈现出一种中等程度的关系。

三、我国养老服务体系存在的问题与政策建议

荆门市是全国中等收入地区的缩影。在调研的基础上总结全国养老服务与长护险制度中存在的相关问题并提出政策建议是非常必要的。

（一）存在的问题

1. 智慧养老仍处于起步阶段，覆盖人群较少

智慧养老是指利用物联网、云计算等先进的现代信息技术，围绕老年人的生活照料、健康管理、应急求助、文化娱乐和学习共享等众多内容，通过智能设施设备对涉老信息进行监测、预测警示和自动处理，从而实现现代信息技术与老年人的交互，为老年人的日常生活提供高效便利的服务。受限于荆门市中低等经济发展水平及居民收入水平等客观因素，荆门市智慧养老面临供需双方皆不足的局面。

目前我国的智慧养老处于起步阶段，数据处理技术不够先进。智慧养老信息平台通过对老年人的远程监测，获得老年人的生活状态、身体功能和心理状态的海量数据。获取数据本身相对容易，但是对数据的处理、分析整合与应用技术却相对落后，难以根据大数据分析结果制订养老服务方案。以老年健康管理服务为例，由于实时监控老年人身体健康状况的穿戴设备普及率低，难以实现数据上线汇集。现阶段的健康管理模式更多停留在通过社区门诊或医院体检获得的有限数据进行汇总分析，整合意义不大。此外，目前绝大多数的智慧养老采取了比较传统和方便的呼叫中心模式，模式相对简单，只能借助呼叫器接入智慧养老平台，难以针对日常监测数据深度分析养老服务需求。在技术方面，高灵敏度的传感器主要依赖进口，受限于地方财力，高昂的成本阻碍了智慧养老模式的发展。

2. 农村养老机构发展不规范，服务供给不充分

全国中低收入地区存在劳动力外流导致农村家庭空心化严重、独居和空巢老人数量增加明显、农村地区养老供给不充分的问题，主要表现在以下四方面。

一是农村养老服务机构的数量不足。由于地方财政能力有限，公办养老机构数量较少，贴近农村社区居民需求的养老机构更少。一些农村留守、空巢老人难以享受到相应的养老服务，特别是农村中的失能、半失能老人，生活照料情况很差。由于农民收入和消费能力有限，投资收益率较低，政府支持政策落实不到位，市场化的养老服务机构不愿意投资农村。二是农村养老服务机构的医疗设施、消防设施、安全设施等基础设施比较简陋，严重影响了养老服务质量和老年人生活水平。三是农村养老服务机构的管理服务水平较低，缺少专业化的农村养老机构管理、服务人员。很多地方的农村养老机构负责人为临时聘用人员，是一些年龄偏大的“年轻老人”，他们的待遇水平较低。专业化护理人员更是缺乏，几乎都是一些农村“大龄妇女”在做一些基本的服务工作。由于社会地位低、待遇水平低、工作条件差、地理位置偏远、激励措施不到位，年轻的专业护理人员不愿意到农村养老机构去工作。四是社会工作者、志愿者、公益性服务组织对农村养老服务的参与不够，难以为农村留守、空巢、失能老人提供公益性、专业化、方便可及的养老服务。

3. 社区—居家养老服务薄弱，服务项目少、服务层次低

社区和居家养老服务的供需匹配是另一个值得注意的问题。养老服务供给侧存在机构养老发达、社区—居家养老薄弱的状况。社区—居家养老服务面临着基础设施功能不完善、服务内容层次低等问题。社区居家养老服务项目偏重于日常生活护理和家政服务，较多地关注老年人物质生活需求方面的满足，而精神慰藉等高层次服务发展不足。由于缺乏专业护理人员和养老资金的持续投入，多数社区日间照料中心照护和医疗方面的建设不足，为失能、半失能老年人提供的专业化的服务不足。由此难以满足老

年人多方面的养老需求，难以适应社区居家养老长久发展的需要。

4. “长护险”筹资渠道单一，基金缺乏可持续性和安全性

“长护险”试点城市筹资方式主要分为定比例和定额度。从全国试点地区的数据来看，个人缴费所占的比重较低，大部分长期照护保险试点地区的资金来源高度依赖医保基金，个人缴费基本虚化，“长护险”基金持续性受到挑战。国际上较为成熟的长期护理保险制度的经验表明，该险种必须完善社会保险与商业保险之间的关系，从“长护险”基金的安全性而言，我国进行“长护险”试点的一些城市部分通过政府购买服务的形式引入商业保险公司承办长期护理业务，保险公司参与“长护险”试点还处于初级阶段，服务的内容也多集中在资金支付、稽核审查、政策宣传等方面，当然目前还有一些公司也参与了一些护理服务机构准入、考核、培训等工作，一些地方也正在推进保险公司发挥精算优势、防控风险优势，参与护理保障方案设计，以及失能情况评审、信息系统建设等工作。目前我国尚缺乏商业保险公司参与长期护理服务投标行为、服务能力、财务管理、风险调节机制、市场退出的行为规范。

（二）政策建议

1. 政府引导更多社会主体参与，开发适老化的电子智能设备

首先，完备的制度体系和客观统一的标准是智慧养老产业发展的基础。在各地开展试点工作时，不仅需要注重顶层设计，强化宣传与推动政策落实，还应从地方实际情况出发制定可行的具体实施和推广方案。其次，在收集养老数据信息的基础上，应用现代信息技术深入挖掘信息的有效性和价值，为社会主体进入养老服务行业提供精准的切入点，促进智慧养老服务供给多元化和精准化，加快适老化智能产品的开发、应用与推广。此外，从需求方的角度来看，应注重向老年人普及电子智能产品的意义和使用方法，只有提高老年人的接受度和认知度，并掌握智能设备的使用方法，才能扩大智慧养老的覆盖面，优化养老服务效果。在此基础上加大政府在智慧养老方面的财政投入，通过政府补贴的方式降低可穿戴设

备、智能服务设备、便携式健康监测设备、自助式健康监测设备等的价格，提高老年人生活的智能化水平。

2. 补齐农村养老服务体系短板

首先，进一步加大中央和地方各级政府对养老服务的财政投入力度。建立基本养老服务财政转移支付机制，平衡地方财政支出压力，加大中央财政对中西部地区尤其是农村地区基本养老服务的转移支付力度，支持中西部地区和农村开展养老机构和养老服务设施建设。一方面，应积极推进农村养老服务机构的设施建设，完善农村养老机构服务的医疗设施、消防设施、安全设施、生活设施、服务设施，提高农村养老服务的标准化程度与服务质量。另一方面，加强管理、服务人才队伍建设，提高培训力度，改善工作环境与工作待遇，通过各种措施鼓励专业人才从事农村养老服务工作，提升农村养老机构的管理服务能力。其次，整合利用农村公共服务体系建设资源以加强农村养老机构的布局与服务网点建设，根据人口数量、地理分布、经济发展程度与区位优势，在县域范围内建立若干区域性养老服务中心，辐射周边乡镇和村庄。

3. 大力发展社区—居家养老服务

首先，提升社区—居家养老服务的精准性，在为健康老人、低龄老人提供服务的同时，加强对高龄老人、失能失智老人、空巢老人和贫困老人的养老服务供给。加强社区、居家养老与机构养老之间的协作，实现专业化、连锁化养老机构对社区、居家养老服务的延伸，加大力度培育社区嵌入型养老服务机构。其次，调整社区养老服务定位，实施分类改革，将社区养老服务中生活照料、娱乐、医疗康复三类功能细分，让社区综合型服务人才为老人提供衣食辅助、生理助洁、家政服务；通过养老机构与医院比邻而居等医养结合形式为老人提供疾病预防知识宣传、慢性病辅助、康复护理服务；社区志愿者和组织型人才为老人组织老年教育、文娱活动。鼓励老人组建社区治安维护小队，站在参与者角度协助处理问题；匹配老人床位需求，提供夜间照护床位；通过预约制或者专人陪护的方式保证社区各项服务设施都能得到精准使用。

4. 拓展“长护险”筹资渠道，完善“长护险”基金投资运营的规范

其一，明确“长护险”的各方筹资责任，同时结合近些年来经济下滑所带来的压力因素，进一步拓宽长护险筹资渠道，保证长期护理资金的来源充足。继续探索社会团体、慈善机构和福彩、体彩公益金等多渠道参与筹资，构建起多元化的长期护理保险筹资的渠道，扩充主体来源。促进资金使用互济性的提升，保证长期护理保险基金的独立性，实现制度的可持续发展。其二，出台“长护险”基金运营的规范文件，以规范商业保险公司参与长期护理服务投标行为、服务能力、财务管理、风险调节机制、市场退出行为。发挥商业保险公司自身在数据分析和运营方面的优势，同时建立明确的风险调节机制，合理分担风险。此外，要规范商业保险公司的行为，严格禁止恶性竞争行为与垄断行为，保证“长护险”基金的安全性与持续性。

总之，在老龄化程度加深的背景下，我们应倡导构建“政府主导、多元参与、兜底线、保基本、多层次、专业化”的养老服务体系，明确政府在养老服务体系中的职责定位，形成多元化、多层次、专业化的养老服务供给局面，同时促进城乡养老服务建设均等化，推进医养资源的结合，从理论和实践两方面进行养老服务体系创新，让老年人的晚年生活充满阳光。

此次调研活动得到了教育部人文社科重点基地重大项目“人口老龄化与养老服务体系建设研究”项目的资助，得到了荆门市财政局、民政局、医保局、卫健委等相关政府主管部门的大力支持，以及社区、养老院、老人及其家庭等主体的多方配合，在此深表感谢。调研报告由杨红燕、马兴基执笔，但报告的完成离不开武汉大学社会保障研究中心调研团队的集体努力。感谢赵青副教授为调研方案设计献计献策并不辞辛劳参与此次调研；感谢博士陈鑫、马珺，硕士宋知行、聂梦琦、李凡婕、吴玫谕、宛林、李衍和学士王婧怡等调研组成员深入基层开展调研，并整理调研资料。最后，期望调研成果能为荆门乃至中国养老服务和长期护理保险制度的完善做出应有的贡献。

认知症老人养老服务供给面临的现实困境及对策建议

——以上海市的调研为例

刘志英　李　涵　覃美华　张乐怡　田卫杰

作者简介：刘志英，女，副教授，硕士生导师；管理学博士，美国哈佛大学访问学者。从事公共经济管理和社会保障专业的教学与研究工作，具备经济学和管理学等学科背景，主要讲授社会保障概论、西方经济学与福利经济学专题、公共收入与支出管理专题、公共经济学、西方经济理论与实务等课程，从事公共经济管理、养老服务、社会救助、妇女社会保障等领域的科学研究工作。

李涵（1999—），女，广东汕头人，武汉大学政治与公共管理学院2018级劳动与社会保障专业本科生，研究方向：养老服务。

覃美华（2000—），女，广西玉林人，武汉大学政治与公共管理学院2018级劳动与社会保障专业本科生，研究方向：养老服务。

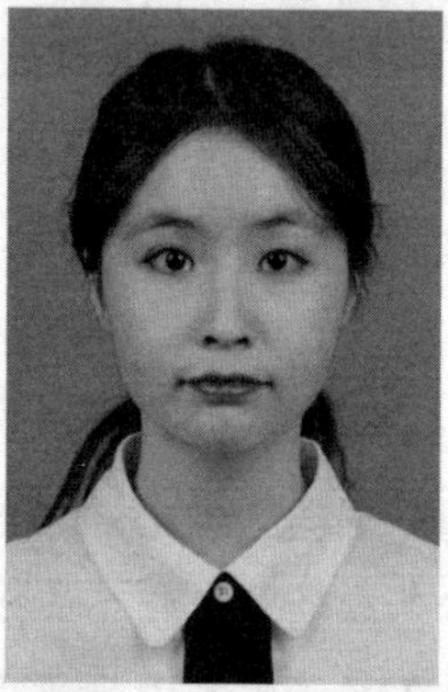

张乐怡（2000—），女，陕西宝鸡人，武汉大学2018级法学专业本科生，研究方向：经济法。

田卫杰（2000—），男，湖北恩施人，武汉大学经济与管理学院国际经济与贸易专业本科生，研究方向：能源环境经济学。

摘要：随着我国人口老龄化的加剧以及认知症老年人数量的不断攀升，认知症养老服务供给成为备受关注的社会话题。我国认知症养老服务领域的发展起步较晚，目前尚处于初步探索阶段，面临着一系列的供给困境。本报告通过对上海市认知症养老服务行业的深度调研，认为当前认知症养老服务供给面临着专业化资源不足、资金短缺、支付能力与市场化服务供给不匹配、公众认知水平较低、政策支持力度不足等方面的困境；需要通过发展专业化机构、探索社会企业模式、加强专业人才培养、普及认知症教育、完善政策支持等途径优化认知症养老服务的供给。

关键词： 认知症；养老服务供给；现实困境；对策建议

一、引言

根据国家统计年鉴的统计数据，2019 年年末中国 60 岁及以上的老年人口数达 2.54 亿，占总人口比例为 18.1%，我国的老龄化趋势不断加剧，养老服务供给的压力日益增大，其中认知症老人的养老服务供给也面临着巨大压力。研究表明，我国痴呆症[①]的总患病率为 6.0%，60 岁以上老年人痴呆症患病人数为 1.507 亿，其中阿尔茨海默病患病人数为 0.983 亿，血管性痴呆患病人数为 0.392 亿，其他痴呆患病人数为 0.132 亿[②]。我国的认知症老人群体基数较大，养老服务需求突出，并且由于认知症老年群体的养老照护具有自身的特殊性，其在医疗护理、生活照料、病后康复、

① 日本学者认为，“痴呆”一词有伤老年人尊严，且不利于疾病的早期检测与治疗，此后日本各界普遍接受用“认知症”取代“痴呆症”。近年来，“认知症”一词被我国台湾、香港、上海、深圳等地广泛接受，并成为地方公共治理的官方用语｛朱光明，汪宁. 日本防治老年性痴呆症的综合对策及对中国的启示［J］. 北京行政学院学报，2020（03）：82-89.｝本文为阐述方便，在此处将“痴呆症”与“认知症”交互使用。

② Jia Longfei，DuYifeng，Chu Lan，Zhang Zhanjun，Li Fangyu，Lyu Diyang，Li Yan，Li Yan，Zhu Min，Jiao Haishan，Song Yang，Shi Yuqing，Zhang Heng，Gong Min，Wei Cuibai，Tang Yi，Fang Boyan，Guo Dongmei，Wang Fen，Zhou Aihong，Chu Changbiao，Zuo Xiumei，Yu Yueyi，Yuan Quan，Wang Wei，Li Fang，Shi Shengliang，Yang Heyun，Zhou Chunkui，Liao Zhengluan，Lv Yan，Li Yang，Kan Minchen，Zhao Huiying，Wang Shan，Yang Shanshan，Li Hao，Liu Zhongling，Wang Qi，Qin Wei，Jia Jianping. Prevalence，risk factors，and management of dementia and mild cognitive impairment in adults aged 60 years or older in China：a cross-sectional study［J］. The Lancet Public Health，2020，5（12）.

心理安抚等方面的需求更加强烈、专业化要求高、养老成本也更加高昂，同时认知症老人群体养老服务的供给也面临着诸多困境。本报告基于对上海地区认知症老人养老服务供给现状的调研，阐述该群体养老服务供给面临的主要困境并提出对策建议。

二、认知症养老服务的供给现状

（一）国外认知症养老服务供给现状

发达国家较早步入老龄化社会，认知症养老服务的供给起步也较早，其认知症养老服务的供给整体上呈现出体系化、制度健全、专业化程度高等特征。日本已经形成了较成熟的、围绕着“预防、医疗、护理、居住及生活支援”等多个维度打造的认知症社区综合照护体系；在政策法规方面，日本政府也制定了包括护理保险制度、认知症政策推进五年综合战略、监护人制度、照护保险制度等在内的推进认知症老人养老服务供给的一系列政策；为了提供高质量的、专业化的服务，日本积极落实专业人才的培养和培训工作，一方面在高校开设了介护专业，开展“认知症护理专门士”“认知症护理指导管理士（高级）”等专业人员的资格认定工作；另一方面落实对在职人员的专业化培训，为认知症老人提供专业化服务①。英国则在《与失智症和谐共存》《挑战失智症 2015》《挑战失智症 2020》等政策的支持下，日益形成了政府主导、部门协作、社会参与的多元主体共同协作的认知症老人养老服务提供方式，积极开展“老年认知障碍友好社区”建设的行动，提供囊括健康、护理、社会支持环境营造等内容在内的全方位、友好化、规范性的服务②。其他国家也积极开展认知症老人养老服务供给的实践，如美国利用其丰富的人才和教育资源，进行跨学科的

① 田香兰. 日本应对认知症政策及照护体系研究［J］. 日本问题研究，2020，34（02）：33-40.

② 黄玉捷，石瑛. 域外老年认知障碍友好社区建设的启示［N］. 中国人口报，2020-09-21（003）.

合作来优化服务供给。

（二）我国认知症养老服务供给现状——以上海市为例

随着我国人口老龄化进程的加速，认知症老人的养老照护需求日益突出，认知症老人的养老服务供给问题成为亟待解决的社会问题。与西方发达国家相比，我国的认知症养老服务起步较晚，主要由社会组织牵头，引进国外先进认知症照护理念并在国内推广，长期以来服务项目呈现零散化特征。当前上海市民政局主导开展的老年认知障碍友好社区建设试点，是我国目前较具突破性、体系化的认知症社会行动。上海是我国最早进入人口老龄化且老龄化程度最深的城市，截至 2019 年，上海市户籍 60 岁及以上老年人口占户籍总人口的比重达 35.2%①，据不完全统计，上海患有认知障碍的老年人近 30 万人②。在老龄化速度快、认知障碍老人养老问题在全市养老服务中日益突出的背景下，上海市民政局于 2019 年 9 月正式开展了老年认知障碍友好社区建设试点行动。

“友好社区”的概念起源于 2004 年日本政府开展的“知之者计划”行动，2012 年英国引进“认知症好朋友”项目，自此“认知症好朋友”的行动开始在欧洲推行，并引申出了“认知症友好机构”“认知症友好社区”等社会行动。2016 年我国把英国“认知症好朋友”的概念引进国内并率先在上海落地。2017 年 9 月，上海市民政局联合上海剪爱公益发展中心③，在普陀区长寿路街道率先提出创建全国首个“认知症友好社区”行动计划，并开展认知症分级预防与非正式照护试点项目，该行动取得了良好的社会反响。2019 年 9 月，上海民政局正式在全市范围内开展老年认知障碍

① 上海市养老服务平台. 2019 年上海市老年人口和老龄事业监测统计信息［EB/OL］. http://www.shweilao.cn/cms/cmsDetail? uuid = 6e177166 - 42e8 - 49d2 - 8621 - a8ad22a2a2a9.

② 人民网. 上海有近 30 万老年人患认知障碍症“怀旧疗法”有利于延缓症状恶化［EB/OL］. http://sh.people.com.cn/n2/2020/0824/c134768-34247154.html.

③ 上海剪爱公益发展中心是一家关注脑健康，致力于认知症预防与早期干预的非营利机构，是国内在认知症友好社区框架下推动和实践分级预防的先行者。

友好社区建设试点，首批试点单位共 28 家；2020 年 9 月上海市民政局宣布开展第二批试点，新增试点单位 50 家①。

上海老年认知障碍友好社区试点是政府与社会力量共建的一次踊跃尝试，试点周期为 3 年，由政府提供资金支持、购买服务并进行监督评估，相关社会组织进行承接，在各社区街道落实具体服务，重点开展健康教育、风险测评、早期干预、家庭支持、资源链接、平台建设 6 项内容的探索。目前上海共有 77 个街镇参与试点工作，逐步探索建立老年认知障碍友好支持网络，形成社区长效支持机制②。

此次我们主要对上海剪爱公益发展中心进行了调研，作为承接老年认知障碍友好社区试点项目的社会组织之一，剪爱公益提出了认知症三级预防模式。"三级预防"即根据病程将人群分为三类，针对不同人群提供不同的解决方案。第一类人群是主观认知下降（简称 SCD）③ 以及主观认知障碍（简称 SCI）④ 的人群，占社区内老年人口的 50%以上，该类人群患认知症的风险较低；第二类为轻度认知障碍（简称 MCI）⑤ 人群，占老年人口的 15%~25%，属于认知症高风险人群；第三类人群为已确诊认知症的老年人，即认知症人群。

"一级预防"面向全体公众，主要内容包括倡导、教育、筛查评估、

---

① 上海市民政局. 关于开展本市第二批老年认知障碍友好社区建设试点的通知［EB/OL］. https：//mzj. sh. gov. cn/MZ_ zhuzhan279_ 0-2-8-15-55-231/20201020/871c380077834e93b711974059705902. html.

② 上海市民政局. 关于本市开展老年认知障碍友好社区建设试点的通知［EB/OL］. https：//mzj. sh. gov. cn/MZ_ zhuzhan279_ 0-2-8-15-55-231/20200519/MZ_ zhuzhan279_ 47319. html.

③ 主观认知下降（subjective cognitive decline，SCD）是指个体主观上认为自己较之前正常状态有记忆或认知功能下降，但客观神经心理测验仍在正常范围。

④ 主观认知障碍（Subjective cognitive impairment，SCI）是指患者在主观上认为自己有认知障碍，但没有相应客观认知障碍临床依据的一种认知状态。

⑤ 轻度认知障碍（mild cognitive impairment，MCI）是介于正常衰老和痴呆之间的一种中间状态，是一种认知障碍症候群。与年龄和教育程度匹配的正常老人相比，患者存在轻度认知功能减退，但日常能力没有受到明显影响。

友好共建四方面。“倡导”即通过各种方式提高社会各界对认知症的了解和重视，包括社会倡导、政策倡导、行业倡导、公众倡导等；“教育”指通过传播信息和知识来提高人们对认知症的知识，减少人们的偏见，可针对长辈、儿童等不同人群提供关于脑健康等方面的教育；“筛查评估”即通过专业量表或医院诊断对老年人进行认知功能评估，以发现认知功能下降或存在认知障碍的人群；“友好共建”即调动社会各主体，如政府、学校、医生、养老机构等的积极性，使其参与到友好社区的建设中来，为认知症患者及家庭提供更加便利的服务，营造一个友好的社会环境。“二级预防”面向 SCI、SCD、MCI 以及轻度认知症人群，提供的服务内容为早期干预，即对老人进行生活方式、心理状态、躯体功能和大脑认知功能等方面的综合干预，缓解老人认知功能的减退，降低患病概率。“三级预防”面向已确诊认知症的人群提供家庭支持的服务，家庭支持包括两方面内容：一方面是针对认知症患者的正式照料服务，另一方面是针对家属的非正式照料服务，如提供家属培训、喘息服务、信息转接、心理疏导等各方面的支持。

上海友好社区的试点行动是认知症养老服务供给的积极探索，取得了初步的成效，但目前无论是上海市还是国内整体的认知症养老服务都是以项目制为主的发展模式，服务的提供较为初级和零散，尚未形成常态化、体系化的服务模式，在供给上仍面临着诸多方面的困境。

三、认知症养老服务供给面临的现实困境

（一）专业化资源供给短缺，养老服务专业化水平较低

在认知症养老服务体系中，每一个环节都对专业化有着高度的要求，如认知症预防需要专业的筛查和早期干预，治疗需要专业化的照护、药物等，但目前认知症养老服务的专业化供给与需求之间存在巨大缺口，大部分老人无法获取专业有效的服务资源，专业化供给的短缺成为认知症养老服务供给面临的核心困境，下文将从照护、医疗、产品、人才四方面具体

阐述专业化供给的缺口。

1. 认知症专业照护资源供给不足

认知症会导致老年人产生认知功能障碍，造成其生活能力、工作能力、社会交往能力等显著减退，并伴有精神行为异常等现象，因此对认知症老人的照护在环境、清洁、饮食、营养、医疗、安全防护等方面都有严格的要求。而目前具备认知症专业照护水平的养老机构较为稀缺，少数能够达到认知症专业照护水平的养老院，却往往容纳能力有限且伴随着高昂的价格。为解决认知症老人的照护问题，上海政府自 2018 年起开始建设认知症照护床位，在养老机构中建设认知症照护专区，并对每个认知症照护单元进行一定额度的补贴。上海市政府原计划 2018 年改建 1000 张、2019 年改建 1000 张、2020 年改建 2000 张，争取到 2022 年达到建成 8000 张认知症床位的目标，截至 2020 年上海全市认知障碍照护床位已超过 4500 张。①

认知症床位的建设是政府在认知症养老供给领域的重大突破，在一定程度上提升了养老服务机构的认知症照护能力，缓解认知症老人的照护压力。但政府所计划的 8000 张床位与 30 万认知症老人所产生的照护需求仍存在着巨大差距，并且随着老龄化的加剧以及认知症老人数量的增加，认知症照护需求还将日益扩大。目前无论是政府扶持力度或是养老机构自身的专业化建设水平都处于初级阶段，与实际的照护需求之间仍存在巨大缺口，专业化照护资源短缺是认知症养老服务供给面临的一大困境。

2. 认知症专业医疗资源匮乏

一方面，认知症老人需要在记忆门诊或专业的精神内科进行诊断及治疗，目前上海三甲医院的神经内科普遍设置了关于认知症早期诊断和治疗的专科或记忆门诊，但除此之外的其他基层医院尚不具备认知症诊疗能力，患者必须到三甲医院就诊，尤其在农村地区，认知症医疗资源的配备

---

① 中国新闻网. 上海认知障碍老年人约 30 万人 启动为期三年的关爱公益行动［EB/OL］. http：//www. sh. chinanews. com/shms/2021-01-29/84720. shtml.

处于空白状态。认知症专业医疗资源的配置无论在不同级别的医疗机构之间还是在城乡之间都存在严重失衡的问题，基层医疗资源的匮乏给老年人的就医造成了极大的不便。“即使目前三甲医院配备了记忆门诊，但公众的知晓度较低，大部分认知症家庭并不清楚应当去哪个医院、哪个科室看病。”（M1①）

另一方面，认知症药物供给的可及性与有效性较低。目前治疗认知症的药物大部分是进口药，且价格昂贵，“认知症家庭的照料压力很大一部分就源于药物的成本太高，药物开销大概占了整个养老开销的30%以上。而且我们国家目前现在还没有很好的国产药，全部的四款药都是进口药，现在上海绿谷有一款国产新药971，但这个也是很初级的、轻度的、预防性的药，某种程度上就像保健品”（M1）。国产药稀缺及其高昂的价格极大限制了认知症药品的可及性，导致认知症药物的有效供给面临巨大难题。同时，多数治疗认知症的药物属于精神类药物、抑制剂，主要对患者的精神症状进行控制，而非治愈性药物，该类药物会限制患者的日常行为能力，且副作用较大，疗效差，目前全球范围内尚未研发出有效的治愈性药物。

3. 认知功能干预产品缺失

认知症在综合干预和治疗康复等方面都需要专业化的干预产品，如认知功能训练的产品、心理干预产品、运动康复器材等，但目前我国的认知症干预产品供给尚未形成完整的体系，在研发、检验、生产等方面都是相对缺乏的。一方面产品的研发投入不足、研发成果较少，大多数属于初级的干预产品，且其疗效缺乏临床验证；另一方面国内生产该类产品的产商数量较少，只有少数公司为认知症老人提供相关的干预器材。“目前来讲我们国内的产品还没有成体系，尤其是非药物干预方面，一些老年性的、意志的、活动型的或功能型的产品较少。像小孩子的玩具现在都体系化

① M1指代本次调研受访者之一，上海剪爱公益发展中心负责人。

了，我们很多时候是在照猫画虎，把这些小孩子的玩具设计思路应用到认知症老人产品设计中，但并没有针对老年人的认知功能做相应的临床检验和研究。有一个英国照护护理师护士曾给我们寄了一些他们在英国的养老机构里面给认知症老人做干预的一些成品，那些产品本身的功能性和适老化都很不错，老年人用起来也不是很粗糙。所以我们现在还处在初级阶段，这也是未来发展的一个方向，需要有更多功能性干预的产品。”（M1）

4. 专业人才匮乏

人员供给紧缺是整个认知症养老服务行业中一直存在的问题。以剪爱公益为例，其人员架构与企业类似，需要专业的社工、康复人员、治疗师、管理人员、财务人员等，目前组织中的员工以社工为主、以志愿者为辅，仅有 23 名工作人员，其中全职 12 人、兼职 11 人，其余还包括约 600 名志愿者以及大量的实习生。从整体来看，组织缺乏充足稳定的人员保障，这在一定程度上限制了机构养老服务的供给能力，加大了人员的流动性，同时增加了培训成本。

造成认知症养老服务行业人员紧缺主要有两方面原因。首先，高校学科化滞后，目前高校在社工、康复、照护这些领域的学科化还处于初级阶段，难以满足市场对专业人才的需求；其次，从公益组织的角度看，认知症养老服务行业吸引并留住人才的优势不充分。“公益组织的社会筹资以及社会化分配资源能力并不强，资方占据行业定价机制的主导地位，而资方的定价更多是适用于服务对象本身的而不是用于机构的人员本身，所以逻辑上把机构各个专业人员的定价定得特别低，导致机构在人员的激励、职业发展等方面缺少自主性，进而也导致了整个行业的发展严重滞后。目前公益组织员工的薪酬大概处于上海市的人均薪资水平，在 6000 ~ 7500 元，这个薪酬水平在吸引高素质人才、留住高素质人才方面并不具有优势。”（M1）

（二）资金短缺，筹资渠道狭窄

我国认知症养老服务行业的发展尚处于起步阶段，服务供应方的资金对政府的依赖性强，社会资本的参与不足，当前无论是公益机构或是企业都面临着资金短缺的困境。从公益机构的角度讲，剪爱公益的资金来源渠道包括政府购买服务、基金会资助、社会筹资、社会捐赠及服务收入等，目前政府购买服务大概占据了机构资金来源的60%，基金会资助占30%，其他渠道只有10%。政府出资的占比较高主要受上海政府主导推进老年认知障碍友好社区试点这一现状的影响，但政府出资占比过高容易导致服务供给对政府资金过度依赖，一旦项目试点结束，政府资金的支持中断，服务便无法继续开展。“我们的目标是把政府资助控制在30%以内，因此还需要努力提高组织的筹款能力以及自我造血能力，增加其他筹资渠道的占比，同时推进一些能够由机构自行支配的非限定筹款，以提高组织的服务能力以及服务供给的可持续性。”（M1）

从企业的角度看，由于认知症养老服务市场发育并不成熟，专业服务价格偏高、认知症家庭的消费能力不足，导致了认知症养老服务行业的盈利能力较低，存在一定的投资风险，因此社会资本进驻该领域的积极性并不高，已有的企业也面临着较大的融资难题。J公司是由剪爱公益孵化的并计划以社会企业模式发展的认知症养老服务企业，“目前J公司在融资方面处于前期的沟通阶段，还没有真正实现融资，像J公司这样的社会企业是否能够在商业的环境下面找到解决社会问题的路径，其实也是在探索当中”（M1）。企业在当前的认知症养老服务市场该如何生存还处于探索阶段，在是否能够实现融资方面仍面临着较大的不确定性。

（三）支付能力与市场化的服务供给不匹配

在养老压力日益增大的背景下，认知症养老服务供给的市场化是当前满足认知症家庭需求的重要途径，市场化的养老服务也是对政府的养老服务供给的重要补充。认知症老人具有医疗护理、生活照料、病后康复、心理安抚等多方面、多层次的养老服务需求，并且受到认知症病情的影响，这些需求呈现出常态化、长期性、专业性的特征。而在当前的养老服务市场中，认知症老人的养老服务供给只占据较小的市场份额，且由于受到融资难、人才紧缺、成本高等因素的影响，认知症老人养老服务供给的市场价格较高。以人才成本较高的问题为例，认知症照护的专业性要求较高，一方面专业的照护人员短缺，供不应求；另一方面，由企业进行专业人才的培训需较高的成本，因此在市场交易中，为了获取利润，卖方将成本转移给买方，认知症家庭只能以较高的价格购买专业的照护服务。

由于不同家庭的收入水平不同，其消费能力即支付能力也不尽相同。对于广大的中低收入的认知症家庭而言，养老问题带来的家庭经济负担较大，其支付能力与当前认知症养老服务的市场化供给不匹配。“我们想去养老院，但是经济无法完全支撑我们两位老人的养老费用。我俩的月收入大约10000元，属于中等水平，但是也不够支撑我们两位老人的养老费用。有养老院接受这类的病人，但费用过于昂贵，我们的收入不足以支撑。”（M2①）当前市场上，专业认知症养老服务机构的消费主体是中高收入的认知症家庭，即具有较高支付能力的家庭，而低收入认知症家庭的需求则得不到满足。换言之，在当前认知症养老服务供给的市场价格之下，大部分认知症家庭的支付能力不足，导致其有效需求不足，阻碍服务供给的增加。“在2016年左右就有许多外企曾尝试进入中国的认知症服务市场，但在经过营销之后没有取得成功，最终还是退出了中国市场。”（M1）因此支付能力与市场化的服务供给不匹配阻碍了认知症养老服务供给的增加。

（四）认知症认知水平低加大服务难度

当今社会，广大群众对于认知症的认知普遍是不充分的，且往往具有部分错误的刻板印象，这不利于认知症养老服务供给的顺利输出，也增加了服务难度。据本次调研，大部分民众对于认知症具有以下三方面的误区：一是简单地将认知症等同于智力障碍，认为认知症老人仅表现为智力下降；二是将痴呆的症状等同于生命周期中正常衰老的表征，认为老年人年长之后出现痴呆属于不可避免的正常生理现象；三是将小脑萎缩等同于

① M2指代本次调研的受访者之一，认知症老人家属。

脑萎缩，错误理解产生认知症的病因。“大量误区在于大家认为老年人年长之后出现痴呆是一种正常现象，这是一个要不得的观念，人们对疾病是不了解的，没有把认知症当作是由疾病引起的。所以我们在传递信息的时候一直说，首先认知症是由大脑疾病引起的，它不同于我们正常的衰老，不是我们正常衰老的一部分。也就是说并不是每个个体老了之后都会出现认知症，虽然说到了 90 岁之后认知症的比例高达 60%左右，但还有接近三成的长辈是没有认知功能问题的，所以认知症一定是由疾病引起的，它跟我们衰老导致的认知下降或者认知减退是两回事。”（M1）。

由于对认知症存在一定的错误认知，认知症老人及其家属往往会产生一定程度上的病耻感，即对认知症产生抵触心理，就诊的依从性较低，或是由于将认知症的症状等同于生命周期中正常衰老的表征，从而导致在疾病早期的自主筛查意识较弱。而社会公众由于对认知症缺乏正确的认知，可能会对认知症老人产生误解、歧视、偏见，甚至会对认知症老人产生不友好的行为举止。这使得在认知症养老服务供给过程中，难以动员广大的社会成员、凝聚群众力量来帮助认知症老人群体。同时也极大地增加了认知症科普和宣传的压力与难度，不利于为认知症老人创造友好化的社会环境。认知症认知水平低增大了认知症老人早期筛查的工作量和科普、宣传、教育的难度，而在筛查和科普工作仍未充分的基础上认知症养老服务难以实现精准输出，即部分隐匿起来的认知症老人群体无法接受服务。

（五）帮扶政策缺失，政府支持力度不足

一方面，体系化、健全的政策是优化认知症养老服务供给的重要基础。2018 年，上海市政府印发了《认知症照护床位设置工作方案（试行）》，在养老服务机构（养老机构或长者照护之家）中设置认知症照护床位，旨在“为认知症老年人营造家庭式住养环境，提供针对认知症老人的日常生活照护、生活自理能力训练、精神支持、社会交往等专业性、全方位服务”；2019 年，上海市民政局发布《上海市民政局关于在养老服务中加强老年认知障碍照护服务工作的通知》，并提出了《上海市老人认知障碍友好社区建设试点方案》来探索如何更好地为认知症老人群体提供全过程、保障性、友好化的服务；2020年，在上海《2020年上海养老服务工作要点》中也就“推进认知障碍照护体系建设”提出了相关要求。目前上海地区的认知症养老服务供给已经有了一定的政策基础，但已有的政策是不健全的、不充分的。在当前的政策基础上，上海的认知症养老服务供给，更多是以项目制运行的，缺乏制度化，如友好社区的项目以及认知症领域的公益机构承办的零散化的项目。这些项目正在实施，也已经有了初步的成效，但仍未实现充分满足认知症家庭的需求的目标，且从长远来看，项目结束之后服务供给的可持续性有待检验，这也将导致服务供给的短缺。

另一方面，上海针对认知症家庭的专属帮扶政策目前是空白的，当前的养老服务补贴制度对低保家庭具有兜底作用，但对于一般认知症家庭的帮助有限，因此对认知症家庭的支持力度不足；长期护理保险制度并未纳入专业的认知症服务，其最大程度上也只能为认知症家庭提供喘息服务，在减少家属的照护压力方面作用有限。

由政府全部承担认知症养老服务的供给是不现实的，也是不合理的。因此需要更多的社会主体参与到服务供给当中。但相关的政策法规却是缺失的，如缺少促进认知症养老服务市场化、激励企业投融资、人才培养等方面的政策。政策的缺失不利于认知症养老服务市场的培育与发展，阻碍了养老服务的供给。

同时在认知症方面的法律与法规也是不足的，这一定程度上不利于维护认知症老人群体的权益。日本在2005年制定了《防止老人受虐及支持老人照护的法律》，其监护人制度也对认知症老人群体做出了详细的规定，这为认知症养老服务的供给奠定了良好的法律基础。我国的认知症养老服务仍处于初步阶段，政策也有待完善，需要在认知症养老服务产业发展、权益维护、人才培育等多方面提供政策支持来进一步优化供给。

四、优化认知症养老服务供给的对策建议

（一）发展专业化机构，提高产业化水平

专业化服务供给短缺是认知症养老服务发展的核心困境，而产业整合能力低下则严重阻碍了专业化服务供给水平的提高，“我们在养老照护服务里面一直讲要整合式照护，但这些在我们目前的情况下组建起来太难了，就比方说我们希望前端筛查有专门的机构，后端干预有专门的机构，但我们找了这么多年就是协同不起来，因为没有这样的机构跟你一起来协作，这就是产业化的根本，是我们一个很大的问题”（M1）。目前认知症养老服务的产业化还处于初级阶段，专业机构数量不足以及协同合作的缺失使得产业化的发展模式难以形成。要提高认知症养老服务供给的产业化水平，首先应当大力发展认知症专业机构，弥补专业化服务的供需缺口。根据前文提出的认知症三级预防体系，当前各环节服务机构的数量相对较少，为了满足认知症老年群体的服务需求，要积极建立专业机构，如针对一级预防建立专门的科普机构、筛查评估机构，针对二级预防建立专门的早期干预机构，针对三级预防建立专门的认知症照护以及家庭支持机构等。其次在配备专业机构的基础上，鼓励各机构相互协同合作，由机构负责提供专业服务，公益组织负责在社区端、医疗端、家庭端等进行服务资源的有效链接，从而建立起完整的服务链条，提高认知症养老服务领域的产业化发展水平，为认知症老人提供专业、便捷、全方位的整合式照护服务。

（二）探索社会企业模式，拓宽资金来源渠道

由于当前认知症养老服务供给的资金过度依赖政府投资，社会资本投入不足，且认知症养老服务供给市场发育不完善，融资难度大，认知症养老服务供给面临资金短缺的困境，因此需要积极拓宽资金来源渠道，激励更多的社会力量参与到认知症老人的养老服务供给行动当中。当前低收入贫困认知症家庭的养老服务主要由政府兜底，高收入阶层的认知症家庭向

商业化企业购买专业服务，而广大的中产阶级认知症家庭的养老服务问题难以得到解决。中产阶级认知症家庭的需求在市场总需求中占据了较大的份额，但一方面由于其消费能力有限，另一方面养老服务并不能完全由政府买单，因此需要政府、商业企业以外的第三主体参与到市场当中来弥补这一部分供给空白，而社会企业兼具公益性与盈利性的特质使其成为第三主体的重点培养对象。

“政府项目基本上都是免费服务模式，也就是说服务对象是不付费的。我们现在也在推动社会企业的参与，像早期干预、家庭照料或者家庭康复，这些其实都是可以由专业机构去完成的。但是纯商业机构其实现在并不多，所以我们在尝试将一些有商业背景的机构发展为社会企业的模式，一方面保持服务的专业性，另一方面它的定价也不完全是商业的。这个定价的策略，就是保留一个公益性的价格，一是政府可以有一定的补贴，二是有需求的家庭根据他的退休金或者根据家庭经济情况来付一定的费用。除了这种多元支付的方式，我们还会进行筹款，从而形成三方支付的方式。”（M1）

社会企业利用商业化的手段来解决社会问题，通过政府补贴、服务对象支付以及社会筹款来筹集资金，从而形成多元支付的模式，精准指导、减少单一资助方的不稳定性。社会企业在公益性价格的基础上提供专业化的服务，有利于在一定程度上缓解认知症养老服务供给资金短缺的问题，较充分地满足中产阶级认知症家庭的养老服务需求。因此解决认知症养老服务供给的资金困境，需要积极探索认知症服务领域的社会企业的培养与发展模式，集齐多方力量。而当前在我国，社会企业的发展是不成熟的，缺乏社会企业的发展的政策和制度基础以及与之相适应的市场环境。发展社会企业，首先要完善关于社会企业的认证标准与制度，规范社会企业的发展；其次要建立相关的监督和评估机制，注重对资金预算以及核算的管理，促进社会企业的良性发展；再次对于发展初期的社会企业，政府还应建立相应的补贴机制，制定专项优惠政策，以促进其持续发展；最后完善当前的行业规范制度，避免恶性竞争，为社会企业的发展营造良好的市场环境。

（三）加强专业人才培养，组建跨学科团队

人才队伍建设是认知症养老服务有效供给的重要保障，应当加强专业人才的培养，增强认知症养老服务行业对高素质人才的吸引力，为组建跨学科服务团队提供人才支持。首先，高校应当努力提高学科化水平，加大对社工、康复、照护等专业的人才培养力度，积极与认知症养老服务机构合作，构建“产学研相结合”的人才培养体系，避免出现学校教育与社会需求脱节的问题，缩小当前高校人才有效供给与认知症养老服务人才需求之间的差距。其次，认知症养老服务行业内部应当积极加强对从业人员的培训，建立健全认知症养老服务从业人员教育培训与资格认证体系，通过合理的薪酬激励制度鼓励员工主动学习新技能，提高自身综合素养。最后，应当提高认知症养老服务行业从业人员的福利待遇水平，建立合理的从业人员定价机制，缩小本行业从业人员与其他行业薪酬水平的差距，提高认知症养老服务领域吸引并留住高素质人才的能力。

（四）普及认知症教育，营造友好化社会环境

公众的认知症认知水平低不利于认知症养老服务供给的顺利输出，加大了认知症养老服务的难度，不利于建设认知症友好化的社会环境。通过普及认知症教育，改变公众的错误认知，提高公众对认知症的认知水平，营造认知症友好化的社会环境。从脑健康教育出发，以病因、病症、医疗、照护、康复、人文关怀等内容为核心，让公众走近认知症患者，减少大众对认知症患者的误解、歧视和偏见，让风险人群掌握基本的认知症知识以便尽早进行自我预防、自我筛查；针对长辈、青年、儿童等不同人群来设计不同的宣传方案，将认知症带进课堂，让其走进社区，提高社会公众帮扶认知症人群的意愿；结合健康讲座、纪录片、短视频、分享会、展览等传统的宣传方式，同时创新宣传方式，形成认知症的特色宣传活动，如借鉴公益机构开设“记忆学堂”，成立慢病管理小组的方式，使用小群

体化的方式进行宣传教育，提高宣传教育的效率与质量。另外，普及认知症教育应当注意区域的差别，不同地区的居民的认知水平与生活方式的差异往往会影响到宣传教育的方式与内容，应适时进行合理的调整。

（五）政府出台相关政策法规，完善政策支持

完备的政策法规体系是优化认知症养老服务供给的重要基础，是激发各方主体参与认知症养老服务的积极性的重要动力。在认知症家庭方面，政府应出台相关的补贴政策，缓解符合帮扶条件的认知症家庭沉重的经济和照护负担；针对认知症服务的整个行业发展制定包括投融资、人才培养、研发生产等方面规范化的政策制度以及相关的产业激励政策，为该行业的发展提供有力的政策保障，鼓励更多的社会企业、公益机构、养老机构、商业企业助力认知症养老服务；兼顾认知症家庭的权益维护，严厉打击欺诈行为，关注无行为能力的认知症老人的权益维护；认知症养老服务以社区养老服务为重要补充，要实施完善社区平台、认知症服务基础设施建设的政策，从硬件设施上为认知症老人建设认知症友好社区。结合当前的发展实践，认知症养老服务的提供要突破项目制模式，政府应制定政策来建立常态化的服务机制，保障服务供给的持续性。同时在政策实施的过程中应注重监督、评估与反馈，对政策进行适时的调整，保证政策的有效性及提高政策对象的依从性。

退役军人职业转换培训质量提升的思考

杨海文 陈 晨 吴 健

作者简介：杨海文，男，经济学博士，1971年生。2002年获中南财经政法大学国民经济学专业博士学位，到武汉大学公共管理学院任教。2006年进入武汉大学公共管理博士后流动站；2008年被聘任为副教授；2012—2020年担任武汉大学公共经济与社会保障系副主任。2008年加入民革，现任民革省委员会委员、民革武汉大学委员会委员、民革武汉大学委员会文理支部主委、民革武汉大学委员会秘书长。共参编5部高等教育国家规划教材；作为副主编专著1部；主持国家人事部、中国博士后科学基金特别资助第一批和面上资助第41批各1项，参加或主持20余项省部属社会科学重点科研项目；在国家权威或核心期刊上发表学术论文共计26篇；自2010—2018每年荣获民革湖北省委会参政议政奖励；2017年、2019年、2020年撰写的咨询报告3次获得湖北省常务副省长批示。

陈晨，女，管理学硕士，1994年生。武汉大学公共经济管理专业学生。在SCI/SSCI国际

期刊上发表学术论文2篇，在国内期刊发表学术论文1篇；2019年、2020年、2021年撰写的咨询报告3次获得湖北省常务副省长批示。

吴健，男，1995年生，目前为武汉大学政治与公共管理学院博士研究生在读。在SCI/SSCI国际期刊上发表学术论文7篇，在国内期刊上发表学术论文3篇；2021年撰写的咨询报告获湖北省政协主席批示。

退役军人作为一种具有专业技能的特殊人力资源，如何提升退役军人职业转换培训是完善退役军人工作体系的重要环节。退役军人职业转换培训工作应从以职业技能培训为主的“输血”模式向技能培训与能力教育培训并重的“输血+造血”模式转变，以高质量发展适应市场需求，培养适应社会主义现代化建设的高层次人才。

一、退役军人教育培训现存问题

当前，我国职业选择呈现多元化与个性化趋势，对退役军人的职业转换培训工作提出了更高的要求。政府出台系列文件保障退役军人职业转换培训规范有序展开，然而，退役军人职业转换培训工作在实践中仍存在一些问题，具体可分为以下两方面。

（一）职业技能培训吸引力不足

现有政策规定，退役军人职业技能培训机构、培训项目需先在退役军人事务局承训机构库确定，且开展的培训项目主要是国家职业资格目录项目。然而一些新兴产业、市场需求量大、就业前景好的培训不在国家职业资格目录当中，无法满足退役军人的个性化需求，致使现有的职业技能培训对退役军人的吸引力不足。

（二）能力培训引导力与连续性欠缺

一是能力培训的引导力不够。一些省份和地区将退役军人的职业转换培训合格率和实际就业率作为职业转换培训工作的绩效考核指标，对能力培训效果关注度不高，且现有的政策文件对退役军人的能力培训多以鼓励支持为主，缺乏对参与能力培训的重视与引导。二是能力培训的连续性缺乏。能力培训的目的不仅仅是为了满足退役军人的就业需求，更是为了实现退役军人的长远发展。而现阶段的能力培训尚未形成连续性、长期性的培训规划，缺乏培训前科学的需求分析和培训后的效果评估。

二、实现质量提升的政策建议

提升退役军人职业转换培训质量，首先提高以就业为导向的职业技能培训质量，其次加快形成以职业技能培训与能力培训并重的培训模式，最后构建培训反馈机制，逐步形成适应我国社会主义现代化建设的良好循环体系。

（一）提高职业技能培训质量

提高职业技能培训质量，不仅可以满足退役军人的个人需求，提高劳动力素质，增强就业竞争力，还可以实现退役军人职业技能培训资源的有效配置。具体措施有以下三方面。

1. 优化培训供给

首先，对职业技能培训供需摸底，明晰职业技能培训现状。例如，采用自主申报和第三方调查或评估机构多种方式并行，对退役军人的需求、培训意愿、内容等，以及市场培训机构的资质、培训项目、质量等进行摸底调查和评估分析。其次，激发退役军人职业技能培训供给的市场活力，实现职业培训资源的优化。例如，适度放宽市场准入门槛，通过政府购买或采用优惠奖励政策，鼓励具有营利性的优质职业技能培训方开发适应退役军人的市场培训项目。

2. 助推乡村振兴建设

首先，相关部门可以通过探索“树典型、学先进”的正向激励机制，鼓励引导退役军人下沉到一些艰苦边远地区和基层一线工作中去，并推动退役军人将个人的职业培训需求与乡村振兴工作需求进行互联互通。此外，落实退役军人在乡村定居的相关配套措施，如宅基地的使用权、农村集体土地的增值收益分配、退役军人创业担保贷款贴息支持等，加大对参与到乡村振兴的退役军人个体或集体给予荣誉或物质奖励。

3. 鼓励引导完成职业技能培训

首先，通过积极开展先进个人、相关领域的专家进行分享会、专题讲座等形式，提高退役军人对职业技能培训项目种类、内容等的知晓率。其次，建议相关部门采取对个人培训成本补贴以及事后奖励等措施激励退役军人参与并完成职业技能培训。另外，针对需要获取专业技能资格认证的群体，可以通过提供免费考前培训、辅导等，提高资格认证考试的合格率。

（二）完善职业转换培训双重保障

职业技能培训是一种短期的“输血”培训模式，而具有“输血+造血”双重保障的能力培训才是实现质量提升的关键。具体措施有如下三方面。

1. 制定个性化的培训模式

首先，结合退役军人的个人意愿与需求，按照学历、服役表现、经济状况、年龄等基础条件对退役军人进行分类。其次，制定一对一、一对多或多对一的帮扶模式，按照分类实施阶梯型培训模式等制定分类别的个性化培训模式。

2. 提高能力培训参与度

首先，可以通过宣讲会、座谈会、网络等宣传方式强调学历教育在职业生涯中的重要性，推动退役军人对于能力培训的观念转变。其次，联合培训机构开发适合不同退役军人群体的灵活培训方式，提高退役军人参与完成能力培训的积极性。最后，相关部门可以对参与并完成培训的群体进行培训补贴和物质奖励，对骗取培训补贴或奖励的个人进行严惩，抓好培训项目的事中、事后监管工作。

3. 改善能力培训环境

首先，建立健全退役军人双创中心或双创示范区，营造良好的退役军人进行能力培训的氛围。其次，与高职教育、高等教育接轨，加大对退役军人群体的教育优惠，增加退役军人的录取比例，为退役军人提供更多参与能力培训的机会。最后，通过建立校企合作、学徒制、工学结合及其他合作形式，拓宽退役军人的成长通道，培育更多高素质劳动者。

（三）构建职业转换培训反馈机制

构建反馈机制有助于完善退役军人职业转换培训体系建设，促使退役军人职业转换培训更好地向职业技能培训与能力培训并重模式转变。具体举措如下：

1. 建立全方位，多层次的评价体系

首先，退役军人事务机构可联合多部门建立健全退役军人、服务机构、用人单位三方信息统计系统，进一步推动信息资源平台共享互通；其次，建立包括退役军人群体参与度、就业情况、满意度、服务机构的服务测度、社会力量参与情况等在内的全方位多层次评价体系，便于服务机构更好地监测、分类指导，提高退役军人职业转换培训的质量。

2. 实现全方位反馈

相关部门可以利用短信、微信、电话、公告等线上线下相结合的方式对培训机构的资质、示范性培训机构名单、评估结果以及退役军人教育培训的效果实时向退役军人和培训机构反馈。其中，反馈结果应具体包含量化的考核等级和定性的评价意见，以便退役军人和培训机构双方能够进行有针对性的调整。

地锁之困，从公地悲剧到反公地悲剧

——以武汉老旧社区为例

张尊洋　张　平

作者简介： 张尊洋（1999—），男，湖北鄂州人，中国人民大学劳动与人事学院硕士研究生，本科毕业于武汉大学劳动与社会保障专业。研究方向：社会保障理论与政策。

张平，男，1981年生，陕西西安人，武汉大学政治与公共管理学院副教授，国家人文社会科学重点研究基地武汉大学社会保障研究中心专职研究员，经济学博士，复旦大学理论经济学博士后。主要研究方向为公共经济学、发展经济学。近年来在《经济学（季刊）》、《数量经济技术经济研究》、《经济评论》、《世界经济文汇》、《南京社会科学》、*Energy Policy* 等国内外期刊上发表科研论文10余篇，出版学术专著《开放经济视野下的中国服务业发展研究》（中国经济出版社，2016年）1部，主持国家社科基金、教育部人文社科基金、中国博士后科学基金等多项科研项目。担任《经济学（季刊）》《数量经济技术经济研究》《经济评论》等期刊审稿人。

摘要：老旧社区车位的产权安排决定了所有居民都能不同程度地使用停车位，形成了公共资源被过度使用的“公地悲剧”。地锁的问世则解决了使用权共享性的问题，明晰了停车场使用权的产权安排，却又引发资源使用不足和使用效率低下的“反公地悲剧”。“公地悲剧”和“反公地悲剧”折射的是城市老旧社区公共空间资源整合的困境。本案例以武汉市B社区地锁泛滥为背景，分析了在城市经济社会发展的不同阶段，B社区地锁治理的不同矛盾及问题。B社区是典型的老旧社区，公共空间规划不足、停车位资源稀缺，私装地锁抢占车位的行为屡禁不止，地锁“今天拆明天装”，组织拆解行动也治标不治本，地锁成了社区居委会、物业及城管等相关职能部门的管理难题。如何因地制宜、因时制宜从根本上解决居民私装地锁的问题？政策的尺度又该如何把握？未来社区公共资源的整合和公共空间的管理又该走向何方？本案例的分析讨论试图回答这些问题。

关键词：老旧社区；地锁；公地悲剧；反公地悲剧

案例部分

一、引言

2018年的某个早晨，武汉市T路某老旧社区异于常日的喧闹，众多身着制服的工作人员和小区居民聚在一起，指挥声、吆喝声、争吵声此起彼伏好不热闹，这究竟闹哪出？原来，这是一场居委会、物业联合城管部门的地锁拆除行动。举目望去，社区内随处可见胡乱安装的地锁，有在社区规划的车位上，有在人行道上，还有的甚至装到了社区绿地上。在接到不少居民的投诉后，居委会、物业和城管工作人员经过长期的准备终于展开了今天的行动。工作人员热火朝天地拆除着地锁，旁边聚拢的居民也没歇着，争吵个不停。

热心的李阿姨抱怨道：“有的人把车到处乱停就算了，现在还随便安地锁。社区本来就拥挤得很，地锁就像狗皮膏药一样，让人找不到落脚的地方。最可恨的是有人在草坪上装地锁，本来社区里绿化就少，好不容易有块空地种点草还给他们糟蹋了。”旁边的大妈附和：“是啊是啊！消防安全通道还有人装地锁了，这哪天发生了意外，消防车因为这个进不来可就出大事了。”也有老人不满：“谁说不是呢，社区的地锁特别多，我们上了年纪的本来行动就不方便，晚上想带孙子孙女出去遛弯、看看都不敢，万一磕了、碰了，你说谁负责？对吧！”可是人群里也有人反驳道：“可是我们的车总要有地方停吧，社区就那么多车位，还有外面的人也来抢咱们小区的车位，我们不占些，车停在哪？再说了，社区有几家人是没有装地锁的？”这时候工作人员已经拆到了杨大爷家楼下，性格直率、脾气急躁的杨大爷站不住了，冲着准备动手的工作人员大喊道：“你们为啥要拆？是谁给你们的权力动我家的东西，你们把我这些东西损坏了该不该赔偿？我可是学过法的，小心我去法院告你们。”城管部门的工作人员赶快制止杨大爷进一步的行动，居委会的负责人开始向杨大爷解释，争吵声越来越大……

站在人群后面的老王没有加入争吵，他早就对这些司空见惯了，他只是在心里默默叹息：今天拆了又如何，组织了这么多次拆除行动，哪次之后不是没几天就有人又装起来了。哎！地锁这事儿闹了几年了，还得从车位说起，车位的问题不解决，这事儿什么时候是个头啊！

二、经济腾飞天地变

车位的问题不是忽然出现的，而是武汉城市发展这个大背景综合作用的结果，这得从老旧社区的变迁说起。大多数老旧社区都是在单位制改革之前，由政府、单位出资建设的居住区。在当时，武汉市乃至全国的机动车数量都很少，住户对于车位的需求并不高，因此老旧社区建设之时就没有对停车空间做出很好的规划甚至是没有规划专门的停车位。

可是近年来，经济快速发展，城市化水平稳步提升。武汉作为中部地区的中心城市，在加速城市化的进程中，市民生活水平提高，出行方式也发生了质和量的变化。私家车走进家庭，市民通过私家车出行的现象越发普遍。据统计，武汉市机动车保有量2015年年末达到205万辆，自此每年以30万辆左右速度递增，截至2019年年底已突破330万辆。① 但目前武汉市停车泊位为281.8万个，其中主城区仅有208万个，含项目配建196.7万个、公共泊位9.6万个、路内泊位2万个，② 快速增长的机动车保有量与配套停车泊位数量存在突缺口，这是近年来热议的“停车难”问题根源。早期规划不足的老旧社区问题更加严重，车位的供给和需求之间矛盾突出。针对停车难问题，武汉市在2008—2018年先后出台了不少文件，详细内容见表2-14：

表2-14 武汉市2008—2018年停车规划文件汇总

发布时间	文件名称	发文单位	备注
2008年7月	《武汉市机动车停车场管理办法（试行）》	武汉市人民政府令	全面的法规，试行至今，有一些条款有所变化，可以进行修改
2008年7月	《关于加强和规范机动车停放服务收费管理的通知》	武汉市物价局	全面的收费管理规定，总体合理；分政府定价、指导价和市场调节价；政府定价范围至今适用

① 饶纯武，张鹏. 武汉机动车保有量突破330万辆［N］. 湖北日报，2020-01-09（社会13）.

② 蒋太旭，陈一珺. 武汉市机动车保有量322.5万辆，今年继续推进建设20万个停车泊位［N］. 长江日报，2019-04-23.

续表

发布时间	文件名称	发文单位	备注
2009年10月	《关于加快我市公共停车场建设的通知》	武汉市人民政府	第一系统性的鼓励政策
2011年8月	《关于加快推进我市公共停车场建设的意见》	武汉市人民政府办公厅	对上一个政策的补充；增加商业配建、改变土地供应方式、免收税费、简化审批等
2015年5月	《关于加快推进停车设施建设的通知》	武汉市人民政府	再进行补充；强调编制规划、鼓励自有土地建设、吸引社会资本、超额配建和对外开放等
2015年9月	《武汉市停车设施建设管理办法》	国土规划局、发展改革委、城乡建设委	按上一文件要求，系统明确规划投资建设审批办法和流程
2016年3月	《武汉市机动车道路临时停放管理办法》	武汉市人民政府	2015年10月1日取消道路停车收费后的回归
2016年4月	《关于我市中心城区城市道路停车收费有关问题的通知》	武汉发展改革委	配合上面文件，道路停车收费，至今适用
2016年5月	《关于加强全市机动车停车信息联网管理工作的通知》	武汉市人民政府办公厅	国内最有特色的一个政策文件，实践也具有很强的示范性
2017年1月	《关于转发湖北省机动车停放服务收费管理办法的通知》	武汉发展改革委	对收费的再次明确，维持原来的政策
2018年5月	《武汉市2018年停车场规划建设工作方案》	武汉市人民政府办公厅转发	明确建设任务目标，强化考核

早期的政策文件主要针对已有的停车设施的管理和收费进行规范化，如2008年颁布的《武汉市机动车停车场管理办法（试行）》《关于加强和

规范机动车停放服务收费管理的通知》。而后期武汉市则是在继续推动停车位建设的同时再次对已有和新建的停车设施加强管理和规划，以提高停车设施的使用效率。但即使政府采取了不少有针对性的政策并且取得了一定成果，私家车数量的增长速度仍是远远快于停车位的建设速度，机动车保有量与配套停车泊位数量之间的矛盾并没有得到很好的缓解，停车难问题仍然严峻甚至仍在继续恶化，更让人担心的是这一问题还衍生出许多其他城市治理难题……

三、停车困难地锁现

B社区作为武汉市著名的老旧社区，曾因停车空间不足深受地锁之害。始建于2002年的B社区位于武汉市的J区，目前住户有3000多户将近一万人。社区房屋大多为经济适用房，和其他老旧社区一样，建成时间较早、年代久远，存在着诸如规划不合理、设施不健全、物业服务不到位等问题，治理难度较大。近两年来，因为没有足够的停车位而引发的“地锁战”可谓旷日持久，社区各方头疼不已。

然而在B社区发展的早期，却是另一番和睦的景象。社区规划之初，居民收入水平不高，汽车的数量较少，因而没有相关的车位规划。后来W市经济腾飞，私家车拥有量不断上升。本来充足的公共空间一下子捉襟见肘，停车位置也成了稀缺资源，社区居民纷纷抢占停车位，其乐融融的社区关系渐渐出现裂隙。一方面，为应对“停车难”问题，在60个地下车位的基础上，社区又扩建了69个停车位。但129个停车位也不能完全解决居民停车问题，巨大的需求缺口仍然存在。另一方面，相较于收费较高的地下停车场，大多数社区住户更愿意选择利用社区内的公共空间来进行停车，这就导致社区兴建的地下停车场空置率很高。

我本来是打算买个地下停车位的，但是别人都不买，都停在社区里，社区里用来停车的那些地方都是大家均摊的，停车也比较划算。合着我们花了钱，却要额外再买地方用来停车，我怎么想怎么亏，索性不买了，就停社区里面。

虽然地上空地停车便宜，但空间有限，社区居民为了自己能停车，就针对有限的资源开始了“争夺战”。一开始，部分住户在空地上设置路障，停辆自行车来占停车位，但这些东西都还是比较容易清理搬运。久而久之，住户就直接忽视掉，直接开始搬开停车了。（图 2-19、图 2-20）

图 2-19

图 2-20

社区居委会劝导清理后，B 社区达成了短暂和解。但这并没有从根本上解决停车难问题。社区停车的怨言与日俱增。地锁的出现则更是充当了引爆这个火药桶的火星。对那些想占地方停车的住户来说，地锁就是灵丹妙药。地锁价格便宜、安装简单，而且安装上后拆除不便，功能强大。地锁掀起了社区新一轮的“圈地”热潮。

我们社区本来就没把停车这个问题弄明白，你不解决大家没地方停车的问题，肯定会有人想办法来自己找地方停车啊，就算没有地锁，还会有别的东西用来占地儿的，现在技术这么发达，只要想就会有办法帮你占地儿停车。

好像地锁这玩意 2018 年的时候最多，那时候社区到处都是这个东西，很挡道，最初是一栋旁边的空地先装了这个东西，然后大家发现还挺好用的，就都跟着装地锁了。这玩意也不贵，便宜的几十块钱，贵的一两百，而且还挺智能的，可以遥控啥的，比较方便，用这么个小玩意就能找到地方长久停车，还是挺划算

的。”（图 2-21、图 2-22）

图 2-21

图 2-22

但对于其他住户而言，地锁却是避之不及的毒药。几年内，社区地锁泛滥成灾，社区公共空间不断被挤占。大部分居民面临自己私家车无处停放的尴尬境地，要么“同流合污”，要么另寻办法，最后被逼无奈只能安装地锁。地锁之困陷入恶性循环，更引发了一连串的矛盾。

四、地锁泛滥矛盾增

泛滥的地锁使车位资源的紧缺越发凸显，抢占停车空间的暗流在社区内涌动着，每当夜幕笼罩，各类安装简易的地锁在社区内不断地滋长，这阵自装地锁的风潮带来了系列恶果。原先平整的社区地面被见缝插针地安装上各式地锁。道路两侧、绿地和花坛被开辟成了私人停车位，即使地锁被拆除，原来的地面也会留下坑洞，难以恢复原貌，建设整洁美观的社区似乎成了不可能的目标。同时，地锁给居民出行带来了诸多不便，降低了居民的生活质量。对出行的居民特别是老人、儿童而言，摔倒的概率大幅增加。还有些地锁设置在盲道中央，给盲人居民的出行带来了麻烦。在社区出入口附近或消防通道上私自设立的地锁，也影响了社区消防、医用车辆通行。

除此之外，邻里纠纷也纷纷涌现。一方面，居民争夺同一车位的现象频繁，地锁安装造成车位空置，其他居民难以使用，也更易激起怒火。另一方面，地锁使得道路变窄，剐蹭、碰撞等事故增加，矛盾也随之而生。居民们对这一点记忆犹新。

> 这些地锁没停车的时候一下子是看不出来是谁安装的，也没有联系方式啥的大家也不清楚。一旦谁家里有病人需要抢救，或者发生火灾，急救车和消防车也过不去，都会影响救援行动。
>
> 记得之前社区里确实过段时间就会出点小纠纷之类的事情，毕竟（有地锁后）路太窄，新手司机行车难免磕磕碰碰，还有车位之间的矛盾也不少，有些闹得挺难堪的，听说还有打官司解决的。

基础设施落后、现有空间缺乏规划，停车秩序原本十分混乱。同时，和其他老旧社区一样，B社区封闭性较差，外来车辆随意停放，停车资源越发紧张。“地锁战”的背后是社区地锁治理“久治无效”的心酸。

对此，B社区居委会尝试整治，但效果不佳。居委会张贴通知，挨家挨户沟通，希望能得到居民的理解和支持，但常常无功而返。地锁之困反映的不仅仅是简单的地锁安装、拆除问题，更多的是停车矛盾。居委会囿于自身能力，无法给出停车问题的合理解决方案，地锁整治也止步不前。

居委会劝说无效后，开始想办法强制拆除地锁。他们找来城管，但拆除仍是举步维艰。城管执法权有限，只能拆除没有停车的地锁，若地锁上停着车，城管无权移走车辆，也就无法拆除地锁。同时，城管害怕居民有意见，更多的时候是给居委会提供一些协助，指导其拆除地锁。但就在居委会和城管好不容易拆完地锁后，过了一段时间，地锁又冒了出来。为整治地锁，不得已，两方又得组织下一轮地锁拆除工作，但“野火烧不尽，春风吹又生”。地锁如雨后春笋般总是不断冒出来，工作人员苦不堪言。久而久之，居委会也就放弃了强拆地锁这种方法。

居委会求助物业，可物业却也是巧妇难为无米之炊。B社区是老旧社区，居民每年缴纳的物业管理费比较少，有的住户常常拖欠，这就导致物业并没有充足的资金来运营管理。物业曾经尝试过提高社区居民的物业费以改善社区停车秩序，但大多数住户不愿意交钱，费用收不上来，物业也无可奈何，只能得过且过。

物业和居委会向街道求助，街道也有自身的顾虑和难处。社区对停车空间的改造所需资金较大，街道资金并不充裕。

> 我们治理一开始也找过物业，不过物业那边也没啥办法，我们这个社区是老旧社区，管理起来麻烦比较多，收费又常常收不起来，物业那边有时候不太愿意管，就算想管也没啥能力管，钱少也雇不来几个人，他们那边也挺难的。
>
> 咋不想拆地锁，主要还是没钱嘛，找物业说没钱拆，没钱管理哦；然后要我们去找街道办，街道办也说没钱，你说这可咋办嘞。

四处碰壁后，B社区居委会“心灰意冷”，只能重复之前的强拆方法，以暂时缓解社区的地锁困境，寄希望于政府出台相关政策帮助社区解决地锁及停车难题。

五、社会关注积怨重

B社区私装地锁问题长期得不到根治，居民日常生活被严重影响，怨言不断，而社区负责人却对此无可奈何。实际上武汉市这样的社区不在少数。地锁像过街老鼠人人喊打，但仍屡禁不止，居民不满情绪越积越重，引起了社会广泛关注。先是居民在政府留言板包括武汉城市留言板、领导留言板上面频繁反映社区私装地锁问题，这严重影响了社区居民的正常生活，抱怨相关部门不作为，私装地锁反反复复得不到解决。言语之间，不满情绪四溢。居民投诉也吸引了媒体的目光，诸多记者赶到这类社区了解情况，长江网、楚天都市报、东方资讯、搜狐网等媒体网站都有武汉市老旧社区私装地锁问题的报道。（图2-23、图2-24）

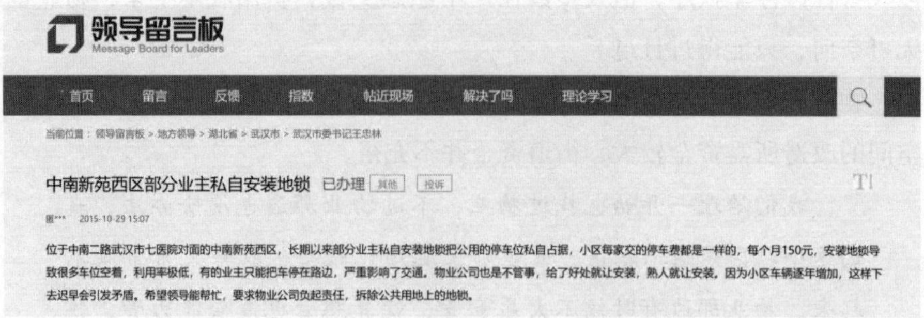

图 2-23

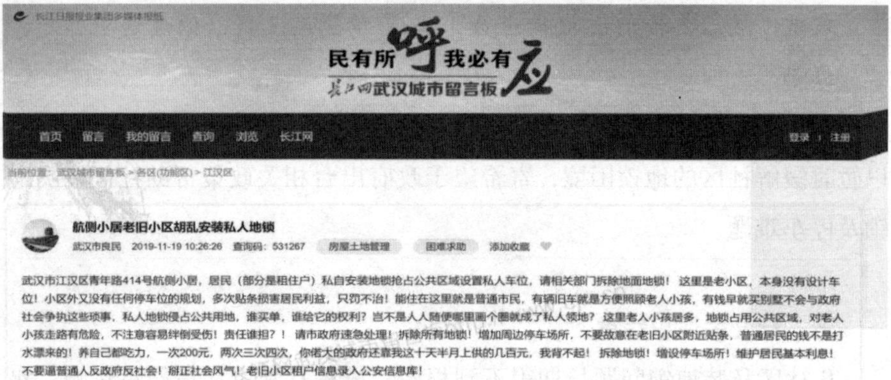

图 2-24

居民投诉、媒体报道引发社会对这一问题的广泛关注。论坛、贴吧都在讨论地锁之困。有居民在论坛上讨论“社区公共停车位区域好几个私装地锁。怎么破?”“说说怎么对付私装地锁的居民”。下面的回复则是一大堆：“现在越来越多的人自己装了地锁，每次回来有空位置都停不下，成了他私人的车位了。”“胡同里到处都是，超过可停车数量的一半以上，除了搬家之外，有办法吗？街道不管、城管不管”。（图 2-25）

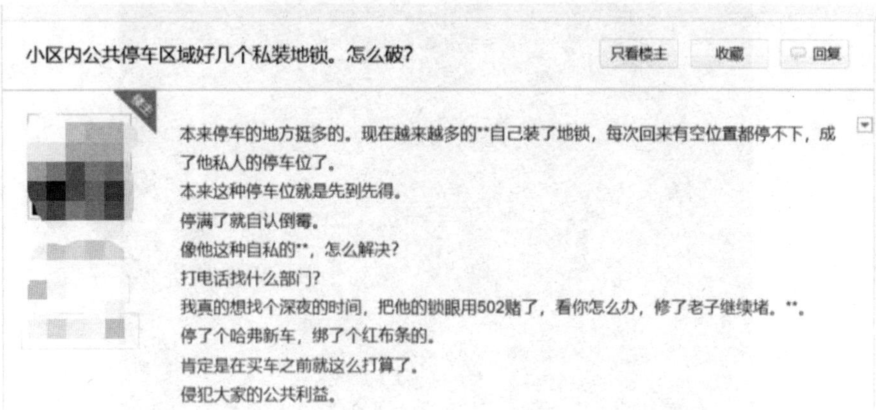

图 2-25

社会公众的关注使地锁之困放到阳光下接受考量，私装地锁问题从某些社区的小事变成社会广泛关注的事情，甚至成为对社区管理秩序、政府办事能力的考量，地锁问题在舆论的作用下越演越烈。

六、地锁治理波折多

鉴于之前的教训，B 社区工作人员认识到地锁治理需要多方主体共同发力。很快，在 B 社区党支部的领导协调下召开了居委会、业委会、物业三方联动会议，各方主体统一思想，确定了发动群众力量、协调劝导拆除地锁的工作方法。从业主思想工作入手，再进行拆除地锁、优化社区停车环境的工作。

在接下来的几个月，居委会、业委会、物业工作人员成立“劝说小组”“协调小组”“夜班小组”。分批分片，在楼栋长、社区志愿者、热心群众的配合下，多次组织居民召开恳谈会。挨家挨户劝导业主转变观念，直到同意协助拆除其自装地锁为止。同时，利用微信群、QQ 群对地锁拆除进行宣传，张贴《关于 B 社区车辆识别系统即将运行的通知》（图 2-26）。对因车辆停放仍无法拆除的地锁，由居委会工作人员协同物业工作人员和车主联系，约定拆除时间。

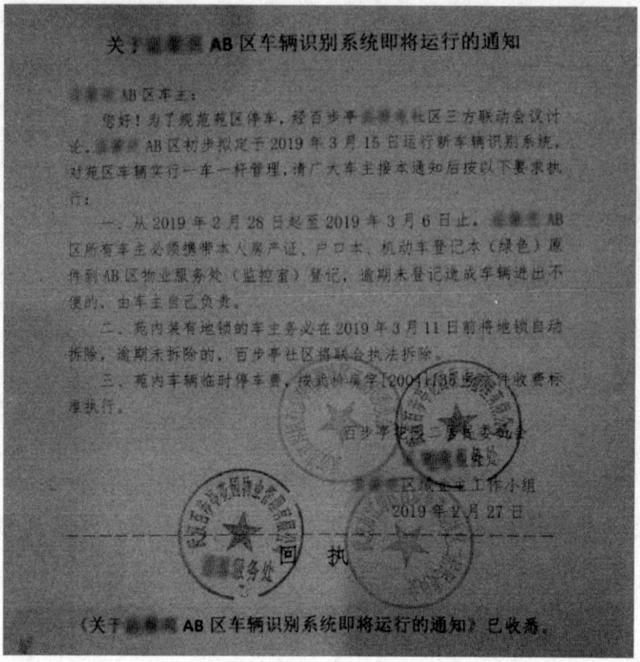

关于[redacted] AB 区车辆识别系统即将运行的通知

[redacted] AB 区车主：

您好！为了规范苑区停车，经百步亭[redacted]社区三方联动会议讨论，[redacted] AB 区初步拟定于 2019 年 3 月 15 日运行新车辆识别系统，对苑区车辆实行一车一杆管理，请广大车主接本通知后按以下要求执行：

一、从 2019 年 2 月 28 日起至 2019 年 3 月 6 日止，[redacted] AB 区所有车主必须携带本人房产证、户口本、机动车登记本（绿色）原件到 AB 区物业服务处（监控室）登记，逾期未登记造成车辆进出不便的，由车主自己负责。

二、苑内装有地锁的车主务必在 2019 年 3 月 11 日前将地锁自动拆除，逾期未拆除的，百步亭社区将联合执法拆除。

三、苑内车辆临时停车费，按武价房字[2004]135号文件收费标准执行。

百步亭[illegible]委员会

[redacted]服务处

[redacted]区[illegible]工作小组

2019 年 2 月 27 日

回　执

《关于[redacted] AB 区车辆识别系统即将运行的通知》已收悉。

图 2-26

泛滥的地锁被拆除，B 社区整治工作也转向了地锁之困的核心——B 社区停车困境的优化上。社区再次召开三方联动会议，重新规划社区地上车位，将以往未规划车位的边边角角纳入车位规划，划线停车，以增加地上业主共有车位的数量。同时，借着社区智能化门禁改造的东风，对社区业主保有车辆进行出入门禁电子智能化管理，消解外来车辆社区内违停占用车位资源的现象，在新技术引导下鼓励业主有序停车，使得社区停车氛围更加和谐。

在近一年内的种种努力下，随着 B 社区内停车位紧张现象得到了部分缓解，业主有序停车的氛围逐渐出现，“地锁战”也告一段落。

七、结语

生活中，私装地锁抢占车位这种行为不仅降低了停车位的使用效率，对行人出行也造成一定安全隐患。由此引发的口角之争更是层出不穷。此风不止，不良的模仿效应必会更多。实际上，武汉市政府早已开始了地锁的专项整治活动。2016 年武汉市城管委明确表示“社区地锁现象，市委、市政府将它列为今年重点解决的民生问题”。但需注意的是，拆除地锁只是治标，并不能解决根本问题，定期清理亦止不住地锁如雨后春笋般出现，进而演变为一种“安装—拆除—再安装”不断循环的城市管理痼疾。地锁泛滥已经不再是一区、一市、一省的政府治理困境，它考验着社区各方主体乃至全中国基层政府的治理能力。如何因地制宜、因时制宜从根本上根治私装地锁的问题呢？政策的尺度又该如何把握？未来的社区停车规划乃至社区整个公共空间的管理又该走向何方，才能让“出入相友，邻里相助”的优良传统真正成为现实？

分析部分

一、引言

地锁困境并非一区、一市、一省的个例，它反映的也并不是简单的安装和拆除问题。实际上，地锁之困是城市社区空间规划、管理上面临的矛盾和问题，是城市经济社会发展的不同阶段，是制度设计和政策工具失灵的必然结果。居民对于空间的需求日渐增长和公共空间有限性的矛盾使得早期规划缺失和空间管理能力不足的问题越发凸显。本部分通过引入“公地悲剧”“反公地悲剧”两大理论分析老旧小区车位的产权安排，探究居民私装地锁的问题根源及解决途径。公共空间因其公共属性造成私设地锁盛行，呈现出明显的公地悲剧特征，而又因私设地锁造成资源使用权过度分割甚至碎片化，使得车位资源利用不足，具有反公地悲剧色彩。本文通过总结地锁之困的不同阶段“防”“治”问题及经验，为武汉市乃至全国其他地区提供参考借鉴。在此基础上探索公共资源整合的路径安排，选择恰当政策工具调适公共资源滥用与利用不足之间的矛盾，促进多方联动、协商共治，形成良性循环的“钟摆效应”。

二、理论及适用性

（一）公地悲剧理论

1. 理论内涵

公地悲剧是指具有使用上的竞争性但不具备或者缺乏排他性产权的公共资源被过度使用的情形①。“公地”作为一项资源或者财产，所有者众多，每个人都拥有使用权，但是却没有权利阻止其他人使用。个人在使用“公地”时，将获得全部收益，却只需承担由全部成本（或代价）的小部分。② 个体利益最大化和集体（社会）利益最大化的激励并不相容，形成了扩大使用——系统崩溃的死循环。最终“公地”会因产权难以界定而被竞争性地过度使用或侵占直到资源枯竭或者系统崩溃。

2. 理论假设

公地悲剧有 4 个理论假设。第一，公地是相对封闭且有限的，即在可预见的条件下，存在资源和空间硬约束。第二，公地是开放进入式的——任何人都可以不受限制地使用“公地”的资源。第三，公地是未加管理的——处于制度的真空状态。第四，公地的使用者是理性、自利的经济人——基于成本—收益的范式进行决策。③

3. 理论适用性

“公地”的本质特征决定了资源使用方式的产权结构，如果某种资源

---

① Hardin, G. The Tragedy of the Commons [J]. Science, 1968, 162 (5364): 1243-1248.

② 阳晓伟，庞磊，闭明雄.“反公地悲剧”问题研究进展 [J]. 经济学动态，2016 (9): 101-114.

③ 阳晓伟，杨春学.“公地悲剧”与“反公地悲剧”的比较研究 [J]. 浙江社会科学，2019, 271 (03): 4-13.

的产权安排决定了很多人都能不同程度地使用这种资源，那么其就具有“公地”的特性，这些资源的过度使用也会造成公地悲剧。本案例中的社区公共空间由于产权安排属于全体社区居民，居民都可以使用，在没有加装地锁前没有排他的手段，所以其满足“公地”的特征。大家都使用社区公共空间来停车，造成公共空间的拥挤，其过度使用问题也属于“公地悲剧”的研究范畴。

（二）反公地悲剧理论

1. 理论内涵

该理论的核心观点在于“反公地悲剧”是指资源或产权过度分割以致破碎化，导致资源排他性过强，进而造成资源使用不足的情形。① 反公地悲剧通常表现为公地资源的闲置、浪费。区别“公地悲剧”“反公地悲剧”中产权或使用权被过度分割，在“公地”内，存在两个或更多的权利所有者与使用者，而且任何人都可以运用自己所拥有的权力通过设置种种使用障碍来阻止其他人有效地使用“公地”资源。过多的排他性致使“公地”产权、使用权或资源整合变得相当困难，交易成本过大，最终资源的最大化价值无法实现。

2. 理论假设

与“公地悲剧”不同，“反公地悲剧”的假设主要在资源及相关社会制度方面。第一，资源的规模报酬递增——资源过于“破碎”或几乎毫无价值甚至无法使用，只有当其本身的规模达到或超过某一临界点对于理性人而言才是有用的，即资源整合后价值更大。第二，资源的排他性权利过强——排他性过强导致资源得不到充分有效利用，在极端条件下甚至是完全无法利用。第三，整合资源的交易成本为正且太高——排他者数量太大，潜在的社会交易成本。

① Heller, M. A. The Tragedy of the Antiommons: Property in the transition from Marx to markets [J]. Havard Law Review, 1998, 111 (3): 621-688.

3. 理论适用性

“反公地悲剧”适用于公共产权中所有者数量庞大且难以达成统一意见，造成排他性过强的情形。① 在现实中，如企业的多头或无序管理等情况都属于“反公地悲剧”。而本案例中，在地锁困境的第二阶段，地锁泛滥造成社区公共空间使用权被过度分割，排他性过强，其中涉及的主体过多，而且难以达成统一的意见，致使社区公共空间资源无法整合，造成空间资源利用不足的问题显然也是属于“反公地悲剧”的研究范畴。

（三）理论比较分析

1. 相似性

一是二者都具有明显的负外部性，“公地悲剧”具有明显的负外部性，资源过度使用，造成资源的枯竭、系统的崩溃；“反公地悲剧”则是资源利用不足，造成资源的浪费、收益的减少。二是缺乏有效的制度约束机制，“公地悲剧”会因缺乏有效的监督而造成资源的过度使用以及搭便车、机会主义行为。“反公地悲剧”则是因为资源无法整合，产权或使用权支离破碎，缺乏有效的使用权或干扰太多而造成资源闲置，也会因寻租活动造成资源无效率。

2. 差异性

一是两者在后果上的区别，分别是过度使用的悲剧和使用不足的悲剧；二是产权性质上的差别，前者产权不清，使用权上没有排他性，是一种由于排他性产权缺失或太弱造成竞用性资源被过度使用的悲剧。后者则是产权及使用权排他性太强，是资源或产权过度分割以致破碎化，导致资源排他性过强，进而造成资源使用不足的悲剧。三是成本差异，“公地悲剧”的发生在于私人成本小于社会成本，所以个人倾向于使用公地资源，而后者的私人成本大于社会成本，通过市场交易的成本可能大于资源本身的价值，所以个人倾向于闲置资源。

---

① 李晓峰. 从“公地悲剧”到“反公地悲剧”［J］. 经济经纬，2004（03）：26-28.

三、困境分析

（一）阶段分析

从公地悲剧到反公地悲剧，折射的是城市老旧社区公共空间资源整合的困境，反映了城市经济社会发展在不同阶段出现的不同矛盾及问题。

1. 公共产权：公地悲剧的出现

与地下车库不同，地上停车场作为小区共有的公共资源，直接与小区内部居民的共同利益息息相关，具有较强的非排他性。但在公共空间的利用上，作为理性人的每个人都会热衷于占有停车位。一方面，占有停车位可以使自己的出行更为便利，生活更为便捷；另一方面，也会使得小区停车场停车紧张、负担加重，可能会导致停车场不堪重负，大部分人可能都不能在适当的时间停车。作为每一个公有资源的使用者都是理性的个人，在做出占用公有资源的决策的时候唯一的动力就是个人收益的最大化。在权衡量两方面利益关系后，理性的居民都会选择尽可能地使用地上停车位，让自己的利益得以保证，但这种决策却是以集体的利益受到损害为代价的。随着武汉市经济的快速发展，汽车保有量大幅提升，抢占车位这种群体行为会被无限放大，使得停车场“拥挤不堪”、停车能力迅速恶化，悲剧就这样产生了。“公地悲剧”变成了无节制的、开放式的公共资源利用的灾难。

当然，“公地悲剧”也并不意味着小区内的理性人就是不道德的，他们只是迫于收益最大化的理性的选择，不得不做出最有利于自身的决策。正如“囚徒困境”中博弈的双方一样，一旦他们中的一方做出让步，往往会输得更惨、损失更大。可以说，老旧小区停车场等公共资源的使用过程中出现的“公地悲剧”并不是使用者的不道德行为引起的，更多的是由于他们的理性行为引起的。从地上停车场的产权属性看，其所有权和使用权的共享性是导致“公地悲剧”现象的根源。

2. 私设地锁：使用权的产权安排

从理论上来看，公地悲剧是因为产权不明晰时，居民个人使用公共资源付出的成本小于社会为其付出的总成本，从而导致资源的过度利用。而科斯定理认为：只要产权是明确的，并且交易成本为零或者很小，那么无论在开始时将财产权赋予谁，市场均衡的最终结果一定是有效的，资源的配置会实现帕累托最优状态。从实践来看，停车场的过度使用造成了公地悲剧，为了解决这一困境，地锁的问世则很好地解决了使用权的共享性问题。小区地上停车场的所有者可以互相设置障碍，每个人都可以阻止其他人创造或使用一种稀缺的资源。在市场上，购买地锁只需几十元，成本微弱、代价低廉；而通过私设地锁、明晰了地上停车场使用权的产权安排，很好地保证了个人利益不受侵犯，同时，使过度利用地上停车场带来的停车能力退化等问题有了极大的缓解。私设地锁在城市发展的初期阶段的确给小区内部的居民带来了诸多便利，也阻断了小区外的人进入小区抢占车位资源的途径，名义上解决了小区内部地上车位归属权问题，但实际上，安装地锁后，关于车位产权的纠纷仍然存在。

3. 反公地悲剧的放大

为了应付“公地悲剧”，许多产权经济学家提出了以清晰的产权结构，加之严格的制度约束，就可以解决由于产权不明晰而导致公有资源滥用枯竭的难题。但如果产权过多，以及公有资源的所有者太多，又会导致另外的问题——“反公地悲剧”。从实践来看，私设地锁明晰了地上停车场的使用权，每一个地锁的安装都代表一个车位的使用权的归属。完整的停车场被分散化、碎片化，但这种孤岛式的资源又造成了新的困境。“公地悲剧”消失后，泛滥的地锁又带来了“反公地悲剧”。

从理论上来看，首先地上停车场的产权属性为公共产权，所有者数量庞大，因而在使用上难以达成一致意见，造成排他性过强的问题；其次，在市场经济条件下，使用车位的私人成本大于社会成本，因而资源倾向于闲置而非充分利用。实际上，一方面，停车场被车位分割，“产权”（实际上是使用权的产权安排）分散，导致地上停车场的车位资源难以被有效利用，地锁圈占的车位被闲置、浪费，并没有起相应的经济、社会效应，越来越多的小区车主并不能享受到相应的停车权利。另一方面，按照我国物权法的相关规定，占用业主共有的道路或者其他场地用于停放汽车的车位，对于个体业主来说，自己并不享有专属权利。私设安装地锁将停车位"圈"为己用从而确定的"产权"并不合法。

如果任由小区居民私设地锁，那么其结局必然是每个人都去安装地锁，如果一部分小区居民不愿意或者无法安地锁，那么这些居民必将陷入无车位可用的尴尬局面。所以，即使每个人明知私设地锁不合理，但是也被逼无奈争先恐后地去安装。在共同利用小区车位的情况下，谁最先安装地锁谁就可以抢占到珍惜的车位资源，这种局面是现有不完善管理体系的制度成本。不解决导致反公地悲剧的管理制度，就无法解决地锁遗留的深层危机——而无法解决地锁背后的停车难题，就无法永久地消除地锁。

（二）主体分析

地锁之困的不同阶段除了涉及产权状变更，更有各相关主体间的博弈。居民、居委会和物业、政府三方扮演着不同的角色，有着不同的利益诉求，诠释着不同的行为。为简化分析，可将三方主体划为两类：居民属于被管理者、公共服务的需求方，而政府、居委会和物业则属于管理者和公共服务的提供者。

1. 居民——需方、被管理者、监督者

居民是公共资源的需求者、被管理者和监督者。居民需求的无限性和公共资源的有限性之间的矛盾是地锁困境的根源，解决地锁问题的关键就是在有限的资源和需求之间取得平衡。作为被管理者，居民需要接受政府、居委会和物业合法合理的管理，其行为应当受到法律法规和其他社会规范的约束。作为监督者，居民有着言论自由、结社权、监督权，可以通过政府、社区居委会和物业提供的渠道反馈意见，表达自身的利益诉求，影响政府的行为和决策。

同时，居民作为私装地锁的主体和受影响的客体，其最大的特点就是利益需求多元化。居民内部利益分化明显，不同年龄阶段的居民、有车一族和无车一族、有车位和无车位的居民、装地锁和没有地锁的居民，都呈现着不同的利益诉求。居民不仅需要和其他两大主体进行利益博弈，也需处理其内部的矛盾冲突。

2. 政府、居委会和物业——供方、管理者

居委会和物业、政府相关部门（如城管、派出所）是公共服务的提供者和管理者，但是二者因各自特性又有着不同的利益需求和表现。一是管理层次不同：政府管理的是一区一市的事务，其政策、措施往往从宏观层面规划管理。而社区居委会和物业则是在社区提供具体的管理和服务。政府对社区居委会和物业的工作具有监督权，而社区居委会作为基层自治组织则是连接居民和政府的桥梁。二是强制性执法权的有无：政府作为执法机关能够采取具有强制性的行为进行规划和管理，但是社区居委会和物业则没有执法权，无法采取强制性措施。

此外，社区居委会和物业虽然都是管理者，但也有着不同之处。社区居委会向社区居民提供的服务和管理一般而言都是无偿的，其生活补贴费的标准和来源由市级政府规定并拨付；而物业作为公司对居民提供服务则需要居民支付必要的费用。因此案例部分出现了物业因为社区交纳的物业管理费较少而无法提供更专业的服务的情形。

3. 三方博弈

梳理地锁之困的整个过程，老旧小区初建时期，因为居民的停车位需求并不大所以对社区停车位的规划不足；而政府也缺乏对停车位进行合理规划，为以后停车难问题及私装地锁埋下了伏笔。随着机动车人均拥有量的增加，居民对停车位的需求不断提高，停车位的供需矛盾日益严重；加上社区居委会和物业没有或难以合理地管理社区公共停车位和其他公共空间，居民随意占用公共空间导致利用效率下降的问题随之发生，私装地锁问题是其中的典型。受到私装地锁不利影响的居民行使监督权频繁向居委

会和物业、政府施压，督促对方有所作为；居委会和物业尝试解决却又苦于自身能力有限和缺乏强制性的执法权，只能联合政府；而政府同样需要居委会和物业工作人员展开基层工作，获得有效信息。(图 2-27)

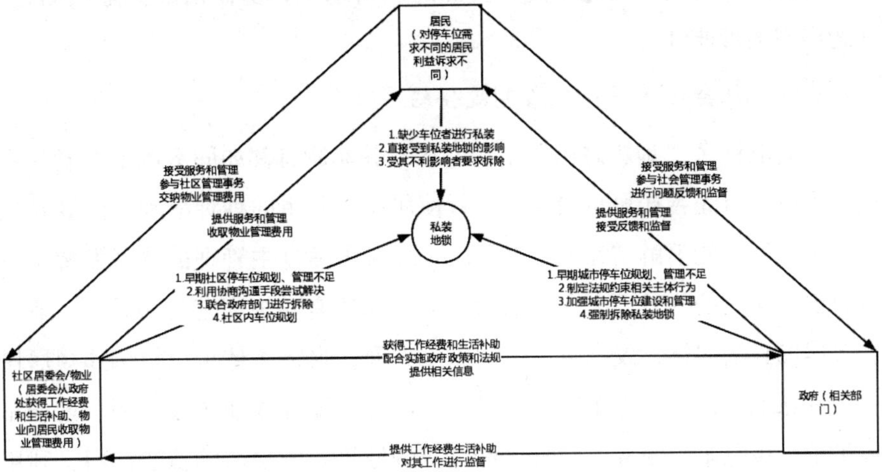

图 2-27

在三方不断的博弈下，居民配合工作人员拆除私装地锁，政府、社区居委会和物业将解决居民的停车难问题作为重要工作。博弈使各方行为得以规范，供需矛盾得到缓解，管理服务得以优化，私装地锁才能根治。

四、治理路径：政策工具的选择

（一）混合型政策工具：整合重构社区公共资源

居民需求的无限性和公共资源的有限性之间的矛盾是地锁困境的根源，解决地锁问题的关键在于提高公共资源的供给能力和供给水平，对老旧小区资源整合和重构。政府应承担主要责任，进行大规模的旧城改造、旧城翻新，对老旧小区内的公共资源整合规划，予以重新构造。与此同时，结合智能化的新技术浪潮，在老旧小区再规划、改造、升级的过程中，政府应积极鼓励社区引入新的科技和随之而来的新的管理方式，如案例中B社区引进了智能门禁系统，将传统开放式小区变为封闭式小区管理，实现服务提供的优化升级。在未来或可将智能地锁融入小区智能化系统中，结合一定的业主客户端，实现小区公共车位的实时分配与自我管理。从根源上提高车位这一公共资源的供给水平，从而消解“地锁圈地”问题出现的可能性。

（二）社会化手段：完善制度供给

在老旧社区“地锁之困”的另一面，并非所有都如同案例中B社区一般，得以拥有完善居民自治主体，行使居民、业主的种种权利，而B社区在一定程度上能消解“地锁之困”，社区内居民自主管理的体系发挥了不可忽视的作用的。然而大多数老旧小区并未拥有较为完善的居委会、业委会等居民自治主体，发挥自治作用。一方面，自治主体可以协调违规居民自主拆除地锁，维护停车秩序；另一方面可以委托物业重新规划、增加车位供给，规范车位服务，同时也可以协调城管、派出所等执法部门，利用公共权威对劝解无效的居民违规行为进行制裁。

解决众多老旧小区“地锁困境”，政府应当从完善制度出发，加强老旧社区内自主管理体系、能力建设。基层政府对辖区内老旧小区自我管理、自我服务的体系和能力建设应予以更多帮助、引导。老旧社区有了成熟的自主管理主体，无论是社区内部公序良俗氛围的营造，抑或是委托物业提供服务管理，都有了较为可靠的居民主体，同时也减轻了基层政府的管理服务压力。

（三）棍棒政策工具：利用公共权威规范政策空白

随着新兴事物的不断涌现，公共权威的规范是需要及时更新调整的，对政策空白领域的及时填充可以使执法部门在日常运行管理中不再“迷茫”。必要的管制与规范，是城市治理所需要的“棍棒”。政策空白是地锁治理“此起彼伏”的一大重要原因。由于缺乏具体细致的规范，执法权的使用、惩罚机制的履行都遇到了一定的困难。目前我国其他省市在这方面已有了非常丰富的经验，如北京市2019年出台的《北京市机动车停车管理办法》，明确规定了“擅自在居住区公共区域内设置地桩、地锁等障碍物的，按照《物业管理条例》可处1千元以上到1万元以下罚款”。同时，除居住区内由住房城乡建设行政主管部门进行处罚外，还规定任何单位和个人均有权制止并举报，就是武汉市老旧小区治理借鉴和参考的良范。

（四）市场化政策工具：引导公有资源使用权的再分配

业主用地锁圈地的行为使得老旧社区具有稀缺性的公有资源（车位）的使用权碎片化，造成了车位资源低效浪费的现象。这种低效一定程度上是由于业主自身无序地分割所导致。因而，在老旧社区地锁困境的治理过程中，政府也可以使用市场化政策工具。例如，引导社区居民自治主体同物业协商签约，将原有不缴纳或缴纳基本停车费即可随意停放的公共车位资源进行差异化竞价收费，通过价格机制将车位的使用权划归部分业主个人，从而实现老旧社区公有资源使用权的市场化合理再分配，可以减少公有资源使用权无序分割所带来的低效和浪费现象。同时，增加的车位收费收入除给付物业公司维持日常经营管理，并能提升其服务质量外，还可以将其中一部分收入成立社区专项公共基金，作为社区各类公共设施升级改造的经费来源，促进社区和谐发展。